命理正宗 正説 ❷권

김찬동 金讚東

· 1950년 경북 달성 출생, 장로교신학대학교 졸업
· 한국추명학회 정회원·광진구 지부장, 한국역술학회 정회원
· 추명학 연구와 동양철학 학술연구로 감사패와 표창장을 여러 차례 받음
· 수년간 성경·불경·논어·명리학 연구
· 현재 역산철학원 원장
  일본의 동경·경도 등을 여행하며 일본풍수학 연구 중

저서에는 『역산성명학』(삼한), 『이렇게 하면 좋은 운이 온다』(삼한), 『역산비결』
(삼한), 『복을 부르는 방법』(삼한), 『운을 잡으세요』(삼한), 『적천수 정설』(삼한),
『궁통보감 정설』(삼한), 『연해자평 정설』(삼한), 『바로 내 사주』(삼한), 『명리정
설』(정음), 『팔자고치는 법』(미래문화사), 『나도 돈 벌 수 있다』(생각하는백성),
『사주운명학의 정설』(명문당), 『운명으로 본 인생』(명문당) 등이 있다.

전화 02)455-3204 | 010-7292-3207
이메일 kcd3207@naver.com

명리정종 정설 ❷권

1판 1쇄 인쇄일 | 2016년 11월 6일
1판 1쇄 발행일 | 2016년 11월 16일

발행처 | 삼한출판사
발행인 | 김충호
지은이 | 김찬동

신고년월일 | 1975년 10월 18일
신고번호 | 제305-1975-000001호

411-776 경기도 고양시 일산서구 고양대로 724-17호
       (304동 2001호)

대표전화 (031) 921-0441
팩시밀리 (031) 925-2647

ISBN 978-89-7460-174-4 04180
ISBN 978-89-7460-172-0(세트)

신비한 동양철학 108

명리정종 정설 ❷권

김찬동 편역

삼한

■ 머리말

많은 학문 중에서도 주역(周易)에서 파생된 추명학(推命學)은 특별한 운명학으로, 예로부터 사람들의 관심을 많이 받아왔다. 그러나 운명학을 잘 알려면 명리학(命理學)의 5대 원서인 적천수(滴天隨), 궁통보감(窮通寶鑑), 명리정종(命理正宗), 삼명통회(三命通會), 연해자평(淵海子平)을 독파해야 한다. 그래서 이 5가지 원서를 모두 바르게 편역한다는 의미에서 정설(正說)이라는 말을 붙여 적천수(滴天隨) 정설(正說), 궁통보감(窮通寶鑑) 정설(正說), 연해자평(淵海子平) 정설(正說)을 이미 출간했고, 이 책이 네 번째 나오는 것이다.

그런데 추명학(推命學)이 워낙 난해한 부분이 많은 학문으로 이설과 잡론이 많아 중도를 잡는 것이 쉽지 않았다. 그래서 선현들이 터득한 것을 참고하면서 필자가 30여년 상담한 자료를 토대로 해설했다. 원서를 번역하면서 나의 부족함을 반성하면서 선현들의 탁월한 지혜에 감탄했다.

이 책의 원서인 명리정종(命理正宗)은 중국 명대의 신봉(神峰) 장남(張楠) 선생이 저술한 명리서(命理書)다. 명리학(命理學)의 5대 원서는 어느 것 하나 귀하지 않은 것이 없지만 명리정종(命理正宗)은 연해자평(淵海子平)을 깊이 분석하며 비판한 것이 특징이다. 따라서 초학자는 연해자평(淵海子平)을 공부한 후 이 책을 공부하는 것이 좋다.

다른 학자들은 선현들의 명리서(命理書)를 아무 비판없이 수용했지만 장남(張楠) 선생은 무조건 믿거나 받아들이지 않고 철저하게 검증하면서 자신이 상담해 본 결과로 선현들의 역서(易書)를 비판하며 수용한 것이 대단한 발전이라 하겠다. 마찬가지로 후학들도 이제는 선현들의 역서(易書)를 하나하나 비판하며 분석할 필요가 있다고 생각한다. 이러한 비판과 분석을 통해 학문은 더 발전하며 새로운 비전을 만들 수 있기 때문이다. 특히 종격(從格)과 화격(化格)에 대해서는 계속 연구해야 한다고 생각한다. 이 부분은 선현들의 설명이 애매모호하여 필자도 아직 확신이 없다는 것이 솔직한 고백이다.

　또 근래에 어느 학자는 지금까지 입춘(立春)을 년(年)의 기준으로 삼는 것은 잘못이고 동지(冬至)를 기준으로 해야 한다고 주장해 연구 중이다. 또 어느 학자는 종격(從格)과 화격(化格)은 실상 없는 것이라고 조금은 위험한 주장을 하기도 하지만 무조건 배척하지 말고 한번 연구해 볼 필요가 있다고 생각한다. 그리고 필자의 주장도 모두 옳다고 말하고 싶지 않다. 아직도 선현들의 학문에 의지해 연구하며 임상실험 중에 있는 실정이다. 부족한 면이 많지만 이 책이 후학들에게 도움이 된다면 나름대로 보람을 느낄 수 있을 것이다. 아무쪼록 독자제현들의 충고를 바라며 감사드린다.

역산 김찬동

■ 신봉(神峰) 장남(張楠) 선생(先生) 원서(原序)

神峰子日 天之所賦者命 窮達夭壽 繫諸氣稟之先 雖聖賢鬼神莫能移
신봉자왈 천지소부자명 궁달요수 격제기품지선 수성현귀신막능이

故君子居易以俟命 惟不知命 無以爲君子 然命之理
고군자거역이후명 유불지명 무이위군자 연명지리

溯其源則肇於軒轅氏 始有干支之降 師大撓作甲子
소기원칙조어헌원씨 시유간지지강 사대요작갑자

遂以人之年月日時所生 謂之命焉! 蓋與天賦之命其揆一也
수이인지년월일시소생 위지명언! 개여천부지명기규일야

但先未有書 至唐袁守成始作指南五星書 呂才作合婚書
단선미유서 지당원수성시작지남오성서 여재작합혼서

一行禪師作星曆書 五代有轆轤書 前宋有殿駕書 南宋遼金有喬拗書
일행선사작성력서 오대유록로서 전송유전가서 남송요금유교요서

裴大猷有琴堂虛實書 均以人之生年五行納音所屬身命限度爲之主
배대유유금당허실서 균이인지생년오행납음소속신명한도위지주

七曜四餘爲之用 明朝徐均作子平書 專以日干爲主本 月令爲用神
칠요절여위지용 명조서균작자평서 전이일간위주본 월령위용신

歲時爲輔佐 則命書之作至此盡矣 其故何歟 蓋五星之爲說
세시위보좌 즉명서지작지차진의 기고하여 개오성지위설

祇以生年爲主 月與日時或遺焉 或以納音爲主 干與支或遺焉
기이생년위주 월여일시혹유언 혹이납음위주 간여지혹유언

或以納音爲主 干與支或遺焉 孰若子平之理獨得其中 日通月氣
혹이납음위주 간여지혹유언 숙약자평지리독득기중 일통월기

歲與時爲脈絡 日爲身主 月爲巢穴 歲與時爲門戶 得於此而不遺於彼
세여시위맥락 일위신주 월위소혈 세여시위문호 득어차이불유어피

通於上而不遺於下 抑有餘補不及 中正之道孰外是焉 愚涉獵群書
통어상이불유어하 억유여보불급 중정지도숙외시언 우섭렵군서

頗詣旨趣 獨觀命理 有 五星指南 琴堂書 子平淵海 書宗 其理出之正
파예지취 독관명리 유 오성지남 금당서 자평연해 서종 기리출지정

法立之善 但其中間頗有不根之言 進退之說 無確然一定示人之見
법입지선 단기중간파유불근지언 진퇴지설 무확연일정시인지견

後世緣此立說益多益滋人惑 雖授受不過襲謬 殆若行者迷道
후세연차입설익다익자인혹 수수수불과습류 태약행자미도

問盲人指示焉! 是以究之窮阨極壤 盡皆招搖售術 聽其言則是
문맹인지시언! 시이구지궁추극양 진개초요수술 청기언즉시

校其理則非 瞽目惑心 竟無一人能將其堂陛而撮其樞要也 嗚呼!
교기리즉비 고목혹심 경무일인능장기당폐이촬기추요야 오호!

非惟誣人 實自誣也 予深慨焉! 由是細心講究已四十餘年矣
비유무인 실자무야 여심개언! 유시세심강구이사십여년의

一旦恍然覺其有一者 似是之非不慚膚見 乃立五星正說
일단황연각기유일자 사시지비불참부견 내입오성정설

子平諸格正說 子平諸格謬說 動靜說 蓋頭說 六親說 病藥說
자평제격정설 자평제격류설 동정설 개두설 육친설 병약설

雕枯旺弱生長八法說 人命見驗說 蓋取諸尊崇正理 闢諸謬說之意
조고왕약생장팔법설 인명견험설 개취제존숭정리 벽제류설지의

名之曰 命理正宗 授諸梓而刊之 極知誣誕罪不容逭
명지왈 명리정종 수제재이간지 극지무탄죄불용환

尚侯知者正其得失 庶有補六藝中之萬一云爾
상후지자정기득실 서유보육예중지만일운이

【해 설】

신봉자왈(神峰子曰), 명(命)은 하늘에서 받는 것이니 이루거나 통달하거나 요절하거나 장수함이 모두 선천(先天)에 있다. 고로 성현이나 귀신도 그 원리를 바꿀 수 없으니 군자는 편안한 곳에서 천명을 기다려야 하고, 천명을 모르면 군자가 될 수 없다.

명리학(命理學)의 간지(干支)는 헌원(軒轅) 황제씨(皇帝氏)가 하늘에 기도해 받고, 육십갑자(六十甲子)는 대요씨(大撓氏)가 만들어 사람의 사주(四柱)가 생겼는데 이것을 명(命)이라 부르게 된 것이다. 따라서 그 생년월일시로 운명을 보는 것이다.

선천(先天)시대에는 명리(命理)에 관한 책이 없다가 당대(唐代)에 원수성(袁守成)이 지남오성서(指南五星書)를 비롯해 여재(呂才)의 합혼서(合婚書)를 썼고, 일행선사(一行禪師)가 성력서(星曆書)를 썼다. 오대(五代)에는 녹로서(轆轤書)가 있었고, 전송대(前宋代)에는 전가서(殿駕書), 남송대(南宋代)에는 요금(遼金)의 교요서(喬拗書), 원대(元代)에는 배대유(裴大猷)의 금당허실서(琴堂虛實書)와 균(均)이 생년(生年)의 오행납음(五行納音)의 소속과 신명(身命)의 한도를 위주로 한 칠요절여(七曜四餘)가 있었다. 그 후 명대(明代)에 서균(徐均)이 자평서(子平書)를 지었는데, 일간(日干)을 근본으로 삼고 월령(月令)을 용신(用神)으로 삼아 년시(年時)를 보좌했다. 이로써 완전한 명리서(命理書)가 탄생했다.

오성설(五星說)은 생년(生年)을 위주로 했다. 월일시(月日時)는 버리기도 하고 납음(納音)을 위주로 간지(干支)를 버리기도 했다. 그러나 자평(子平)의 원리는 중도를 지켜 일(日)이 월기(月氣)에 통하고, 세(歲)와 시(時)가 맥락이 되고, 일(日)은 신주(身主)가 되고, 월(月)은 가정인 소혈(巢穴)

이 되고, 세(歲)와 시(時)는 문호가 되었다. 즉 이것도 얻고 저것도 버리지 않고, 위로도 통하고 아래도 버리지 않았다. 지나치면 억제하고 부족하면 돕는 중정의 도리니 그 누구도 도외시할 수 없는 정법이 된 것이다.

우매한 내가 여러 명리서(命理書)를 살펴보았는데 오성지남(五星指南)과 금당서(琴堂書)와 자평연해(子平淵海)만이 정법의 원리를 따랐다. 그러나 이 책들도 근거가 미약한 부분이 있는데 진퇴설(進退說)을 들 수 있다. 후세에는 이로 인한 오류가 더 늘어나 그릇된 이론을 주고받아 피해가 클 것이다. 이것은 마치 맹인에게 길을 묻는 것과 같다. 따라서 근본인 궁극을 규명하고 부질없는 이론을 깨야 한다. 사이비 역술인들의 말이 옳은 것처럼 들리나 모두 거짓이다. 눈은 멀고 마음은 미혹되어 그 근본을 찾고 핵심을 정설할 사람이 없게 된 것이다.

아 슬프다! 다른 이를 속이는 것이 아니라 자신이 속는 것이다. 이에 깊이 개탄하며 세심하게 연구한 지 40년이 지났다. 하루 아침에 갑자기 깨달은 것 같지만 부끄러움을 무릅쓰고 오성정설(五星正說), 자평제격정설(子平諸格正說), 자평제격류설(子平諸格謬說), 동정설(動靜說), 개두설(蓋頭說), 육친설(六親說), 병약설(病藥說), 조고왕약생장팔법설(雕枯旺弱生長八法說), 인명견험설(人命見驗說) 중에서 존중할 만한 원리는 취하고 편벽되거나 오류가 될 만한 것은 비판하면서 새로운 책을 만들어 명리정종(命理正宗)이라 이름을 붙였다.

따라서 이 명리정종(命理正宗)을 극진히 알고 만나면 거짓이니 죄를 용서받고 도망할 수 없을 것이다. 그러나 아는 이를 기다려 그 득실을 분별해 배울 것은 육예(六藝)다. 그 중에 만분에 일이라도 도움이 되었으면 한다.

차 례

제Ⅲ부. 명리기초론(命理基礎論)

제Ⅳ부. 비전묘결편(秘傳妙訣篇)

제Ⅲ부. 명리기초론

1장. 오행기초론(五行基礎論)

1. 십천간체상전편론(十天干體象全編論)

1. 갑목시왈(甲木詩曰)

【원 문】

甲木天干作首排 原無枝葉與根荄 欲存天地丁年久
갑목천간작수배 원무지엽여근해 욕존천지정년구

直向沙泥萬丈埋 成就不勞炎火煨 資扶偏愛濕泥佳
직향사니만장매 성취불로염화하 자부편애습니가

斷就棟梁金得用 化成灰炭火爲災
단취동량금득용 화성회탄화위재

【해 설】

갑목(甲木)은 천간(天干)의 우두머리이지만 지지(地支)에서는 인월
(寅月)이니 아직 한기가 많아 가지와 잎과 뿌리가 생기를 얻지 못한

때다. 따라서 간지(干支)에서 정년(丁年)의 화기(火氣)를 만나면 길하
나, 사니(沙泥)인 토기(土氣)가 많으면 묻힐 염려가 있으니 불가하다.
염화(炎火)가 있으면 불로소득으로 이루고, 비겁(比劫)의 도움이 많
으면 습니(濕泥)의 토기(土氣)가 길하다. 따라서 동량이 되려면 금극
목(金剋木)으로 다듬어야 하고, 화기(火氣)가 많으면 나무가 불에 타
재가 되니 재앙이 따른다.

2. 을목시왈(乙木詩曰)

【원 문】

乙木根荄種得深 只宜陽地不宜陰 漂浮最怕多逢水
을목근해종득심 지의양지불의음 표부최파다봉수

剋斷何須苦用金 南去火炎災不淺 西行土重禍尤侵
극단하수고용금 남거화염재불천 서행토중화우침

棟梁不是連根物 辨別功夫好用心
동량불시연근물 변별공부호용심

【해 설】

　을목(乙木)은 지지(地支)는 묘월(卯月)이니 뿌리가 생기고 싹이 트
는 시기다. 태양의 양지(陽地)는 환영하나 한기의 음지(陰地)는 싫어
한다. 수기(水氣)를 많이 만나면 물에 뜨니 대흉하고, 금기(金氣)를
많이 만나면 잘라지니 흉하다. 화운(火運)에는 재앙이 심하지 않으나
금운(金運)이나 토왕운(土旺運)에는 큰 재앙이 따른다. 목(木)이 동

량이 되려면 가지나 뿌리를 다듬지 않으면 불가하니 길흉을 분별해서 취해야 한다.

3. 병화시왈(丙火詩曰)

【원 문】

丙火明明一太陽 原從正大立綱常 洪光不獨窺千里
병화명명일태양 원종정대입강상 홍광불독규천리

巨魄尤能遍八荒 出世肯爲浮木子 傳生不作濕泥娘
거백우능편팔황 출세긍위부목자 전생불작습니낭

江湖死水安能剋 惟怕成林木作殃
강호사수안능극 유파성림목작앙

【해 설】

　병화(丙火)는 밝은 태양이고 지지(地支)는 사화(巳火)에 해당하니 강상(綱常)을 세우고 정대(正大)하여 천지를 넓게 밝힌다. 천지의 삼라만상은 모두 태양의 기운을 받지 않으면 생존할 수도 번식할 수도 없다. 수기(水氣)가 많고 목기(木氣)가 왕성하면 귀격(貴格)이 되어 크게 출세하나, 습토(濕土)가 많아 심하게 설기(泄氣)하면 불가하다. 강호(江湖)의 사수(死水)가 많아도 태양을 극제(剋制)하지 못한다. 삼림이 무성하여 태양을 가리면 흉하니 목기(木氣)가 많은 것을 가장 꺼린다.

4. 정화시왈(丁火詩曰)

【원 문】

丁火其形一燭燈 太陽相見奪光明 得時能鎔千金鐵
정화기형일촉등 태양상견탈광명 득시능주천금철

失令難鎔一村金 雖少乾柴猶可用 縱多濕木不能生
실령난용일촌금 수소건자유가용 종다습목불능생

其間衰旺當分曉 旺比一爐衰一檠
기간쇠왕당분효 왕비일노쇠일경

【해 설】

　정화(丁火)는 등잔불이라 빛이 미약한데 태양을 만나면 광명을 빼앗기니 불가하다. 지지(地支)는 오화(午火)이니 득령(得令)하여 화왕절(火旺節)을 만나면 천금도 녹이는 위력을 발휘하나, 실령(失令)하는 수왕절(水旺節)에는 한 마디 금도 녹이지 못하는 무용지물이 된다. 건조한 섶은 능히 화(火)를 생(生)하나, 습기만 많은 나무는 아무리 많아도 화(火)를 생(生)하기 어렵다. 만일 화로의 정화(丁火)인 비견(比肩)을 가하면 왕강(旺强)하나, 비견(比肩)이 없는 고독한 등잔불이라면 쇠약한 불이니 무력하다.

5. 무토시왈(戊土詩曰)

【원 문】

戊土城牆堤岸同 振河及海要根重 柱中帶合形還壯
무토성장제안동 진하급해요근중 주중대합형환장

日下乘虛勢必窮 力薄不勝金漏泄 功成安用木疏通
일하승허세필궁 역박불승금누설 공성안용목소통

平生最要東南健 身旺東南健失中
평생최소원남건 신왕동남건실중

【해 설】

  무토(戊土)는 성의 담장이며 강변이나 해안의 제방이니 수(水)가
왕성하고 신왕(身旺)해야 귀격(貴格)이 된다. 주중(柱中)에 합(合)을
대동하면 신왕(身旺)하고, 일지(日支)가 허약하면 반드시 가난하다.
만일 토기(土氣)가 허약한데 중중한 금기(金氣)가 심하게 설기(泄
氣)하면 불가하고, 중중한 목기(木氣)가 토기(土氣)를 흐트려도 불가
하다. 평생 가장 필요한 것은 동남운과 건왕(健旺)이다. 그러나 신왕
(身旺)하면 동남운은 불리하고 서북방 금수운(金水運)이 길하다. 지
지(地支)에서는 진술축미(辰戌丑未)에 통근(通根)해야 한다.

6. 기토시왈(己土詩曰)

【원 문】

己土田園屬四維 坤深爲萬物之基 水金旺處身還弱
기토전원속사유 곤심위만물지기 수금왕처신환약

火土功成局最奇 失令豈能埋劍戟 得時方可用鎡基
화토공성국최기 실령개능매검극 득시방가용자기

漫誇印旺兼多合 不遇刑沖總不宜
만과인왕겸다합 불우형충총불의

【해 설】

　기토(己土)는 전원의 흙이며 사유(四維)인 건곤간손방(乾坤艮巽方)에 속하니 지지(地支)에서는 진술축미(辰戌丑未)에 통근(通根)하고 곤방(坤方)의 토기(土氣)는 뿌리가 깊어야 만물의 기틀이 된다. 금수왕지(金水旺地)는 설기(泄氣)가 심하니 신약(身弱)해져 불리하나, 화토(火土)에 기(氣)가 있으면 최기명(最奇命)이 되어 공을 세운다. 그러나 실령(失令)하여 토기(土氣)가 허약하면 금왕운(金旺運)을 만나 설기(泄氣)가 많은 것도 흉하다. 득시(得時)해야 쟁기나 호미로 쓸 수 있다. 인성(印星)인 화기(火氣)가 많은 것도 불가하고, 형충(刑沖)도 흉하다.

7. 경금시왈(庚金詩曰)

【원 문】

庚金頑鈍性偏剛 火制功成怕火鄕 夏産東南遇鍛鍊
경금완둔성편강 화제공성파화향 하산동남우단련

秋生西北亦光芒 水深反見他相剋 木旺能令我自傷
추생서북역광망 수심반견타상극 목왕능령아자상

戊己干支重遇土 不逢沖破卽埋藏
무기간지중우토 불봉충파즉매장

【해 설】

　경금(庚金)은 완둔(頑鈍)하며 성질이 편고(偏固)하고 강강(剛强)하니 화기(火氣)로 다스리면 공을 이루나, 화기(火氣)가 많으면 흉하다. 여름철 신월생(申月生)은 지나치게 단련하니 불리하고, 가을생은 이미 신왕(身旺)하니 서북 금수운(金水運)을 만나면 불리하다. 만일 수기(水氣)가 깊으면 금기(金氣)가 심하게 설(泄)하니 흉하나, 토(土)로 토극수(土剋水)를 하면 길하다. 목(木)이 왕성하면 금극목(金剋木)을 하나 경금(庚金)이 상해를 당하고, 간지(干支)에 무기토(戊己土)가 중중해도 경금(庚金)이 묻히니 흉하다. 이때는 충파(沖破)로 과중한 토(土)를 분산시켜야 길하다.

8. 신금시왈(辛金詩日)

【원 문】

辛金珠玉性虛靈 最愛陽和沙水淸 成就不勞炎火煆
신금주옥성허령 최애양화사수청 성취불로염화하

滋扶偏愛濕泥生 木多火旺宜西北 水冷金寒要丙丁
자부편애습니생 목다화왕의서북 수냉금한요병정

坐祿通根身旺地 何愁厚土沒其形
좌록통근신왕지 하수후토몰기형

【해 설】

　신금(辛金)은 주옥(珠玉)이니 성품이 허령(虛靈)하니 최애(最愛)하면 양화(陽和)하며 사수(沙水)를 만나면 청귀하다. 유월생(酉月生)은 염화(炎火)로 단련시켜야 불로소득으로 이룰 수 있고, 습토(濕土)로 편애하며 도와주면 길하다.

　만일 목(木)이 많은데 화(火)가 왕성하면 서북 금수운(金水運)이 길하고, 금수(金水)가 한냉하면 병정화(丙丁火)가 있어야 한다. 만일 좌록(坐祿)에 통근(通根)하여 신왕(身旺)하면 토기(土氣)가 무거워도 매몰되지 않는다. 신금(辛金)은 보석이며 일상생활에서 많이 사용하는 기물이다.

9. 임수시왈(壬水詩曰)

【원 문】

壬水汪洋倂百川 漫流天下總無邊 干支多聚成漂蕩
임수왕양병백천 만류천하총무변 간지다취성표탕

火土重逢傷本原 金水有氣喜午未 長生歸祿屬坤乾
화토중봉상본원 금수유기희오미 장생귀록속곤건

身强原自無財祿 西北行程厄少年
신강원자무재록 서북행정액소년

【해 설】

　임수(壬水)는 왕양(汪洋)한 강하(江河)이며 백 천을 합한 것이니 천하에 만류(漫流)하여 대항하는 것이 없어 그 한계가 무변(無邊)하다. 해월생(亥月生)은 간지(干支)에 수기(水氣)가 너무 많으면 떠다니니 불가하고, 화토(火土)가 많아도 고갈되니 흉하다.

　만일 원명의 금수(金水)에 기(氣)가 있어 신왕(身旺)하면 오미(午

未) 화운(火運)이 길하다. 만일 원명에 장생(長生)이 들고 인성(印星)과 비겁(比劫)이 있어 신강(身强)한데 재록(財祿)이 없으면 재록(財祿)에 해당하는 서북 금수운(金水運)에 군비쟁재(群比爭財)를 당하니 소년에 재액을 많이 당한다.

10. 계수시왈(癸水詩曰)

【원 문】

癸水應爲雨露麽 根通亥子卽江河 柱無坤坎還身弱
계수응위우로마 근통해자즉강하 주무곤감환신약

局有財官不尙多 申子辰全成上格 寅午戌備要中和
국유재관불상다 신자진전성상격 인오술비요중화

假饒火土生深夏 西北行程豈太過
가요화토생심하 서북행정개태과

【해 설】

　계수(癸水)는 우로이나 해수(亥水)나 자수(子水)가 통근(通根)하면 강이나 하천으로 본다. 만일 주중(柱中)에 해자축(亥子丑)이 없으면 신약(身弱)하니 인성(印星)과 비겁(比劫)이 길하다. 만일 격국(格局)에 재관(財官)이 있으면 길하나 많으면 불리하다. 그리고 지지(地支)에 신자진(申子辰)이 들면 수기(水氣)가 왕성한 것이니 인오술(寅午戌)로 중화시켜야 상격이 된다. 만일 화(火)가 왕성한 여름생이면 신약(身弱)하니 서북 금수운(金水運)이 길하다. 여름생이 해자축(亥子

丑) 수운(水運)을 만났다고 수기(水氣)가 지나치다고 할 수 있겠는가.

2. 십이지영(十二支詠)

1. 자궁시왈(子宮詩曰)

【원 문】

月支子水占魁名 溪澗汪洋不盡情 天道陽回行土旺
월지자수점괴명 계간왕양불진정 천도양회행토왕

火逢水暖忌金生 若逢午破應無定 縱遇卯刑還有情
화봉수난기금생 약봉오파응무정 종우묘형환유정

柱內申辰來合局 卽成江海發濤聲
주내신진내합국 즉성강해발도성

【해 설】

　월지(月支)에 자수(子水)가 들면 괴수의 수장이 될 명이다. 계곡의
물이 합쳐 가없이 넓은 바다를 이루니 진정(盡情)하지는 않다. 천도
(天道)가 양(陽)을 향하여 돌아가 토기(土氣)가 왕성하니 수기(水氣)
를 다스리면 길하다. 화기(火氣)를 만나 수기(水氣)를 따뜻하게 해주
면 길하나, 금운(金運)을 만나 금생수(金生水)로 수기(水氣)가 넘치
면 꺼린다. 만일 오화(午火)를 만나 자오(子午)가 상충(相沖)하면 안
정되지 못하고, 자묘형(子卯刑)을 이루면 유정하나 주중(柱中)에 신

진(申辰)이 있어 수국(水局)을 이루면 파도소리가 더 크게 들리니 흉하다.

저자평, 상충(相沖)이 무조건 흉한 것은 아니다. 기신(忌神)이 용신(用神)을 상충(相沖)하면 흉하나, 용신(用神)이 기신(忌神)을 상충(相沖)하면 길하다.

2. 축궁시왈(丑宮詩曰)

【원 문】

隆冬建丑怯冰霜 誰識天時轉二陽 暖生誠能生萬物
융동건축겁빙상 수식천시전이양 난생성능생만물

寒金難道只深藏 刑沖戌未非無用 類聚鷄蛇信有方
한금난도지심장 형충술미비무용 류취계사신유방

若在日時多水木 直須行入巽離鄕
약재일시다수목 직수행입손이향

【해 설】

축월(丑月)은 한기가 지독한 엄동설한이지만 천시(天時)는 이양지(二陽地)이니 지지(地支)에는 난기(暖氣)가 만물을 생육할 수 있는 양기가 태동하는 외한내온(外寒內溫)의 엄동절이다. 축중(丑中)에는 계신기(癸辛己) 한금(寒金)이 심장(深藏)하니 토금수(土金水)가 모두 왕성해 취하는 데 어려움이 있다. 만일 술미(戌未)가 형충(刑沖)하면 축중(丑中)의 계신기(癸辛己)가 모두 투출(透出)하니 무용함이 아니고, 사유축(巳酉丑) 금국(金局)을 이루었는데 일시(日時)에 수목(水木)이 많으면 손이향(巽離鄉)인 진사오방(辰巳午方)이 길하다.

저자평, 월지(月支)에 진술축미(辰戌丑未月)가 있으면 잡기격(雜氣格)이니 용신(用神)을 찾기 어렵다.

3. 인궁시왈(寅宮詩曰)

【원 문】

艮宮之木建於春 氣聚三陽火在寅 志合蛇猴三貴客
간궁지목건어춘 기취삼양화재인 지합사후삼귀객

類同卯未一家人 超凡入聖惟逢午 破祿傷提獨慮申
류동묘미일가인 초범입성유봉오 파록상제독려신

四柱火多嫌火地 從來燥木不南奔
사주화다혐화지 종래조목불남분

【해 설】

인목(寅木)은 간궁(艮宮)의 목(木)이고, 봄기운이 왕성한 정월이며 삼양삼음(三陽三陰)이 진행하는 초봄이니 인중(寅中)에는 병화(丙火)가 있다. 호사후(虎蛇猴)인 인사신(寅巳申)이 합(合)을 하면 삼귀객(三貴客)이 되고, 묘미(卯未)와 합(合)을 하면 일가를 이룬다. 만일 오화(午火)를 만나면 초범입성(超凡入聖)의 대인(大人)이 되고, 녹(祿)을 파극(破剋)하고 월령(月令)의 제강(提綱)이 상하면 인신상충(寅申相沖)이 두렵다. 주중(柱中)에 화기(火氣)가 많은데 화운(火運)

으로 흐르면 꺼린다. 주중에 화(火)가 많고 목(木)이 메말랐는데 서
북 금수운(金水運)을 만나면 길하나, 남동 목화운(木火運)을 만나면
대흉하다.

4. 묘궁시왈(卯宮詩曰)

【원 문】

卯木繁華氣稟深 仲春難道不嫌金 庚辛疊見愁申酉
묘목번화기품심 중춘난도불혐금 경신첩견수신유

亥子重來忌壬癸 禍見六沖應落葉 喜逢三合便成林
해자중래기임계 화견육충응낙엽 희봉삼합편성림

若歸時日秋金重 更向西行患不禁
약귀시일추금중 갱향서행환불금

【해 설】

　묘목(卯木)이 번화(繁華)하여 목기(木氣)가 성심(盛深)한 시절인 중
춘의 목왕지(木旺地)이니 금기(金氣)를 만나도 꺼리지 않는다. 그러
나 주중(柱中)에 경신금(庚辛金)이 중첩되었는데 운에서 신유금(申
酉金)을 만나면 꺼리고, 주중(柱中)에 해자수(亥子水)가 무거운데 운
에서 임계수(壬癸水)를 만나면 꺼린다. 육충(六沖)이 있으면 삼림을
이루고, 해묘미(亥卯未)가 삼합(三合)을 하면 숲을 이루니 길하다. 만
일 일시(日時)에 추금(秋金)이 무거운데 서방 신유금(申酉金)을 만나
면 근심을 피할 수 없다.

5. 진궁시왈(辰宮詩曰)

【원 문】

辰當三月水泥濕 長養堪培萬物根 雖是甲衰乙餘氣
진당삼월수니습 장양감배만물근 수시갑쇠을여기

縱然壬墓癸遇魂 直須一鑰能開庫 若遇三沖卽破門
종연임묘계우혼 직수일약능개고 약우삼충즉파문

水土重逢西北運 只愁厚土不能存
수토중봉서북운 지수후토불능존

【해 설】

진월(辰月)은 3월이니 흙이 습하여 능히 만물을 키울 수 있다. 갑목(甲木)은 쇠약하나 을목(乙木)의 기운이 아직 남아 있으니 임수(壬水)의 묘지(墓地)이며 계수(癸水)가 환혼(還魂)할 때다. 형충(刑沖)으로 창고를 열어주면 계수(癸水)와 을목(乙木)을 취할 수 있다. 주중(柱中)에 수토(水土)가 무거운데 서북운을 만나면 두터운 토(土)를 보존할 수 없다.

6. 사궁시왈(巳宮詩曰)

【원 문】

巳當初夏火增光 造化流行正六陽 失令庚金生賴母
사당초하화증광 조화유행정육양 실령경금생뢰모

得時戊土祿隨娘 三刑傳送翻無害 一見登明便有傷
득시무토녹수낭 삼형전송번무해 일견등명편유상

行到東南生發地 燒天炎焰不尋常
행도동남생발지 소천염염불심상

【해 설】

　사월(巳月)은 초여름이라 화세(火勢)가 높아지니 천지의 조화는 유
행(流行)하여 정히 육양무음(六陽無陰)에 해당한다. 실령(失令)하
면 경금(庚金)이 장생(長生)이 되고 득시(得時)하여 무토(戊土)가 녹
(祿)을 얻는다. 삼형(三刑)은 지나갔으니 무해하나 사해(巳亥)가 상충
(相沖)하면 상해가 따른다. 동남 목화운(木火運)은 생발지(生發地)인
바 소천염염(燒天炎焰)하면 심상(尋常)할 수가 없다.

7. 오궁시왈(午宮詩曰)

【원 문】

午月炎炎火正升 六陽氣逐一陰生 庚金失位身無用
오월염염화정승 육양기축일음생 경금실위신무용

己土歸垣祿有成 申子齊來能戰剋 戌寅同見月光明
기토귀원녹유성 신자제래능전극 술인동견월광명

東南正是身强地 西北休囚已喪形
동남정시신강지 서북휴수이상형

【해 설】

　오월(午月)은 화기(火氣)가 무덥고 정(正)히 육양(六陽)이 태성(太
盛)함과 일음(一陰)이 발생하여 경금(庚金)은 실위(失位)하여 신주

(身主)는 무용이다. 기토(己土)가 원벽(垣壁)을 이루고 녹(祿)을 이루며 신자(申子)가 오면 전극(戰剋)하니 불리하고, 술인(戌寅)을 만나면 화국(火局)을 이루어 광명이 더욱 뛰어날 것이요 동남 목화운(木火運)은 신강지(身强地)이니 불리하고, 서북 금수운(金水運)은 길하나 휴수(休囚)되면 길한 가운데 흉함이 있어 상을 당한다.

8. 미궁시왈(未宮詩曰)

【원 문】

未月陰深火漸衰 藏官藏印不藏財 近無卯亥形難變
미월음심화점쇠 장관장인불장재 근무묘해형난변

遠帶刑沖庫亦開 無火怕行金水去 多寒偏愛丙丁來
원대형충고역개 무화파행금수거 다한편애병정래

用神喜忌當分曉 莫把圭章作石猜
용신희기당분효 막파규장작석시

【해 설】

　미월(未月)은 음기(陰氣)가 깊어지고 화세(火勢)는 쇠약해지는 계절이다. 미중(未中)에는 정을기(丁乙己)가 암장(暗藏)되어 을목(乙木)의 관성(官星)을 암장(暗藏)되어 또 정화(丁火)가 인성(印星)을 암장(暗藏)하나 재성(財星)은 암장(暗藏)이 없다. 묘해(卯亥)가 없으면 미토(未土)가 변하기 어렵고, 형충(刑沖)이 있으면 고(庫)의 재성(財星)과 인성(印星)이 투출(透出)한다. 그리고 주중(柱中)에 화(火)가 없으면 금수지(金水地)로 흐르는 것을 꺼리고, 동절 한냉한 사주라면 병정화(丙丁火)를 좋아한다. 가장 중요한 것은 용신(用神)을 찾아 운명의 희기(喜忌)를 구분하는 것이니 신살(神殺)을 중심으로 하는 단식판단으로 추리하지 말라.

9. 신궁시왈(申宮詩曰)

【원 문】

申金剛健月支逢 壬水長生在此宮 巳午爐中成劍戟
신금강건월지봉 임수장생재차궁 사오로중성검극

子辰局裡得光鋒 木多無火終能勝 土重埋金都有凶
자진국리득광봉 목다무화종능승 토중매금도유흉

欲識斯神何所似 溫柔珠玉不相同
욕식사신하소사 온유주옥불상동

【해 설】

신금(申金)은 강건(剛健)한데 월지(月支)에서 만나면 임수(壬水)의 장생지(長生地)가 된다. 사오화(巳午火)를 만나면 화롯불로 검극(劍戟)을 이루어 이로운 기물이 되고, 자진(子辰)을 만나면 신자진(申子辰) 수국(水局)을 이루어 광봉(光鋒)을 얻는다. 목(木)이 많고 화(火)가 없으면 능히 승(勝)하고, 토(土)가 중하여 금(金)이 묻히면 대흉하다. 신금(申金)이 바라는 것은 용광로를 만나 제련되는 것인데 온유한 주옥(珠玉)은 왕성한 금(金)과 다르게 판별해야 한다.

10. 유궁시왈(酉宮詩曰)

【원 문】

八月從魁已得名 羨他金白水流淸 火多東去愁寅卯
팔월종괴이득명 이타금백수류청 화다동거수인묘

木旺南行怕丙丁 柱見水泥應有用 運臨西北豈無情
목왕남행파병정 주견수니응유용 운임서북개무정

假曉三合能堅銳 不比頑金未煉成
가효삼합능견예 불비완금미연성

【해 설】

　8월은 순금(純金)의 계절이라 금(金)이 매우 왕성하니 득명(得名)한다. 수(水)가 기(氣)가 있으면 금백수류(金白水流)하여 청귀격(淸貴格)이 된다. 화(火)가 많으면 동방 인묘운(寅卯運)을 꺼리고, 목(木)이 왕성하면 남방 병정운(丙丁運)을 꺼린다. 주중(柱中)에 수(水)와 습토(濕土)가 있으면 취하고, 대운이 서북으로 흐르면 어찌 무정하겠는가. 사유축(巳酉丑)이 삼합(三合)하여 금국(金局)을 이루어도 화(火)로 연마하지 못하면 무용지물이 된다.

11. 술궁시왈(戌宮詩曰)

【원 문】

九月從魁性最剛 漫云於此物收藏 紅爐巨火能成就
구월종괴성최강 만운어차물수장 홍로거화능성취

鈍鐵頑金賴主張 海窟沖龍生雨露 山頭合虎動文章
둔철완금뢰주장 해굴충용생우로 산두합호동문장

天羅雖是迷魂陣 火命逢之獨有傷
천라수시미혼진 화명봉지독유상

【해 설】

　9월은 술토괴성(戌土魁星)이니 성품이 매우 단단하여 만물이 수
장된다. 큰 화로가 술중(戌中)에 암장(暗藏)되어 능히 성취하는데 둔
철(鈍鐵)의 완금(頑金)이 술토(戌土)에 의지한다. 해굴(海窟)인 임해
(壬亥)에서 용이 나와 진술상충(辰戌相沖)을 하면 우로가 생기고, 산
머리에서 맹호인 인목(寅木)을 만나 인오술합(寅午戌合)을 하면 문장
이 출중하다. 술토(戌土)는 또 천라(天羅)이니 가끔 유혹을 당하기도
하는데 병정(丙丁)의 화명(火命)을 홀를 만나면 상해를 당할 염려가
있다.

12. 해궁시왈(亥宮詩曰)

【원 문】

登明之位水源深 雨雪生寒値六陰 須待勝光方用土
등명지위수원심 우설생한치육음 수대승광방용토

不逢傳送浪多金 五湖歸聚源成象 三合羈留正有心
불봉전송낭다금 오호귀취원성상 삼합기류정유심

欲識乾坤和煖處 卽從艮震巽離尋
욕식건곤화난처 즉종간진손이심

【해 설】

　등명지위(登明之位)로 해월(亥月)은 수기(水氣)의 심원(深源)인데
우설(雨雪)의 한냉한 기운을 발생하는 무양육음(無陽六陰)의 계절이
다. 비록 화(火)의 광명을 만나야 조후(調候)되니 환영하고, 토(土)를
만나야 제방하니 취한다. 그러나 금기(金氣)가 많으면 수기(水氣)가
더욱 왕성해지니 꺼리고, 사주가 수기(水氣) 일색이고 화토(火土)가
미미하면 윤하격(潤下格)이 된다. 그리고 신자진(申子辰) 삼합(三合)
이 기류(羈留)하면 병정화(丙丁火)를 요망하는데 해월(亥月)이면 대
부분이 바라는 바가 천지건곤(天地乾坤)이 화난(和煖)하는 남방의
화왕처(火旺處)가 요망함이니 즉 남동 목화운(木火運)이 길하다.

3. 오행생극(五行生剋)

1. 총영(總詠)

【원 문】

五行用法總無眞 超凡入聖別有神 直向源頭尋出處
오행용법총무진 초범입성별유신 직향원두심출처

死生衰旺自能分
사생쇠왕자능분

【해 설】

　오행(五行)의 용법(用法)에는 일정한 법칙이 없으니 초범입성(超凡

入聖)해야 특별한 신의 경지가 따른다. 이에 그 근원의 원리에 통달
하면 스스로 생사와 왕쇠(旺衰)의 분별이 능하다.

2. 간지소속(干支所屬)

【원 문】

東方甲乙寅卯木 南方丙丁巳午火 西方庚辛申酉金
동방갑을인묘목 남방병정사오화 서방경신신유금

北方壬癸亥子水 中央戊己辰戌丑未土
북방임계해자수 중앙무기진술축미토

【해 설】

　갑을목(甲乙木)과 인묘목(寅卯木)은 동방에 속하고, 병정화(丙丁)
와 사오화(巳午火)는 남방에 속하고, 경신금(庚辛)과 신유금(申酉金)
은 서방에 속하고, 임계수(壬癸)와 해자수(亥子水)는 북방에 속하고,
무기토(戊己土)와 진술축미토(辰戌丑未土)는 중앙에 속한다.

3. 천간합(天干合)

【원 문】

甲與己合 乙與庚合 丙與辛合 丁與壬合 戊與癸合
갑여기합 을여경합 병여신합 정여임합 무여계합

【해 설】

　갑목(甲木)은 기토(己土)와 합(合)을 하고, 을목(乙木)은 경금(庚

金)과 합(合)을 하고, 병화(丙火)는 신금(辛金)과 합(合)을 하고, 정화(丁火)는 임수(壬水)과 합(合)을 하고, 무토(戊土)는 계수(癸水)와 합(合)을 한다.

4. 지지합(地支合)

【원 문】

子與丑合 寅與亥合 卯與戌合 辰與酉合 巳與申合 午與未合
자여축합 인여해합 묘여술합 진여유합 사여신합 오여미합

【해 설】

　자수(子水)는 축토(丑土)와 합(合)을 하고, 인목(寅木)은 해수(亥水)와 합(合)을 하고, 묘목(卯木)은 술토(戌土)와 합(合)을 하고, 진(辰)은 유금(酉金)과 합(合)을 하고, 사화(巳火)는 신금(申金)과 합(合)을 하고, 오화(午火)는 미(未)와 합(合)을 한다.

5. 지지회국(地支會局)

【원 문】

寅午戌會成火局 亥卯未會成木局 申子辰會成水局
인오술회성화국 해묘미회성목국 신자진회성수국

巳酉丑會成金局
사유축회성금국

인오술(寅午戌)이 회합(會合)하면 화국(火局)을 이루고, 해묘미(亥卯未)가 회합(會合)하면 목국(木局)을 이루고, 신자진(申子辰)이 회합(會合)하면 수국(水局)을 이루고, 사유축(巳酉丑)이 회합(會合)하면 금국(金局)을 이룬다.

6. 오행상생(五行相生)

【원 문】

木生火 火生土 土生金 金生水 水生木
목생화 화생토 토생금 금생수 수생목

【해 설】

목(木)은 화(火)를 생(生)하고, 화(火)는 토(土)를 생(生)하고, 토(土)는 금(金)을 생(生)하고, 금(金)은 수(水)를 생(生)한다.

7. 오행상극(五行相剋)

【원 문】

金剋木 木剋土 土剋水 水剋火 火剋金
금극목 목극토 토극수 수극화 화극금

【해 설】

금(金)은 목(木)을 극(剋)하고, 목(木)은 토(土)를 극(剋)하고, 토

(土)는 수(水)를 극(剋)하고, 수(水)는 화(火)를 극(剋)하고, 화(火)는 금(金)을 극(剋)한다.

8. 십간록(十干祿)

【원 문】

甲祿到寅 乙祿到卯 丙戊祿在巳 丁己祿居午 庚祿居申
갑녹도인 을녹도묘 병무녹재사 정기녹거오 경녹거신

辛祿居酉 壬祿居亥 癸祿居子
신녹거유 임녹거해 계녹거자

【해 설】

갑목(甲木)의 녹(祿)은 인목(寅木)이고, 을목(乙木)의 녹(祿)은 묘목(卯木)이고, 병무(丙戊)의 녹(祿)은 사화(巳火)이고, 정기(丁己)의 녹(祿)은 오화(午火)이고, 경금(庚金)의 녹(祿)은 신금(申金)이고, 신금(辛金)의 녹(祿)은 유금(酉金)이고, 임수(壬水)의 녹(祿)은 해수(亥水)이고, 계수(癸水)의 녹(祿)은 자수(子水)다.

9. 오행발용(五行發用)

【원 문】

長生 沐浴 冠帶 臨官 帝旺 衰 病 死 墓 絕 胎 養
장생 목욕 관대 임관 제왕 쇠 병 사 묘 절 태 양

【해 설】

사람이 세상에 태어나는 것을 장생(長生)이라 하고, 태어나면 몸을 씻기니 목욕(沐浴)이라 하고, 성장하면 사모관대를 쓰고 혼인하니 관대(冠帶)라 하고, 출사하여 관직에 오르니 임관(臨官)이라 하고, 인생에서 가장 절정기에 오르니 제왕(帝旺)이라 하고, 절정기를 지나면 쇠약해지니 쇠(衰)라 하고, 쇠약해지면 질병에 걸리니 병(病)이라 하고, 병에 걸리면 죽음을 맞이하니 사(死)라 하고, 죽으면 무덤에 들어가니 묘(墓)라 하고, 묘에 들어가면 이 세상과는 단절되니 절(絶)이라 하고, 윤회환생의 법칙에 따라 다시 어머니의 뱃속으로 들어가니 태(胎)라 하고, 태중에서 이목구비와 사지백체를 만드니 양(養)이라 한다.

10. 사생지(四生地)

【원 문】

火生在寅 金生在巳 水生居申 木生在亥
화생재인 금생재사 수생거신 목생재해

【해 설】

사생(四生)이란 십이운성(十二運星) 중에서 장생(長生)을 말한다. 화(火)는 인중(寅中)의 병화(丙火)에서 태어나고, 금(金)은 사중(巳中)의 경금(庚金)에서 태어나고, 수(水)는 신중(申中)의 임수(壬水)에서 태어나고, 목(木)은 해중(亥中)의 갑목(甲木)에서 태어난다.

11. 사패지(四敗地)

【원 문】

火敗在卯 金敗在午 水敗在酉 木敗在子
화패재묘 금패재오 수패재유 목패재자

【해 설】

사패(四敗)란 십이운성(十二運星) 중에서 목욕(沐浴)을 말하는데 흉신(凶神)이다. 화(火)의 패지(敗地)는 묘목(卯木)이고, 금(金)의 패지(敗地)는 오화(午火)이고, 수(水)의 패지(敗地)는 유금(酉金)이고, 목(木)의 패지(敗地)는 자수(子水)다.

12. 사관(四官)

【원 문】

火官在巳 金官在申 水土臨官在亥 木官在寅
화관재사 금관재신 수토임관재해 목관재인

【해 설】

사관(四官)이란 십이운성(十二運星) 중에서 건록(建祿)을 말한다. 화(火)의 관성(官星)은 사화(巳火)이고, 금(金)의 관성(官星)은 신금(申金)이고, 수(水)의 관성(官星)은 해수(亥水)이고, 목(木)의 관성(官星)은 인목(寅木)이다.

13. 사고(四庫)

【원 문】

火庫居戌 金庫居丑 水土庫居辰 木庫居未
화고거술 금고거축 수토고거진 목고거미

【해 설】

사고(四庫)란 십이운성(十二運星) 중에서 묘지(墓地)를 말한다. 화(火)의 고(庫)는 술토(戌土)가고, 금(金)의 고(庫)는 축토(丑土)가고, 수(水)의 고(庫)는 진(辰)이고, 목(木)의 고(庫)는 미(未)다.

14. 사절(四絶)

【원 문】

火絶在亥 金絶在寅 水土絶在巳 木絶在申
화절재해 금절재인 수토절재사 목절재신

【해 설】

사절(四絶)이란 십이운성(十二運星) 중에서 절(絶)을 말한다. 화(火)의 절(絶)은 해수(亥水)이고, 금(金)의 절(絶)은 인목(寅木)이고, 수(水)의 절(絶)은 사화(巳火)이고, 목(木)의 절(絶)은 신금(申金)이다.

15. 지지상충(地支相沖)

【원 문】

子午相沖 寅申相沖 卯酉相沖 辰戌相沖 巳亥相沖 丑未相沖
자오상충 인신상충 묘유상충 진술상충 사해상충 축미상충

【해 설】

자수(子水)와 오화(午火)가 만나면 상충(相沖)하고, 인목(寅木)과 신금(申金)이 만나면 상충(相沖)하고, 묘목(卯木)과 유금(酉金)이 만나면 상충(相沖)하고, 진토(辰土)와 술토(戌土)가 만나면 상충(相沖)하고, 사화(巳火)와 해수(亥水)가 만나면 상충(相沖)하고, 축토(丑土)와 미(未)가 만나면 상충(相沖)한다.

16. 삼형(三刑)

【원 문】

寅刑巳上巳刑申 丑戌相刑未與辰 卯刑子上子刑卯 辰午酉亥自相刑
인형사상사형신 축술상형미여진 묘형자상자형묘 진오유해자상형

【해 설】

인목(寅木)과 사화(巳火)와 신금(申金)이 만나면 삼형(三刑)이고, 축토(丑土)와 술토(戌土)와 미(未)가 만나면 삼형(三刑)이고, 묘목(卯木)과 자수(子水)가 만나도 삼형(三刑)이다. 진토(辰土)와 오화(午火)

와 유금(酉金)과 해수(亥水)는 같은 글자를 만나면 자형(自刑)이 된다. 진(辰)이 진토(辰土)를 만나면 자형(自刑)이고, 오화(午火)가 오화(午火)를 만나면 자형(自刑)이고, 유금(酉金)이 유금(酉金)을 만나면 자형(自刑)이다.

17. 육해(六害)

【원 문】

六害子未不相親 丑害午兮寅巳嗔 卯害辰兮申害亥 酉戌相逢轉見深
육해자미불상친 축해오혜인사진 묘해진혜신해해 유술상봉전견심

【해 설】

　자수(子水)가 미(未)를 만나면 육해(六害)가 되고, 축토(丑土)가 오화(午火)를 만나면 육해(六害)가 되고, 인목(寅木)이 사화(巳火)를 만나면 육해(六害)가 되고, 묘목(卯木)이 진토(辰土)를 만나면 육해(六害)가 되고, 신금(申金)이 해수(亥水)를 만나면 육해(六害)가 되고, 유금(酉金)이 술토(戌土)를 만나면 육해(六害)가 된다.

18. 십이지중소장법(十二支中所藏法)

【원 문】

子藏癸水是祿位 丑己三分辛及癸 寅藏甲丙戊木火 卯宮甲乙木
자장계수시녹위 축기삼분신급계 인장갑병무목화 묘궁갑을목

一位旺 辰有戊兮乙與癸 巳藏丙戊及庚金 午宮郤有丁火己
일위왕 진유무혜을여계 사장병무급경금 오궁극유정화기

未宮丁乙己同臨 申宮庚金壬水戊 酉宮庚辛金一位美
미궁정을기동임 신궁경금임수무 유궁경신금일위미

戊有丁辛戊土至 亥藏壬甲二天干 十二宮中須記取
술유정신무토지 해장임갑이천간 십이궁중수기취

【해 설】

자수(子水)에는 임계(壬癸)가 암장(暗藏)되어 있는데 계수(癸水)는
녹위(祿位)이고, 축토(丑土)에는 계신기(癸辛己)가 암장(暗藏)되어 있
고, 인목(寅木)에는 무병갑(戊丙甲)이 암장(暗藏)되어 있고, 묘목(卯
木)에는 갑을(甲乙)이 암장(暗藏)되어 있고, 진(辰)에는 을계무(乙癸
戊)가 암장(暗藏)되어 있고, 사화(巳火)에는 병무경(丙戊庚)이 암장
(暗藏)되어 있고, 오화(午火)에는 정기(丁己)가 암장(暗藏)되어 있다.

미(未)에는 정을기(丁乙己)가 암장(暗藏)되어 있고, 신궁(申宮)에는
무임경(戊壬庚)이 암장(暗藏)되어 있고, 유궁(酉宮)에는 경신금(庚辛
金) 하나가 암장(暗藏)되어 있으면 아름답고, 술토(戌土)에는 신정무
(辛丁戊)가 암장(暗藏)되어 있고, 해수(亥水)에는 무갑임(戊甲壬)이
암장(暗藏)되어 있다.

십이궁(十二宮)의 초기(初氣)는 전 달의 정기(正氣)가 있고, 중기(中
氣)는 전 계절의 기운이 있고, 정기(正氣)는 당월의 기운이 있다. 정
기(正氣)가 가장 강하고, 그 다음은 초기(初氣)가 강하고, 중기(中氣)
는 미약하다.

4. 오행생극길흉(五行生剋吉凶)

1. 신왕득관길복(身旺得官吉福)

【원 문】

金旺得火 方成器皿 火旺得水 方成相濟 水旺得土 方成池沼
금왕득화 방성기명 화왕득수 방성상제 수왕득토 방성지소

土旺得木 方成疏通 木旺得金 方成棟梁
토왕득목 방성소통 목왕득금 방성동량

【해 설】

　금(金)이 왕성한데 화(火)를 얻으면 기물이 되고, 화(火)가 왕성한
데 수(水)를 얻으면 상제(相濟)하고, 수(水)가 왕성한데 토(土)를 얻
으면 못이 되고, 토(土)가 왕성한데 목(木)을 얻으면 소통되고, 목(木)
이 왕성한데 금(金)을 만나면 동량이 된다.

2. 신약중봉인해(身弱重逢印害)

【원 문】

金賴土生 土多金埋 土賴火生 火多土焦 火賴木生 木多火熾
금뢰토생 토다금매 토뢰화생 화다토초 화뢰목생 목다화치

木賴水生 水多木漂 水賴金生 金多水濁
목뢰수생 수다목표 수뢰금생 금다수탁

금(金)이 토생금(土生金)에 의지하나 토(土)가 많으면 묻히고, 토(土)가 화생토(火生土)에 의지하나 화(火)가 많으면 타버리고, 화(火)가 목생화(木生火)에 의지하나 목(木)이 많으면 맹렬해지고, 목(木)이 수생목(水生木)에 의지하나 수(水)가 많으면 떠다니고, 수(水)가 금생수(金生水)에 의지하나 금(金)이 많으면 탁해진다.

3. 신약중봉식상해(身弱重逢食傷害)

【원 문】

金能生水 水多金沉 土能生金 金多土虛 火能生土 土多火掩
금능생수 수다금침 토능생금 금다토허 화능생토 토다화엄

木能生火 火多木焚 水能生木 木多水縮
목능생화 화다목분 수능생목 목다수축

【해 설】

금(金)은 능히 금생수(金生水)하나 수(水)가 많으면 잠기고, 토(土)는 능히 토생금(土生金)하나 금(金)이 많으면 허해지고, 화(火)는 능히 화생토(火生土)하나 토(土)가 많으면 가려지고, 목(木)은 능히 목생화(木生火)하나 화(火)가 많으면 타버리고, 수(水)는 능히 수생목(水生木)하나 목(木)이 많으면 줄어든다.

4. 신약중봉재성해(身弱重逢財星害)

【원 문】

金能剋木 木堅金缺 土能剋水 水多土蕩 火能剋金 金多火熄
금능극목 목견금결 토능극수 수다토탕 화능극금 금다화식

木能剋土 土重木折 水能剋火 火炎水乾
목능극토 토중목절 수능극화 화염수건

【해 설】

　금(金)은 능히 금극목(金剋木)하나 목(木)이 단단하면 이지러지고, 토(土)는 능히 토극수(土剋水)하나 수(水)가 많으면 흔들리고, 화(火)는 능히 화극금(火剋金)하나 금(金)이 많으면 꺼지고, 목(木)은 능히 목극토(木剋土)하나 토(土)가 무거우면 꺾이고, 수(水)는 능히 수극화(水剋火)하나 화(火)가 뜨거우면 마른다.

5. 신약중봉관살해(身弱重逢官殺害)

【원 문】

金弱遇火 必見銷鎔 土弱逢木 必遭傾陷 火弱逢水 必見熄滅
금약우화 필견소용 토약봉목 필조경함 화약봉수 필견식멸

木弱逢金 必爲斫折 水弱逢土 必爲淤塞
목약봉금 필위작절 수약봉토 필위어색

【해 설】

금(金)이 약한데 화(火)를 만나면 반드시 녹고, 토(土)가 약한데 목(木)을 만나면 반드시 기울고, 화(火)가 약한데 수(水)를 만나면 반드시 꺼지고, 목(木)이 약한데 금(金)을 만나면 베이고, 수(水)가 약한데 토(土)를 만나면 반드시 막힌다.

6. 신강중봉식상길(身强重逢食傷吉)

【원 문】

强金得水 方挫其鋒 强水得木 方泄其勢 强木得火 方比其頑
강금득수 방좌기봉 강수득목 방설기세 강목득화 방비기완

强火得土 方止其焰 强土得金 方宣其滯
강화득토 방지기염 강토득금 방선기체

【해 설】

강금(强金)이 수(水)를 만나면 날카로움이 무뎌지니 길하고, 강수(强水)가 목(木)을 만나면 설기(泄氣)되니 길하고, 강목(强木)이 화(火)를 만나면 비기(比氣)되니 길하고, 강화(强火)가 토(土)를 만나면 멈추니 길하고, 강토(强土)가 금(金)을 만나면 체느슨해지니 길하다.

2장. 신살길흉론(神殺吉凶論)

1. 길신류(吉神類)

1. 천을귀인(天乙貴人)

【원 문】

甲戊兼牛羊 乙己鼠猴鄉 丙丁豬雞位 壬癸兎蛇藏 庚辛逢馬虎
갑무겸우양 을기서후향 병정저계위 임계토사장 경신봉마호

此是貴人方 三車一覽賦云 天乙文星 得之者聰明智慧 警神賦云
차시귀인방 삼차일람부운 천을문성 득지자총명지혜 경신부운

日干坐貴 一世淸高 通明賦云 貴壓三刑終執正 一作正 秘訣云
일간좌귀 일세청고 통명부운 귀압삼형종집정 일작정 비결운

貴人喜合 又云 爲人正大者 天乙生旺 富貴賦云 顯貴者 身臨貴宿
귀인희합 우운 위인정대자 천을생왕 부귀부운 현귀자 신임귀숙

【해 설】

갑목일간(甲木日干)과 무토일간(戊土日干)은 우양(牛羊)이니 축미

(丑未)를 만나면 천을귀인(天乙貴人)이 되고, 을목일간(乙木日干)과 기토일간(己土日干)은 서후(鼠猴)이니 자신(子申)을 만나면 천을귀인(天乙貴人)이 되고, 병화일간(丙火日干)과 정화일간(丁火日干)은 저계(豬雞)이니 해유(亥酉)를 만나면 천을귀인(天乙貴人)이 되고, 임수일간(壬水日干)과 계수일간(癸水日干)은 토사(兎蛇)이니 묘사(卯巳)를 만나면 천을귀인(天乙貴人)이 되고, 경금일간(庚金日干)과 신금일간(辛金日干)은 마호(馬虎)이니 오인(午寅)을 만나면 천을귀인(天乙貴人)이 된다.

삼차일람부운(三車一覽賦云), 주중(柱中)에 천을문성(天乙文星)이 있으면 지혜가 총명하다.

경신부운(警神賦云), 일(日)에 귀(貴)가 임하면 평생 청고하다.

통명부운(通明賦云), 귀인(貴人)이 삼형(三刑)을 다스리면 정직하며 큰 사람이고 고관대작이 된다.

비결운(秘訣云), 귀인(貴人)은 합(合)을 기뻐하는데 바르고 큰 사람이 된다. 천을귀인(天乙貴人)이 생왕(生旺)하기 때문이다.

부귀부운(富貴賦云), 명에 천을귀인(天乙貴人)이 있으면 부귀영화를 누린다.

2. 천덕귀인(天德貴人)

【원문】

解曰 正月生見丁字 二月生見申字 三月生見壬字 巳月生見辛字
해왈 정월생견정자 이월생견신자 삼월생견임자 사월생견신자

五月生見亥字 六月生見甲字 七月生見癸字 八月生見寅字
오월생견해자 육월생견갑자 칠월생견계자 팔월생견인자

九月生見丙字 十月生見乙字 十一月生見子字 十二月生見庚字
구월생견병자 시월생견을자 십일월생견자자 십이월생견경자

此爲天德
차위천덕

【해 설】

　해왈(解曰), 인월생(寅月生)이 정화(丁火)를 만나거나, 묘월생(卯月生)이 신금(申金)을 만나거나, 진월생(辰月生)이 임자(壬子)를 만나거나, 사월생(巳月生)이 신금(辛金)을 만나거나, 오월생(午月生)이 해수(亥水)를 만나거나, 미월생(未月生)이 갑목(甲木)을 만나거나, 신월생(申月生)이 계수(癸水)를 만나거나, 유월생(酉月生)이 인목(寅木)을 만나거나, 술월생(戌月生)이 병화(丙火)를 만나거나, 해월생(亥月生)이 을목(乙木)을 만나거나, 자월생(子月生)이 자수(子水)를 만나거나, 축월생(丑月生)이 경금(庚金)을 만나면 천덕귀인(天德貴人)이 된다.

3. 월덕귀인(月德貴人)

【원 문】

解日 寅午戌月在丙 申子辰月在壬 亥卯未月在甲 巳酉丑月在庚
해왈 인오술월재병 신자진월재임 해묘미월재갑 사유축월재경

此爲月德 三車一覽賦云 天乙二德扶持 利官少病 又云
차위월덕 삼차일람부운 천을이덕부지 이관소병 우운

二德扶持 衆惡皆散 心鏡賦云 天乙二德救解 百災不爲害
이덕부지 중악개산 심경부운천을이덕구해 백재불위해

相心賦云 二德印生 作事施恩布德 幽微賦云 慈祥敏慧
상심부운 이덕인생 작사시은포덕 유미부운 자상민혜

天月二德呈祥 奧旨賦云 命虧殺旺 要天月二德呈祥 秘訣云
천월이덕정상 오지부운명휴살왕 요천월이덕정상 비결운

天月二德臨日主 一生無險無虞 更遇將星 名登相府
천월이덕임일주 일생무험무우 갱우장성 명등상부

【해 설】

　해왈(解日), 인오술월생(寅午戌月生)이 병화(丙火)를 만나거나, 신
자진월생(申子辰月生)이 임수(壬水)를 만나거나, 해묘미월생(亥卯未
月生)이 갑목(甲木)을 만나거나, 사유축월생(巳酉丑月生)이 경금(庚
金)을 만나면 월덕귀인(月德貴人)이 된다.

　삼차일람부운(三車一覽賦云), 천을이덕(天乙二德)이 있으면 관직
이 이로우며 질병이 적고, 모든 나쁜 살(殺)이 사라진다.

　심경부운(心鏡賦云), 천을이덕(天乙二德)이 있으면 백 가지 재앙이
와도 구제를 받는다.

　상심부운(相心賦云), 천을이덕(天乙二德)이 있는데 인수(印綬)가
생조(生助)하면 하는 일이 은혜롭다.

　유미부운(幽微賦云), 천월이덕(天月二德)은 자상하며 민첩하고 지
혜가 상서로운 길성(吉星)이다.

　오지부운(奧旨賦云), 명조가 손실되고 살성(殺星)이 왕성한데 천월
이덕(天月二德)이 있으면 상서로워진다.

비결운(秘訣云), 천월이덕(天月二德)이 일주(日主)에 임하면 평생 위험이나 근심이 없고, 장성(將星)을 만나면 명등(名登)하여 상부(相府)에 올라 고관대작이 된다.

4. 학당(學堂)

【원 문】

解曰 甲日生遇亥月或亥時 乙日生遇午月或午時
해왈 갑일생우해월혹해시 을일생우오월혹오시

丙日生遇寅月或寅時 丁日生遇酉月或酉時
병일생우인월혹인시 정일생우유월혹유시

戊日生遇寅月或寅時 己日生遇酉月或酉時
무일생우인월혹인시 기일생우유월혹유시

庚日生遇巳月或巳時 辛日生遇子月或子時
경일생우사월혹사시 신일생우자월혹자시

壬日生遇申月或申時 癸日生遇卯月或卯時 三車一覽賦云
임일생우신월혹신시 계일생우묘월혹묘시 삼차일람부운

學堂有氣 惟利師儒 富貴賦云 聰明命坐學堂
학당유기 유리사유 부귀부운총명명좌학당

【해 설】

해왈(解曰), 갑목일간(甲木日干)이 월지(月支)나 시지(時支)에 해수(亥水)가 들거나, 을목일간(乙木日干)이 월지(月支)나 시지(時支)에 오화(午火)가 들거나, 병화일간(丙火日干)이 월지(月支)나 시지(時支)

에 인목(寅木)이 들거나, 정화일간(丁火日干)이 월지(月支)나 시지(時支)에 유금(酉金)이 들거나, 무토일간(戊土日干)이 월지(月支)나 시지(時支)에 인목(寅木)이 들거나, 기토일간(己土日干)이 월지(月支)나 시지(時支)에 유금(酉金)이 들거나, 경금일간(庚金日干)이 월지(月支)나 시지(時支)에 사화(巳火)가 들거나, 신금일간(辛金日干)이 월지(月支)나 시지(時支)에 자수(子水)가 들거나, 임수일간(壬水日干)이 월지(月支)나 시지(時支)에 신금(申金)이 들거나, 계수일간(癸水日干)이 월지(月支)나 시지(時支)에 묘목(卯木)이 들면 학당(學堂)이 된다.

삼차일람부운(三車一覽賦云), 학당(學堂)이 기(氣)가 있으면 교육에 종사할 사람이다.

부귀부운(富貴賦云), 학당(學堂)이 있으면 지혜가 총명하다.

5. 관귀학관(官貴學館)

【원 문】

解曰 官貴學館者 以官貴長生之位爲學館 如甲乙以庚辛金爲官貴
해왈 관귀학관자 이관귀장생지위위학관 여갑을이경신금위관귀

金生於巳 臨官於申 是甲乙日生人 遇巳字申官 即爲官貴學館
금생어사 임관어신 시갑을일생인 우사자신관 즉위관귀학관

十干例此推之
십간예차추지

【해 설】

해왈(解曰), 관귀학관(官貴學館)은 관귀(官貴)의 장생지(長生地)이

므로 학관(學館)이라고 부르는 것이다. 예를 들어 갑을일간(甲乙日干)이 경신금(庚辛金)을 만나면 관귀(官貴)가 된다. 금(金)의 생지(生地)는 사화(巳火)이고, 신금(申金)에는 관성(官星)이 임하니 사화(巳火)와 신관(申官)을 만나면 관귀학관(官貴學館)이 된다.

6. 화개(華蓋)

【원 문】

解曰 寅午戌生見戌字 亥卯未生見未字 申子辰生見辰字
해왈 인오술생견술자 해묘미생견미자 신자진생견진자

巳酉丑生見丑字 此爲華蓋是也 三車一覽賦云 華蓋重重
사유축생견축자 차위화개시야 삼차일람부운 화개중중

勤心學藝 又云 華蓋乃聰明之士 古云 華蓋逢空 偏宜僧道
근심학예 우운 화개내총명지사 고운 화개봉공 편의승도

奧旨賦云 柱若逢華蓋 犯二德 乃淸貴之人 通明賦云
오지부운 주약봉화개 범이덕 내청귀지인 통명부운

華蓋臨身 定爲方外之人 留心於蓮社蘭臺 容膝於蒲團竹偈
화개임신 정위방외지인 유심어연사난대 용슬어포단죽게

造微賦云 印綬逢華蓋 尊居翰苑 古歌云 生逢華蓋主文章
조미부운 인수봉화개 존거한원 고가운 생봉화개주문장

藝術偏多智慮長
예술편다지려장

【해 설】

해왈(解曰), 인오술월생(寅午戌生)이 술토(戌土)를 만나거나, 해묘미월생(亥卯未)이 미(未)를 만나거나, 신자진월생(申子辰)이 진토(辰土)를 만나거나, 사유축월생(巳酉丑)이 축토(丑土)를 만나면 화개(華蓋)가 된다.

삼차일람부운(三車一覽賦云), 명조에 화개(華蓋)가 무거우면 학문과 예술에 뜻을 두고 부지런히 노력한다. 또 화개(華蓋)가 있으면 총명한 선비다.

고운(古云), 화개(華蓋)가 공망(空亡)되면 승도의 명이 된다.

오지부운(奧旨賦云), 화개(華蓋)가 있는데 이덕(二德)이 있으면 청귀격(淸貴格)이 된다.

통명부운(通明賦云), 일간에 화개(華蓋)가 임하면 속세에 애착이 없는 사람이니 마음이 항상 절이나 도에 있다.

조미부운(造微賦云), 인수(印綬)가 화개를 만나면 한원(翰苑)에 거하는 존귀한 사람이다.

고가왈(古歌曰), 주중(柱中)에 화개(華蓋)가 있으면 문장이 출중하고 예술과 편지(偏智)가 많으며 심려(心慮)가 길하다.

7. 장성(將星)

【원 문】

解曰 如寅午戌生見午字 申子辰生見子字 巳酉丑生見酉字
해왈 여인오술생견오자 신자진생견자자 사유축생견유자

亥卯未生見卯字 此爲將星 古歌云 將星文武兩相宜 祿重權高足可知
해묘미생견묘자 차위장성 고가운 장성문무양상의 녹중권고족가지

【해 설】

　해왈(解曰), 인오술월생(寅午戌生)이 오화(午火)를 만나거나, 신자진월생(申子辰)이 자수(子水)를 만나거나, 사유축월생(巳酉丑)이 유금(酉金)을 만나거나, 해묘미월생(亥卯未)이 묘목(卯木)을 만나면 장성이 된다.

　고가왈(古歌曰), 주중(柱中)에 장성이 있으면 문무를 겸비하고 관록(官祿)이 무겁고 권(權)이 높다.

8. 역마(驛馬)

【원 문】

解曰 寅午戌生見申字 申子辰生見寅字 巳酉丑生見亥字
해왈 인오술생견신자 신자진생견인자 사유축생견해자

亥卯未生見巳字 此爲驛馬 三車一覽賦云 馬逢鞭策
해묘미생견사자 차위역마 삼차일람부운 마봉편책

身不安閑 造微論云 馬頭帶劍 鎭壓邊疆 又云 壬申癸酉爲眞劍
신불안한 조미론운 마두대검 진압변강 우운 임신계유위진검

身命賦云 馬奔財鄕 發如猛虎 集說云 貴人馬多升擢 常人馬多奔波
신명부운 마분재향 발여맹호 집설운 귀인마다승탁 상인마다분파

又云 馬忌空亡 古歌云 人命還逢驛馬 大利求名求利者
우운 마기공망 고가운 인명환봉역마 대리구명구리자

【해 설】

　해왈(解曰), 인오술월생(寅午戌生)이 신금(申金)을 만나거나, 신자

진월생(申子辰)이 인목(寅木)을 만나거나, 사유축월생(巳酉丑)이 해수(亥水)를 만나거나, 해묘미월생(亥卯未)이 사화(巳火)를 만나면 역마가 된다.

삼차일람부운(三車一覽賦云), 역마가 있는데 편책(鞭策)을 가(加)하면 일신이 불안하며 한가하게 살 수 없다.

조미론운(造微論云), 역마의 머리에 양인(羊刃)의 검이 있으면 변방에서 적군을 진압할 장군이다. 임신계유(壬申癸酉)가 진검이다.

신명부운(身命賦云), 역마(驛馬)가 재성(財星)을 만나면 분주하고, 맹호처럼 발복한다.

집설운(集說云), 귀명에 역마가 많으면 승진하고, 평범한 명에 역마가 들면 분주하다. 역마는 공망(空亡)되면 꺼린다.

고가운(古歌云), 역마가 있으면 명성을 얻고, 이권을 구하는 자에게는 큰 이로움이 있다.

9. 천사(天赦)

【원 문】

解曰 春戊寅日 夏甲午日 秋戊申日 冬甲子日 三車一覽賦云
해왈 춘무인일 하갑오일 추무신일 동갑자일 삼차일람부운

命中若逢天赦 處世百事無憂 集說云 天赦若於命中守 逢凶甚嗜酒
명중약봉천사 처세백사무우 집설운 천사약어명중수 봉흉심기주

【해 설】

해왈(解曰), 봄철생이 무인일생(戊寅日生)이거나, 하월생이 갑오일

(甲午日)이거나, 추월생(秋月生)이 무신일(戊申日)이거나, 겨울철생이 갑자일생(甲子日生)이면 천사(天赦)가 된다.

삼차일람부운(三車一覽賦云), 주중(柱中)에 천사가 있으면 백사에 근심이 없다.

집설운(集說云), 주중(柱中)에 천사(天赦)가 있으면 화를 만나도 흉하지 않고, 술을 매우 좋아하는 사람이다.

10. 복덕수기(福德秀氣)

【원 문】

要己丑日主 生臨地支巳酉丑全者 爲福德 要天干三個乙字
요기축일주 생임지지사유축전자 위복덕 요천간삼개을자

地支巳酉丑全者 爲秀氣
지지사유축전자 위수기

【해 설】

기축일주(己丑日主)가 지지(地支)에 사유축(巳酉丑)이 모두 들면 복덕수기(福德秀氣)가 된다. 천간(天干)에 을목(乙木)이 3위 있고 지지(地支)에 사유축(巳酉丑)이 모두 들면 수기(秀氣)를 얻는다.

11. 복성귀인(福星貴人)

【원 문】

解曰 甲丙相邀入虎鄕 更逢鼠穴最高强 戊申己未丁亥遇
해왈 갑병상요입호향 갱봉서혈최고강 무신기미정해우

乙癸逢牛福祿昌 庚趨馬頭辛帶巳 壬騎龍背喜非常 三車一覽賦云
을계봉우복록창 경간마두신대사 임기용배희비상 삼차일람부운

福星貴人衆所欽 命中最喜値此身
복성귀인중소흠 명중최희치차신

【해 설】

해왈(解曰), 갑인일(甲寅日)·병인일(丙寅日)·병자일(丙子日)·병술일
(丙戌日)은 최고로 강한 복성(福星)이고, 무신일(戊申日)·기미일(己未
日)·정해일(丁亥日)은 복성(福星)이고, 을축일(乙丑日)·을묘일(乙卯
日)·계묘일(癸卯日)은 복성(福星)이니 복록이 창성하다. 경오일생(庚
午日生)과 신사일생(辛巳日生)이 복성(福星)이다. 임진일(壬辰日)은 복
성(福星)이며 임기용배격(壬騎龍背格)이니 비상하게 귀(貴)가 따른다.

삼차일람부운(三車一覽賦云), 주중(柱中)에 복성귀인(福星貴人)이
있으면 대중의 흠모를 받고 가장 좋은 귀격(貴格)이 된다.

12. 난희이덕해신가(鸞喜二德解神歌)

【원 문】

解曰 卯起紅鸞逆數通 欲知天喜是相沖 更有解神須逆數
해왈 묘기홍란역수통 욕지천희시상충 갱유해신수역수

戌中到酉是眞宗 欲求天德順從酉 月德要依巳順逢 有人命限逢斯到
술중도유시진종 욕구천덕순종유 월덕요의사순봉 유인명한봉사도

喜中加喜又無凶
희중가희우무흉

【해 설】

해왈(解曰), 묘목(卯木)이 기(起)하여 홍란(紅鸞)이 역수(逆數)와 통하고 욕지(欲知)할 것은 천희(天喜)하면 상충(相沖)이다. 다시 해신 (解神)이 있으면 역수(逆數)이며 술중(戌中)에 유금(酉金)이 들면 이 것은 진종(眞宗)이다. 욕구(欲求)하면 천덕(天德)이 유금(酉金)에 순 종(順從)함이며 월덕(月德)이 요(要)하면 사화(巳火)에 의지하여 순 봉(順逢)함이다. 사람이 한계에 이르면 희중(喜中)에 희(喜)를 가(加) 하니 또 무흉(無凶)이다.

저자평, 원문의 글자 그대로 풀이했지만 이해하기 어려운 부분이니 독자 여러분께서 다시 연구하기 바란다.

2. 흉신류(凶神類)

1. 육갑공망(六甲空亡)

【원 문】

解曰 甲子旬中無戌亥 甲戌旬中無申酉 甲申旬中無午未
해왈 갑자순중무술해 갑술순중무신유 갑신순중무오미

甲午旬中無辰巳 甲辰旬中無寅卯 甲寅旬中無子丑 造微賦云
갑오순중무진사 갑진순중무인묘 갑인순중무자축 조미부운

空亡更臨寡宿 孤獨龍鐘 集說云 凡人命內帶空亡 一生主聰明
공망갱임과숙 고독용종 집설운 범인명내대공망 일생주총명

　해왈(解曰), 갑자순중(甲子旬中)에는 술해(戌亥)가 없고, 갑술순중(甲戌旬中)에는 신유(申酉)가 없고, 갑신순중(甲申旬中)에는 오미(午未)가 없고, 갑오순중(甲午旬中)에는 진사(辰巳)가 없고, 갑진순중(甲辰旬中)에는 인묘(寅卯)가 없고, 갑인순중(甲寅旬中)에는 자축(子丑)이 없는데 이것이 공망(空亡)이다.

　조미부운(造微賦云), 공망(空亡)이 있는데 과숙(寡宿)이 임하면 면할 수 없는 용종(龍鐘)이니 좌절하여 눈물을 흘린다.

　집설운(集說云), 주중(柱中)에 공망(空亡)이 있으면 평생 총명하다.

2. 상문(喪門)

【원 문】

解曰 子生人見寅字 丑生人見卯字 寅生人見辰字 卯生人見巳字
해왈 자생인견인자 축생인견묘자 인생인견진자 묘생인견사자

辰生人見午字 巳生人見未字 午生人見申字 未生人見酉字
진생인견오자 사생인견미자 오생인견신자 미생인견유자

申生人見戌字 酉生人見亥字 戌生人見子字 亥生人見丑字
신생인견술자 유생인견해자 술생인견자자 해생인견축자

此日生年上推之
차일생년상추지

【해 설】

　해왈(解曰), 자생(子生)이 인목(寅木)을 만나거나, 축생(丑生)이 묘

목(卯木)을 만나거나, 인생(寅生)이 진토(辰土)를 만나거나, 묘생(卯生)이 사화(巳火)를 만나거나, 진생(辰生)이 오화(午火)를 만나거나, 사생(巳生)이 미(未)를 만나거나, 오생(午生)이 신금(申金)을 만나거나, 미생(未生)이 유금(酉金)을 만나거나, 신생(申生)인 술토(戌土)를 만나거나, 유생(酉生)이 해수(亥水)를 만나거나, 술생(戌生)이 자수(子水)를 만나거나, 해생(亥生)이 축토(丑土)를 만나면 상문(喪門)이 된다. 일지(日支)나 년지(年支)를 중심으로 본다.

3. 조객(弔客)

【원 문】

解曰 子丑寅卯辰巳午未申酉戌亥 戌亥子丑寅卯辰巳午未申酉
해왈 자축인묘진사오미신유술해 술해자축인묘진사오미신유

照前喪門推去爲弔客 集說云 命前三辰爲喪門 命後三辰爲弔客
조전상문추거위조객 집설운 명전삼진위상문 명후삼진위조객

本日歲神犯之 主喪服哭泣 輕者主損遠親
본일세신범지 주상복곡읍 경자주손원친

【해 설】

해왈(解曰), 자축인묘진사오미신유술해생(子丑寅卯辰巳午未申酉戌亥生)이 술해자축인묘진사오미신유(戌亥子丑寅卯辰巳午未申酉)를 만나면 조객이 된다. 앞의 상문과 같이 상복을 입는 흉살이다.

집설운(集說云), 명전(命前)의 삼진위(三辰位)가 상문이고, 명후(命

後)의 삼진위(三辰位)가 조객인데 세운인 그 해에 해당하면 가까운 친척이 사망한다. 가벼우면 먼 친척이 사망한다.

4. 구신(勾神)

【원 문】

解曰 子丑寅卯辰巳午未申酉戌亥 卯辰巳午未申酉戌亥子丑寅
해왈 자축인묘진사오미신유술해 묘진사오미신유술해자축인

照前例推去 卽爲勾神
조전예추거 즉위구신

【해 설】

해왈(解曰), 자축인묘진사오미신유술해생(子丑寅卯辰巳午未申酉戌亥生)이 묘진사오미신유술해자축인(卯辰巳午未申酉戌亥子丑寅)을 만나면 구신(勾神)이 된다.

5. 교신(絞神)

【원 문】

解曰 子丑寅卯辰巳午未申酉戌亥 酉戌亥子丑寅卯辰巳午未申
해왈 자축인묘진사오미신유술해 유술해자축인묘진사오미신

照前例推去 卽爲絞神 造微論云 勾神疊於三刑 定是頻遭編配
조전예추거 즉위교신 조미론운 구신첩어삼형 정시빈조편배

集說云 命前四辰爲勾 命後四辰爲絞 如牛生人 酉爲勾 卯爲絞
집설운 명전사진위구 명후사진위교 여우생인 유위구 묘위교

若本日與歲運逢之 主災滯傷身 或退財勾連之事
약본일여세운봉지 주재체상신 혹퇴재구연지사

【해 설】

　해왈(解日), 자축인묘진사오미신유술해생(子丑寅卯辰巳午未申酉
戌亥生)이 유술해자축인묘진사오미신(酉戌亥子丑寅卯辰巳午未申)을
만나면 교신(絞神)이 된다.

　조미론운(造微論云), 교신(絞神)이 중첩하여 삼형(三刑)이 되면 형
액을 자주 당한다.

　집설운(集說云), 명전(命前)의 사진위(四辰位)가 구신(勾神)이고, 명
후(命後)의 사진위(四辰位)가 교신(絞神)이다. 예를 들면 우생(牛生)
이 유금(酉金)을 만나면 구신(勾神)이 되고, 묘목(卯木)을 만나면 교
신(絞神)이 된다. 일지(日支)나 년지(年支)에서 구신(勾神)이나 교신
(絞神)을 만나면 몸을 다치고 재물을 잃는다.

6. 고신(孤神)

【원 문】

解日 亥子丑寅卯辰巳午未申酉戌 寅寅寅巳巳巳申申申亥亥亥
해왈 해자축인묘진사오미신유술 인인인사사사신신신해해해

照前例推去 卽爲孤神
조전예추거 즉위고신

【해 설】

해왈(解曰), 해자축인묘진사오미신유술생(亥子丑寅卯辰巳午未申酉戌生)이 인인인사사사신신신해해해(寅寅寅巳巳巳申申申亥亥亥)를 만나면 고신(孤神)이 된다.

7. 과숙(寡宿)

【원 문】

解曰 亥子丑寅卯辰巳午未申酉戌 戌戌戌丑丑丑辰辰辰未未未
해왈 해자축인묘진사오미신유술 술술술축축축진진진미미미

照前例推去 即爲寡宿 秘訣云 雙辰合黨 鰥寡而孤 警神賦云
조전예추거 즉위과숙 비결운 쌍진합당 환과이고 경신부운

員神力 抱孤寡貴人同一位 又云 孤神華蓋 日時相犯主伶仃
원신력 포고과귀인동일위 우운 고신화개 일시상범주령정

又云 孤華主爲林下僧尼 通明賦云 孤寡雙辰帶官印
우운 고화주위림하승니 통명부운 고과쌍진대관인

定作叢林領袖 身命賦云 男孤神 他鄕之客 女寡宿 異省之婦
정작총림영수 신명부운 남고신 타향지객 여과숙 이성지부

古歌云 孤神切忌男剋妻 寡宿須敎女害夫
고가운 고신절기남극처 과숙수교여해부

【해 설】

해왈(解曰), 해자축인묘진사오미신유술생(亥子丑寅卯辰巳午未申酉戌生)이 술술술축축축진진진미미미(戌戌戌丑丑丑辰辰辰未未未)를 만나면 과숙(寡宿)이 된다.

　비결운(秘訣云), 고신(孤神)과 과숙(寡宿)이 쌍으로 있으면 남명은 홀아비가 되고, 여명은 과부가 되어 고독하다.

　경신부운(警神賦云), 고과살(孤寡殺)이 귀인(貴人)과 같은 곳에 있으면 귀명이 되고, 고신(孤神)과 화개(華蓋)가 일시(日時)에 동주하면 고독하고 승도의 명이 된다.

　통명부운(通明賦云), 고신(孤神)과 과숙(寡宿)의 쌍진(雙辰)이 관인(官印)을 대동하면 종교계에서 수장이 된다.

　신명부운(身命賦云), 남명에 고신(孤神)이 들면 타향의 객이 되고, 여명에 과숙(寡宿)이 들면 과부가 된다.

　고가왈(古歌曰), 고신(孤神)은 남명이 처첩을 극상(剋傷)하는 흉살이고, 과숙(寡宿)은 여명이 남편을 해롭게 하는 흉살이다.

8. 격각(隔角)

【원 문】

解曰 以日時上起 日與時隔一字 卽爲隔角 如丑日卯時 辰日午時
해왈 이일시상기 일여시격일자 즉위격각 여축일묘시 진일오시

未日酉時 戌日子時之類 心鏡賦云 隔角相逢犯歲君 徒流定分明
미일유시 술일자시지류 심경부운격각상봉범세군 도류정분명

【해 설】

　해왈(解曰), 격각(隔角)이란 일지(日支)와 시지(時支) 사이에 한 글

자가 뜨는 것을 말한다. 예를 들면 축일(丑日) 묘시(卯時)이거나 진일
(辰日) 오시(午時)이거나 미일(未日) 유시(酉時)이거나 술일(戌日) 자
시(子時)인 경우다.

심경부운(心鏡賦云), 격각(隔角)이 세운에 들면 형액을 받는다.

9. 함지(咸池)

【원 문】

解曰 寅午戌生人見卯字 申子辰生人見酉字 巳酉丑生人見午字
해왈 인오술생인견묘자 신자진생인견유자 사유축생인견오자

亥卯未生人見子字 卽位咸池殺 此以生年上起 或又以日上起
해묘미생인견자자 즉위함지살 차이생년상기 혹우이일상기

此殺有在日時上者爲緊 幽微賦云 酒色猖狂 只爲桃花帶殺
차살유재일시상자위긴 유미부운 주색창광 지위도화대살

玉函賦云 天德與咸池同會 晚年有風之情 秘訣云 桃花驛馬
옥함부운 천덕여함지동회 만년유풍지정 비결운 도화역마

一生不免飄蓬 又云 桃花倒揷 慷慨風流 又云 有人命內帶咸池
일생불면표봉 우운 도화도삽 강개풍류 우운 유인명내대함지

自是天然惹是非 男子逢之多慷慨 女人爲此逞風情 通明賦云
자시천연야시비 남자봉지다강개 여인위차령풍정 통명부운

桃花帶合 必是浪遊之子 造微論云 咸池更會日官 祿妻致富
도화대합 반드시낭유지자 조미론운 함지갱회일관 녹처치부

又云 桃花若臨帝座 因色身亡 警神賦云 風流破蕩
우운 도화약임제좌 인색신망 경신부운 풍류파탕

因奸干弱坐咸池
인간간약좌함지

【해 설】

해왈(解曰), 인오술생(寅午戌生)이 묘목(卯木)을 만나거나, 신자진
생(申子辰生)이 유금(酉金)을 만나거나, 사유축생(巳酉丑生)이 오화
(午火)를 만나거나, 해묘미생(亥卯未生)이 자수(子水)를 만나면 함지
살(咸池殺)이 된다. 생년(生年)을 기준으로 찾는데 생일(生日)을 기준
으로 찾기도 한다. 일시(日時)에 있으면 색정의 기운이 많다.

유미부운(幽微賦云), 함지(咸池)가 있으면 주색으로 창광하는데
도화살(桃花殺)을 대동하기 때문이다.

옥함부운(玉函賦云), 함지(咸池)가 천덕(天德)과 같이 있으면 만년
에 풍류와 색정이 있다.

비결운(秘訣云), 도화(桃花)와 역마(驛馬)가 동주하면 평생 방탕하
게 방랑하고, 도화(桃花)가 도삽(倒揷)하여 강개하면 풍류객이 되고,
함지를 대동하면 시비가 많이 따르는데 남자는 강개하고, 여자는 풍
류와 색을 좋아한다.

통명부운(通明賦云), 도화(桃花)가 합(合)을 대동하면 반드시 부모
가 바람둥이며 방랑객이다.

조미론운(造微論云), 함지(咸池)가 관성(官星)과 같이 있으면 아내
덕으로 부를 쌓고, 도화(桃花)가 제왕지(帝旺地)에 임하면 색정으로
망신을 당한다.

경신부운(警神賦云), 풍류와 방탕을 즐기면 신약(身弱)한데 함지

(咸池)가 있기 때문이다.

10. 복음(伏吟)

【원 문】

解曰 子丑寅卯辰巳午未申酉戌亥 子丑寅卯辰巳午未申酉戌亥
해왈 자축인묘진사오미신유술해 자축인묘진사오미신유술해

對字推之 卽爲伏吟
대자추지 즉위복음

【해 설】

해왈(解曰), 자축인묘진사오미신유술해생(子丑寅卯辰巳午未申酉戌亥生)이 자축인묘진사오미신유술해(子丑寅卯辰巳午未申酉戌亥)를 만나면 복음(伏吟)이 되는데 슬피 울 일이 생긴다.

11. 반음(反吟)

【원 문】

解曰 子丑寅卯辰巳午未申酉戌亥 午未申酉戌亥子丑寅卯辰巳
해왈 자축인묘진사오미신유술해 오미신유술해자축인묘진사

沖宮推之 卽爲反吟 古書云 反吟伏吟 哭泣淋淋 不傷自己
충궁추지 즉위반음 고서운 반음복음 곡읍임임 불상자기

也損他人 其法如子年生人 遇流年歲君是子 卽爲伏吟
야손타인 기법여자년생인 우유년세군시자 즉위복음

如子年生人 遇流年歲君是午 卽爲反吟 餘皆例推 古歌云
여자년생인 우유년세군시오 즉위반음 여개예추 고가운

伏吟之殺不堪聞 運限如逢一例論 又云 反吟不但害妻兒
복음지살불감문 운한여봉일예론 우운 반음불단해처아

家活難成卓立遲
가활난성탁입지

【해 설】

해왈(解日), 자축인묘진사오미신유술해생(子丑寅卯辰巳午未申酉戌亥生)이 오미신유술해자축인묘진사(午未申酉戌亥子丑寅卯辰巳)를 만나면 상충(相沖) 관계인데 반음(反吟)이 된다.

고서운(古書云), 반음(反吟)이나 복음(伏吟)이 들면 슬피 울 일이 많다. 본인이 상해를 당하는 것이 아니라 다른 사람을 손상시키는 흉살이다. 예를 들면 자년생(子年生)이 세운에서 자수(子水)를 만나면 복음(伏吟)이 되고, 오화(午火)를 만나면 반음(反吟)이 된다. 다른 경우도 이와 같이 추리한다.

고가왈(古歌日), 복음(伏吟)이 들면슬피 울 일이 생기는데 운에서 만나도 마찬가지다. 반음(反吟)의 재앙은 처자에게만 있는 것이 아니라 가사와 사업에도 지장을 준다.

12. 원진(元辰)

【원 문】

解日 如子年生見未字 丑年生見午字 寅年生見酉字
해왈 여자년생견미자 축년생견오자 인년생견유자

卯年生見申字 辰年生見亥字 巳年生見戌字 卽是 秘訣云
묘년생견신자 진년생견해자 사년생견술자 즉시 비결운

大耗懸針 非貧卽夭 身命賦云 禍莫禍於元辰
대모현침 비빈즉요 신명부운 화막화어원진

【해 설】

해왈(解曰), 자년생(子年生)이 미(未)를 만나거나, 축년생(丑年生)이 오화(午火)를 만나거나, 인년생(寅年生)이 유금(酉金)을 만나거나, 묘년생(卯年生)이 신금(申金)을 만나거나, 진년생(辰年生)이 해수(亥水)를 만나거나, 사년생(巳年生)이 술토(戌土)를 만나면 원진(元辰)이 된다.

비결운(秘訣云), 대모현침(大耗懸針)이 되면 빈한하거나 요절한다.

신명부운(身命賦云), 원진(元辰)보다 큰 화는 없을 것이다.

13. 겁살(劫殺)

【원 문】

解曰 如申子辰年生見巳字 寅午戌年生見亥字
해왈 여신자진년생견사자 인오술년생견해자

亥卯未年生見申字 巳酉丑年生見寅字是也
해묘미년생견신자 사유축년생견인자시야

【해 설】

해왈(解曰), 신자진년생(申子辰年生)이 사화(巳火)를 만나거나, 인오술년생(寅午戌年生)이 해수(亥水)를 만나거나, 해묘미년생(亥卯未年生)이 신금(申金)을 만나거나, 사유축년생(巳酉丑年生)이 인목(寅木)을 만나면 겁살(劫殺)이 된다.

14. 파군(破軍)

【원 문】

如申子辰年生見亥字 亥卯未年生見寅字 寅午戌年生見巳字
여신자진년생견해자 해묘미년생견인자 인오술년생견사자

巳酉丑年生見申字是也 三車一覽賦云 亡劫往來 佛口蛇心之輩
사유축년생견신자시야 삼차일람부운 망겁왕래 불구사심지배

又破軍二重 必是徒流之輩 古歌云 命値官符官事多 漫誇永智逞嘍囉
우파군이중 필시도류지배 고가운 명치관부관사다 만과영지령루라

祖宗財物如山阜 也是漂流水上波 又云 一位破軍如口嘴
조종재물여산부 야시표류수상파 우운 일위파군여구취

兩重生旺主徒流 三重遇著須當絞 四位逢之定斬頭
양중생왕주도류 삼중우저수당교 사위봉지정참두

【해 설】

신자진년생(申子辰年生)이 해수(亥水)를 만나거나, 해묘미년생(亥卯未年生)이 인목(寅木)을 만나거나, 인오술년생(寅午戌年生)이 사화(巳火)를 만나거나, 사유축년생(巳酉丑年生)이 신금(申金)을 만나면 파군(破軍)이 된다.

삼차일람부운(三車一覽賦云), 망겁(亡劫)이 왕래하면 말은 부처처

럼 하나 속은 독사 같은 이중인격자이고, 파군(破軍)이 2중으로 있으면 반드시 형액을 당한다.

고가왈(古歌曰), 관부(官符)가 있으면 관재구설이 많고, 재능과 지혜가 흐르나 재능을 빼앗기는 경우가 많고, 조상의 재물을 산처럼 많이 물려받아도 지키지 못한다. 파군(破軍)이 하나 있으면 구설의 액난이 있고, 2중으로 생왕(生旺)하면 형액을 받고, 3중으로 들면 교수형을 당하고, 4중으로 들면 참두형을 당한다.

15. 현침(懸針)

【원 문】

解曰 凡八字柱中刑多拖脚 如懸針之狀者 卽是懸針殺
해왈 범팔자주중형다타각 여현침지상자 즉시현침살

如甲申辛卯甲午之類是也 秘訣云 懸針聚刃 可作屠沽
여갑신신묘갑오지류시야 비결운 현침취인 가작도고

【해 설】

해왈(解曰), 주중(柱中)에 형(刑)과 전극(戰剋)이 많으면 형상이 현침(懸針)과 같아 현침살(懸針殺)이라고 하는 것이다. 예를 들면 갑신(甲申)·신묘(辛卯)·갑오(甲午)의 경우다.

비결운(秘訣云), 현침(懸針)이 있는데 양인(羊刃)이 모이면 백정이 된다.

16. 평두(平頭)

【원 문】

解曰 凡八字四柱中 刑字多平頭者 謂之平頭殺 如甲子
해왈 범팔자사주중 형자다평두자 위지평두살 여갑자

甲辰甲寅丙辰丙戌丙寅之類是也 秘訣云 平頭懸針帶刃
갑진갑인병진병술병인지류시야 비결운 평두현침대인

主六畜之中 集說云 平頭一格占天干 年刃懸針鬪攢
주육축지중 집설운 평두일격점천간 년인현침투찬

破格刑沖無旺氣 披羊帶角畜生看
파격형충무왕기 피양대각축생간

【해 설】

　해왈(解曰), 주중(柱中)에 형(刑)이 많으면 평두살(平頭殺)이 된다.
예를 들면 갑자(甲子)·갑진(甲辰)·갑인(甲寅)·병진(丙辰)·병술(丙
戌)·병인(丙寅)의 경우다.

　비결운(秘訣云), 평두살(平頭殺)이 현침(懸針)이나 양인(羊刃)을 대
동하면 도살업을 한다.

　집설운(集說云), 평두살(平頭殺)이 천간(天干)을 점령했는데 양인
(羊刃)이나 현침(懸針)이 동주하면 파격(破格)이 되고, 형충(刑沖)이
되고 왕기(旺氣)가 없으면 육축을 도살하는 백정이 된다.

17. 자암성(紫暗星)

【원 문】

解曰 祿前一位 在天爲紫暗星 專行誅戮 人命遇此
해왈 녹전일위 재천위자암성 전행주륙 인명우차

更加刑沖破害 其人必主凶惡 死於兵戈之下
갱가형충파해 기인필주흉악 사어병과지하

【해 설】

　해왈(解曰), 녹전일위(祿前一位)이니 하늘에서는 자암성(紫暗星)이
된다. 사람을 주륙(誅戮)하는 흉살인데 다시 형충파해(刑沖破害)가
있으면 반드시 군병의 무기에 흉사한다.

18. 유하살(流霞殺)

【원 문】

解曰 甲雞乙犬丙羊加 丁是猴鄕戊見蛇 己馬庚龍辛逐兎
해왈 갑계을견병양가 정시후향무견사 기마경용신축토

壬豬癸虎是流霞 男主他鄕死 女主産後亡
임저계호시류하 남주타향사 여주산후망

【해 설】

　해왈(解曰), 갑목(甲木)이 계(雞)인 유금(酉金)을 만나거나, 을목(乙
木)이 견(犬)인 술토(戌土)를 만나거나, 병화(丙火)가 양(羊)인 미(未)

를 만나거나, 정화(丁火)가 후(猴)인 신금(申金)을 만나거나, 무토(戊土)가 사(蛇)인 사화(巳火)를 만나거나, 기토(己土)가 마(馬)인 오화(午火)를 만나거나, 경금(庚金)이 용(龍)인 진토(辰土)를 만나거나, 신금(辛金)이 토(兎)인 묘목(卯木)을 만나거나, 임수(壬水)가 저(豬)인 해수(亥水)를 만나거나, 계수(癸水)가 호(虎)인 인목(寅木)을 만나면 유하살(流霞殺)이 된다. 해당하면 남명은 타향에서 객사하고, 여명은 산후에 사망한다.

19. 충천살(衝天殺)

【원 문】

解曰 生日對時人壽短 年生月對壽不長 此時五行衝天殺
해왈 생일대시인수단 년생월대수불장 차시오행충천살

有人値此少年亡 忌生日對生時 生時對生命是也
유인치차소년망 기생일대생시 생시대생명시야

【해 설】

　해왈(解曰), 충천살(衝天殺)이 일(日)이나 시(時)에 있으면 단명하고, 년(年)이나 월(月)에 있어도 소년에 요절한다.

20. 오귀살(五鬼殺)

【원 문】

解曰 木命逢鼠牛 金人忌馬羊 火人逢兎龍 水命犬雞鄉
해왈 목명봉서우 금인기마양 화인봉토용 수명견계향

男女命值此 都是守空房
남녀명치차 도시수공방

【해 설】

　해왈(解曰), 목명(木命)이 서우(鼠牛)인 자수(子水)나 축토(丑土)를
만나거나, 금명(金命)이 마양(馬羊)인 오화(午火)나 미(未)를 만나거
나, 화명(火命)이 토용(兎龍)인 묘목(卯木)이나 진토(辰土)를 만나면
오귀살이 된다. 해당하면 남녀 모두 독수공방한다.

21. 홍염살(紅艶殺)

【원 문】

解日 多情多慾少人知 六丙逢寅辛見雞 癸臨申上丁見未
해왈 다정다욕소인지 육병봉인신견계 계임신상정견미

眉開眼笑樂嬉嬉 甲乙午申庚見戌 世間只是衆人妻
미개안소락희희 갑을오신경견술 세간지시중인처

戊己怕辰壬怕子 祿馬相逢作路妓 任是富家官宦女
무기파진임파자 녹마상봉작노기 임시부가관환녀

花前月下會佳期
화전월하회가기

【해 설】

　해왈(解曰), 홍염살(紅艶殺)에 해당하면 정과 욕심이 많다. 육병일
(六丙日)이 인목(寅木)을 만나거나, 신금일간(辛金日干)이 유금(酉金)

을 만나거나, 계수일간(癸水日干)이 신금(申金)을 만나거나, 정화일간
(丁火日干)이 미(未)를 만나면 해당하는데 눈웃음으로 상대를 유혹
하며 외정을 즐긴다.

갑목일간(甲木日干)이 오화(午火)를 만나거나, 을목일간(乙木日干)
이 신금(申金)을 만나거나, 경금일간(庚金日干)이 술토(戌土)를 만나
면 해당하는데 많은 남자의 아내가 된다.

무기일간(戊己日干)이 진토(辰土)를 만나거나, 임수일간(壬水日干)
이 자수(子水)를 만나면 녹마(祿馬)가 상봉하는 홍염살(紅艶殺)인데
기녀가 되고, 부잣집 여자라도 달밤에 불륜을 범한다.

22. 탄염살(呑焰殺)

【원 문】

解曰 豬犬羊逢虎必傷 猴蛇相會樹頭亡 犬逢雞子遭徒配
해왈 저견양봉호필상 후사상회수두망 견봉계자조도배

兔趕蛇兒走遠鄕 鼠見犬須當惡死 馬牛逢虎定相傷
토간사아주원향 서견견수당악사 마우봉호정상상

兔猴逢犬難廻避 龍來龍去水中殃
토후봉견난회피 용내용거수중앙

【해 설】

해왈(解曰), 해술미(亥戌未)가 인목(寅木)을 만나거나 신사(申巳)가
모두 만나면 반드시 상해를 당하고, 술토(戌土)가 유금(酉金)이나 자
수(子水)를 만나면 형액을 받고, 묘목(卯木)이 사화(巳火)를 만나면 멀

리 달아나고, 자수(子水)가 술토(戌土)를 만나면 악사하고, 오축(午丑)이 인목(寅木)을 만나면 상해되고, 묘신(卯申)이 술토(戌土)를 만나면 재액을 피하기 어렵고, 진(辰)이 진토(辰土)를 만나면 수액을 당한다.

23. 삼구오묘(三坵五墓)

【원 문】

解曰 三坵五墓得人愁 爺娘妻子盡不周 春丑夏龍秋卽未
해왈 삼구오묘득인수 야낭처자진불주 춘축하용추즉미

三冬逢犬是三坵 欲知五墓對宮是 命若逢之切忌憂
삼동봉견시삼구 욕지오묘대궁시 명약봉지절기우

【해 설】

해왈(解曰), 주중(柱中)에 삼구오묘(三坵五墓)가 들면 부모나 처자한테 우환이 따른다. 봄철생이 축토(丑土)를 만나거나, 여름생이 진토(辰土)를 만나거나, 가을생이 미(未)를 만나거나, 겨울철생이 술토(戌土)를 만나면 삼구오묘(三坵五墓)가 되는데 육친(六親)의 근심이 많다.

24. 천라지망(天羅地網)

【원 문】

解曰 辰爲天羅 戌爲地網 嘗云 辰戌名爲羅網 天乙不臨
해왈 진위천라 술위지망 상운 진술명위나망 천을불임

如人命有此 主尅陷淹滯之疾 牢獄之災
여인명유차 주극함엄체지질 뢰옥지재

【해 설】

　해왈(解曰), 진술(辰戌)을 말하는데 진(辰)은 천라(天羅)이고 술토(戌土)는 지망(地網)이다. 천라지망(天羅地網)이 있는데 천을귀인(天乙貴人)이 없으면 질병·모함·소송·옥사 등이 따른다.

25. 마전신살(馬前神殺)

【원 문】

驛馬 六害 華蓋 劫殺 災殺 年殺 月殺 亡神 攀鞍
역마 육해 화개 겁살 재살 년살 월살 망신 반안

【해 설】

　마전신살(馬前神殺)은 역마(驛馬), 육해(六害), 화개(華蓋), 겁살(劫殺), 재살(災殺), 년살(年殺), 월살(月殺), 망신(亡神), 반안(攀鞍)을 말한다.

26. 유년성요(流年星曜)

【원 문】

解曰 太歲劍鋒伏尸同 二日太陽並天空 三是喪門並地喪
해왈 태세검봉복시동 이왈태양병천공 삼시상문병지상

四爲勾絞貫索同 五爲官符並五鬼 六是死符小耗攻
사위구교관색동 오위관부병오귀 육시사부소모공

七是欄杆並大耗 八爲暴敗天厄同 九是飛廉白虎位
칠시난간병대모 팔위폭패천액동 구시비염백호위

十是卷舌福星聰 十一天狗弔客患 十二病符切莫逢
십시권설복성총 십일천구조객환 십이병부절막봉

【해 설】

해왈(解曰), 태세에 검봉(劍鋒)과 복시(伏尸)가 동주하고, 태양(太陽)과 천공(天空)이 있고, 상문(喪門)과 지상(地喪)이 있고, 구교(勾絞)와 관색(貫索)이 있고, 관부(官符)와 오귀(五鬼)가 있고, 사부(死符)와 소모(小耗)가 있고, 난간(欄杆)과 대모(大耗)가 있고, 폭패(暴敗)와 천액(天厄)이 동주하고, 비염(飛廉)과 백호(白虎)가 있고, 권설복성(卷舌福星)이 있고, 천구조객환(天狗弔客患)이 있고, 병부절막봉(病符切莫逢)이다. 이러한 십이흉살(十二凶殺)을 유년(流年)에 만나면 유년성요(流年星曜)라 한다.

27. 태백성(太白星)

【원 문】

解曰 子午卯酉的在巳 寅申巳亥的在酉 辰戌丑未的在丑
해왈 자오묘유적재사 인신사해적재유 진술축미적재축

人命有此 主孤夭貧賤殘疾徒配
인명유차 주고요빈천잔질도배

【해 설】

　해왈(解曰), 자오묘유(子午卯酉)가 사화(巳火)를 만나거나, 인신사해(寅申巳亥)가 유금(酉金)을 만나거나, 진술축미(辰戌丑未)가 축토(丑土)를 만나는 것을 말한다. 해당하면 고독·요절·빈천·질병 등이 따른다.

28. 부벽살(斧劈殺)

【원 문】

解日 子午卯酉 蛇頭間口 寅申巳亥 鷄頭粉碎 辰戌丑未
해왈 자오묘유 사두문구 인신사해 계두분쇄 진술축미

牛頭大忌 命若有此 主破財刑沖等項
우두대기 명약유차 주파재형충등항

【해 설】

　해왈(解曰), 자오묘유(子午卯酉)가 사화(巳火)를 만나거나, 인신사해(寅申巳亥)가 유금(酉金)을 만나거나, 진술축미(辰戌丑未)가 축토(丑土)를 만나면 부벽살이 된다. 해당하면 파재나 형충(刑沖) 등의 재앙을 당한다.

29. 고허신(孤虛神)

【원 문】

解日 空亡對宮爲孤虛 如甲子旬中生 以戌亥字爲空亡
해왈 공망대궁위고허 여갑자순중생 이술해자위공망

卽以戌亥對宮辰巳字爲孤虛 如例此推
즉이술해대궁진사자위고허 여예차추

【해 설】

　해왈(解日), 공망(空亡)의 대궁(對宮)을 말한다. 예를 들어 갑자순
중(甲子旬中)에 태어나면 술해(戌亥)가 공망(空亡)인데 술해(戌亥)와
대궁(對宮)은 진사(辰巳)이니 진사(辰巳)는 고허신(孤虛神)이 된다.
해당하면 고독하다는 흉살이다.

3. 기팔자결(起八字訣)

1. 년상둔월(年上遁月)

【원 문】

甲己之年丙作首 乙庚之歲戊爲頭 丙辛之歲尋庚上
갑기지년병작수 을경지세무위두 병신지세심경상

丁壬壬寅順行流 更有戊癸何處起 甲寅之上好追求
정임임인순행류 갱유무계하처기 갑인지상호추구

細語世人相傳記 免得當事時用疑
세어세인상전기 면득당사시용의

【해 설】

　갑기년(甲己年)은 병화(丙火), 을경년(乙庚年)은 무토(戊土), 병신년

(丙辛年)은 경금(庚金), 정임년(丁壬年)은 임수(壬水), 무계년(戊癸年)은 갑인(甲寅)이 상두(上頭)다. 이것은 월건(月建)을 산출하는 방법인데 그 해의 태세만 알면 산출할 수 있다.

2. 일상둔시(日上遁時)

【원 문】

甲己還如甲 乙庚丙作初 丙辛從戊起 丁壬庚子居
갑기환여갑 을경병작초 병신종무기 정임경자거

戊癸何方發 壬子是眞途
무계하방발 임자시진도

【해 설】

갑기일(甲己日)은 갑자시(甲子時), 을경일(乙庚日)은 병자시(丙子時), 병신일간(丙辛日干)은 무자시(戊子時), 정임일(丁壬日)은 경자시(庚子時), 무계일(戊癸日)은 임자시(壬子時)다. 일진(日辰)이라고도 하는데 시간조견표(時間早見表)를 참조하면 편하다.

3. 간명입식(看命入式)

【원 문】

凡看命 排下八字 以日爲主 取年爲根 爲祖上 纔知世派之盛衰
범간명 배하팔자 이일위주 취년위근 위조상 재지세파지성쇠

取月爲苗 爲父母 則知親蔭之有無 日干爲身 支爲妻 時爲花
취월위묘 위부모 즉지친음지유무 일간위신 지위처 시위화

實爲子息. 方知嗣續之所歸 法分月令深淺 得令不得令
실위자식 방지사속지소귀 법분월령심천 득령불득령

年時露出財官 須要身旺 如身衰財旺 多破財傷身 身旺財多亦旺
년시노출재관 수요신왕 여신쇠재왕 다파재상신 신왕재다역왕

財多稱意 若無財官 次看印綬 得何局勢 吉凶斷之
재다칭의 약무재관 차간인수 득하국세 길흉단지

學者不可執泥 而不知通變也
학자불가집니 이불지통변야

【해 설】

　간명하려면 먼저 사주를 배열해야 한다. 년주(年柱)는 뿌리에 해당
하니 조상의 흥망성쇠를 보고, 월주(月柱)는 싹에 해당하니 부모를
본다. 일주는 꽃에 해당하는데 일간(日干)은 나이고, 일지(日支)는 아
내에 해당한다. 시주는 열매에 해당하니 자식과 후사를 본다. 그리고
중요한 것은 월령(月令)인데 득령(得令)과 실령(失令)을 살펴야 한다.

　또 년시(年時)에 투출(透出)한 재관(財官)이 있으면 길하고, 아신
(我身)인 일간(日干)이 신왕(身旺)해야 한다. 만일 신약한데 재성(財
星)이 왕성하면 재물이나 몸이 손상되는 일이 많고, 신왕(身旺)한데
재성(財星)이 왕성하면 재물복이 많다. 만일 주중(柱中)에 재관(財
官)이 없는데 인수(印綬)를 만나면 무슨 격국(格局)인가를 분별하여
길흉을 판단해야 한다.

　간명의 비법은 용신(用神)을 찾아 길흉을 판단하는 것인데 신살

(神殺)에 의존하면 혼란스러울 수 있으니 신살(神殺)에 집착하지 말고 용신(用神)을 찾는데 중점을 두어야 통변(通變)을 잘 할 수 있다.

4. 월령상변(月令詳辯)

【원 문】

假令年爲本 帶官星印綬 則年上有官 出自祖宗 月爲提綱
가령년위본 대관성인수 즉년상유관 출자조종 월위제강

帶官星印綬 則慷慨聰明 見識高人 時爲輔佐 平生操履
대관성인수 즉강개총명 견식고인 시위보좌 평생조리

若年月日有吉 則時要歸生旺之處 若凶神 則要時歸制伏之鄉
약년월일유길 즉시요귀생왕지처 약흉신 즉요시귀제복지향

時上吉凶神 則要年月日吉者生之 凶者制之 假令月令有用神
시상길흉신 즉요년월일길자생지 흉자제지 가령월령유용신

得父母力 年有用神 得神宗力 時有用神 得子孫力 反此不吉也
득부모력 년유용신 득신종력 시유용신 득자손력 반차불길야

【해 설】

　만일 년(年)에 관성(官星)과 인수(印綬)가 있으면 조상이 관운(官運)과 학문이 있는 집안이다. 월(月)은 제강(提綱)이라 그물의 코처럼 중요한데 관성(官星)과 인수(印綬)가 들면 강개총명하며 식견이 높은 사람이고, 시(時)는 보좌하는 곳이니 평생운에서는 말년을 본다.

　만일 년월일(年月日)에 길함이 있으면 시(時)에서 생왕(生旺)해주어야 하고, 흉함이 있으면 시(時)에서 다스려야 하니, 시(時)는 길흉을

다스리는 중요한 곳이다.

만일 용신(用神)이 월령(月令)에 들면 부모덕이 있고, 년상(年上)에
들면 조상덕이 있고, 시(時)에 들면 자손덕이 있다. 그러나 기신(忌神)
이 들면 흉하다.

5. 기대운법((起大運法) 양남음녀(陽男陰女)

【원 문】

凡起大運 俱從所生之月 陽男陰女 順行數至未來節 陽女陰男
범기대운 구종소생지월 양남음녀 순행수지미래절 양녀음남

逆行數已過去節 俱折除三日 以爲一歲 陽男陰女順運 假如甲子年
역행수이과거절 구절제삼일 이위일세 양남음녀순운 가여갑자년

甲己之年丙作首 正月建丙寅 初一日生男 男順數至二月節驚蟄
갑기지년병작수 정월건병인 초일일생남 남순수지이월절경칩

此得三十日起 十歲逢順行丁卯 如乙丑年 乙庚之歲戊爲頭
차득삼십일기 십세봉순행정묘 여을축년 을경지세무위두

正月起戊寅 初一立春十八日生女 順數至二月驚蟄節止 得四三
정월기무인 초일입춘십팔일생녀 순수지이월경칩절지 득사삼

十二日 起四歲運 順行己卯 餘皆倣此
십이일 기사세운 순행기묘 여개방차

【해 설】

대운은 생월부터 추산하는데 양남음녀(陽男陰女)는 미래절로 순
행하고, 양녀음남(陽女陰男)는 과거절로 역행한다. 대운수(大運數)

는 생일(生日)부터 절입일(節入日)까지를 3으로 나누어 1이 남으면 버리고 2가 남으면 올려 정한다.

예를 들어 갑자년생(甲子年)이면 양남음녀(陽男陰女)는 순행하니 병화(丙火)에서 시작하여 병인(丙寅)이 월건(月建)이다. 1일에 태어난 남자라면 남명은 순행하니 2월의 절기인 경칩(驚蟄)까지의 일수가 30일이 나온다. 이 30을 3으로 나누면 10이다. 즉 대운은 10세 정묘운(丁卯運)부터 순행한다.

만일 을축년생(乙丑年生)이면 을경(乙庚)의 머리는 무토(戊土)이니 정월은 무인(戊寅)이 일어난다. 1일이 입춘(立春)이고, 18일이 생일인 여자는 순행하여 2월의 절기인 경칩까지의 일수를 계산하니 12일이 나온다. 12를 3으로 나누면 4가 나온다. 따라서 4세부터 대운이 일어나고 순행하니 기묘(己卯)가 된다. 다른 경우도 이와 같이 계산하면 된다.

6. 기대운법(起大運法) 음남양녀(陰男陽女)

【원 문】

陰男陽女逆運 假如乙丑年 乙庚之歲戊爲頭 正月起戊寅
음남양녀역운 가여을축년 을경지세무위두 정월기무인

初一日立春後十五日生男 逆數初一日立春節止 得五三十五日
초일일입춘후십오일생남 역수초일일입춘철지 득오삼십오일

起五歲運 逆行丁丑 如甲子年 甲己之年丙作首 正月丙寅
기오세운 역행정축 여갑자년 갑기지년병작수 정월병인

初一日立春後十日生女 逆數至初一日立春 小得九日 三三單九日
초일일입춘후십일생녀 역수지초일일입춘 소득구일 삼삼단구일

起三歲運 逆行乙丑 餘皆倣此 若多一日 減一日 少一日 增一日
기삼세운 역행을축 여개방차 약다일일 감일일 소일일 증일일

【해 설】

  음남양녀(陰男陽女)는 대운이 역행한다. 예를 들어 을축년생(乙丑
年生)이면 을경(乙庚)의 우두머리는 무토(戊土)가니 정월은 무인(戊
寅)이 일어난다. 1일이 입춘(立春)인데 15일생 남자라면 거꾸로 계산
하여 1일인 입춘(立春)에 그치면 15일이 된다. 15를 3으로 나누면 5가
나온다. 즉 5세부터 운이 일어나고 거꾸로 흐르니 정축(丁丑)이 된다.
  갑자년생(甲子年生)이면 갑기(甲己)의 우두머리는 병화(丙火)가니
정월이면 병인(丙寅)이 된다. 1일이 입춘(立春)이면 10일생 여자라면
거꾸로 계산하니 1일인 입춘(立春)까지 9일이다. 9를 3으로 나누면 3
이 나온다. 즉 3세부터 운이 일어나고 거꾸로 흐르니 을축(乙丑)이 된
다. 다른 경우도 이와 같이 계산한다. 만일 1이 남으면 버리고, 1이 부
족하면 1을 더하는데 이것을 일사이입(一捨二入)이라고 한다.

7. 자평거요(子平擧要)

【원 문】

造化先須詳日主 坐官坐印衰旺取 年時月令號提綱
조화선수상일주 좌관좌인쇠왕취 년시월령호제강

元有元無旺重擧 大抵官星要純粹 正偏雜亂反無情
원유원무왕중거 대저관성요순수 정편잡난반무정

露官職殺方爲福 露殺藏官是禍胎 殺官俱露將何擬
노관직살방위복 노살장관시화태 살관구로장하의

混雜財官取財議 官旺怕官忌刑沖 官輕見財爲福利
혼잡재관취재의 관왕파관기형충 관경견재위복이

年上傷官取可嫌 重怕傷官不可鑷 傷官傷財乃爲福
년상상관취가혐 중파상관불가견 상관상재내위복

財絕官衰福亦然 貪合忘官 榮不足 貪合忘殺 爲己福
재절관쇠복역연 탐합망관 영부족 탐합망살 위기복

堪嗟身弱怕財多 更歷官鄕禍相逡 財多身弱食神來
감차신약파재다. 갱역관향화상수 재다신약식신내

食神殺必爲災會 合天合地有刑剋 更宜達士 細推裁
식신살필위재회 합천합지유형극 갱의달사 세추재

【해 설】

사람의 명을 제대로 보려면 먼저 일간(日干)을 잘 살펴야 한다. 만일 일간(日干)에 관살(官殺)이나 인성(印星)이 있으면 왕쇠를 살펴 선택해야 한다.

월지(月支)는 월령(月令)이나 제강(提綱)이라고도 하는데 월지(月支)의 중요성을 강조한 것이다. 만일 월지(月支)에 관성(官星)이 있으면 순수해야 좋은데 정관(正官)과 편관(偏官)이 혼잡되면 무정한 사주가 된다. 만일 신왕(身旺)한데 관살(官殺)이 투출(透出)하면 길복이 따른다. 그러나 신약(身弱)한데 관살(官殺)이 투출(透出)하고, 지지(地支)에 또 암장(暗藏)되어 있으면 화근이 된다.

만일 관살(官殺)이 왕성한데 형충(刑沖)되면 흉하고, 관살(官殺)이 약한데 재성(財星)을 만나 재생관(財生官)이 되면 이로워진다. 만일 관살(官殺)이 투출(透出)했는데 년상(年上)에 상관(傷官)이 투출(透出)하면 흉하고, 관살(官殺)을 취하는데 상관(傷官)이 강하고 밝으면 상관(傷官)과 관살(官殺)이 상충(相沖)하니 불가하다. 그러나 관살(官殺)이 기신(忌神)이면 상관(傷官)이 상해하게 하여 재생관(財生官)을 억제하면 화근이 작아지고 복이 된다.

만일 신약(身弱)한데 재성(財星)이 멸절되고 관살(官殺)이 쇠약하면 복이 있다. 정관(正官)이 용신(用神)인데 탐합(貪合)하여 용신(用神)이 소임을 망각하면 부귀영화가 작으나 관살(官殺)이 소임을 망각하면 복이 된다.

신약(身弱)하고 재성(財星)이 많은데 관살운(官殺運)으로 흐르면 화근이 되고, 식신(食神)이 임하면 설기(洩氣)가 심하니 더욱 신약(身弱)해져 반드시 재앙이 따른다.

천간(天干)이 합(合)을 하고 지지(地支)가 합(合)을 하여 일간(日干)이 매우 왕성할 때 재관(財官)이 와서 형극(刑剋)하면 정의로운 사람이다.

8. 강호적금(江湖摘錦)

【원 문】

月之爲官不可傷 用之爲財不可劫 用之印綬不可破
월지위관불가상 용지위재불가겁 용지인수불가파

用之食神不可奪 若有七殺須要制 制伏太過反爲凶
용지식신불가탈 약유칠살수요제 제복태과반위흉

傷官最怕行官星 傷官又喜見財星 印綬好殺嫌財旺
상관최파행관성 상관우희견재성 인수호살혐재왕

羊刃怕沖喜合迎 比肩要逢七殺制 七殺尤喜見食神
양인파충희합영 비견요봉칠살제 칠살우희견식신

此是子平撮要法 江湖術者仔細明
차시자평촬요법 강호술자자세명

【해 설】

월(月)의 관성(官星)을 취하는데 상관(傷官)을 만나면 불가하고, 재성(財星)을 취하는데 겁재(劫財)를 만나면 불가하고, 인수(印綬)를 취하는데 인수(印綬)를 파(破)하면 불가하고, 식신(食神)을 취하는데 탈식(奪食)하면 불가하다.

만일 칠살(七殺)이 있으면 제복(制伏)시켜야 하는데 지나치면 반은 흉하다. 상관(傷官)이 가장 두려워하는 것은 관성(官星)을 만나는 것이고, 가장 좋아하는 것은 재성(財星)이다. 인수(印綬)는 칠살(七殺)은 환영하나 재성(財星)은 꺼린다. 양인(羊刃)은 상충(相沖)을 꺼리고, 합은 좋아한다. 비견(比肩)은 칠살(七殺)이 와서 제극(制剋)시키는 것을 좋아한다.

이것이 자평서(子平書)에서 가장 중시하는 요법이니 자세하게 알기 바란다.

9. 남녀명소운정국(男女命小運定局)

【원 문】

此法甲子年出生者 乙丑一歲 丙寅二歲 丁卯三歲 戊辰四歲
차법갑자년출생자 을축일세 병인이세 정묘삼세 무진사세

己巳五歲 庚午六歲 辛未七歲 壬申八歲 癸酉九歲 甲戌十歲順
기사오세 경오육세 신미칠세 임신팔세 계유구세 갑술십세순

如甲午年出生者 乙未一歲 丙申二歲 丁酉三歲順 他干支出生者亦同
여갑오년출생자 을미일세 병신이세 정유삼세순 타간지출생자역동

【해 설】

　갑자년생(甲子年生)은 을축(乙丑)을 1세, 병인(丙寅)을 2세, 丁묘
목(卯木)을 3세, 무진(戊辰)을 4세, 기사(己巳)를 5세, 경오(庚午)를 6
세, 신미(辛未)를 7세, 임신(壬申)을 8세, 계유(癸酉)를 9세, 갑술(甲
戌)을 10세 순으로 간명한다.

　갑오년생(甲午年)은 을미(乙未)를 1세, 병신(丙申)을 2세, 정유(丁
酉)를 3세 순으로 간명한다. 다른 간지도 이와 같은 원리로 간명한다.

10. 논양순음역생왕사절도(論陽順陰逆生旺死絕圖) 십이운성(十二運星)

【원 문】

長生 沐浴 冠帶 建祿 帝旺 衰 病 死 墓 絕 胎 養
장생 목욕 관대 건록 제왕 쇠 병 사 묘 절 태 양

【해 설】

　장생(長生)은 막 태어난 것을 의미하고, 목욕(沐浴)은 태어나자마자 씻기는 것을 의미하고, 관대(冠帶)는 성장하여 혼인하는 것을 의미하고, 건록(建祿)은 사회에 진출하는 것을 의미하고, 제왕(帝旺)은 인생의 전성기를 의미하고, 쇠(衰)는 쇠약해지는 것을 의미하고, 병(病)은 병이 든 것을 의미하고, 사(死)는 죽는 것을 의미하고, 묘(墓)는 무덤에 묻히는 것을 의미하고, 절(絕)은 생전의 인연이 끊어짐을 의미하고, 태(胎)는 새로운 생명이 다시 잉태하는 것을 의미하고, 양(養)은 어머니 뱃속에서 자라는 것을 의미한다.

11. 지지조화지도(地支造化之圖) 지지장간(地支藏干)

【원 문】

子初氣壬十日三分 中氣無 正氣癸二十日三分
자초기임십일삼분 중기무 정기계이십일삼분

丑初氣癸九日三分 中氣辛三日一分 正氣己十八日六分
축초기계구일삼분 중기신삼일일분 정기기십팔일육분

寅初氣戊七日二分 中氣丙七日二分 正氣甲十六日五分
인초기무칠일이분 중기병칠일삼분 정기갑십육일오분

卯初氣甲十日三分 中氣無 正氣乙二十日六分
묘초기갑십일삼분 중기무 정기을이십일육분

辰初氣乙九日三分 中氣癸三日一分 正氣戊十八日六分
진초기을구일삼분 중기계삼일일분 정기무십팔일육분

巳初氣戊五日二分 中氣庚九日二分 正氣丙十六日五分
사초기무오일이분 중기경구일이분 정기병십육일오분

午初氣丙十日三分 中氣己十日一分 正氣丁十日三分
오초기병십일삼분 중기기십일일분 정기정십일삼분

未初氣丁九日三分 中氣乙三日二分 正氣己十八日六分
미초기정구일삼분 중기을삼일이분 정기기십팔일육분

申初氣己七日二分 中氣戊三日十分 壬三日十分 正氣庚十六日五分
신초기기칠일이분 중기무삼일십분 임삼일십분 정기경십육일오분

酉初氣庚十日三分 中氣無 正氣辛二十日六分
유초기경십일삼분 중기무 정기신이십일육분

戌初氣辛九日三分 中氣丁三日一分 正氣戊十八日六分
술초기신구일삼분 중기정삼일일분 정기무십팔일육분

亥初氣戊九日二分 中氣甲七日二分 正氣壬十六日五分
해초기무구일이분 중기갑칠일이분 정기임십육일오분

【해 설】

지지(地支)는 초기(初氣), 중기(中氣), 정기(正氣)로 나눈다.

자수(子水)는 초기 임수(壬水)가 10일 3분, 중기는 없고, 정기 계수(癸水)가 20일 30분을 차지한다.

축토(丑土)는 초기 계수(癸水)가 9일 3분, 중기 신금(辛金)이 3일 1분, 정기 기토(己土)가 18일 6분을 차지한다.

인목(寅木)은 초기 무토(戊土)가 7일 2분, 중기 병화(丙火)가 7일 2분, 정기 갑목(甲木)이 16일 5분을 차지한다.

묘목(卯木)은 초기 갑목(甲木)이 10일 3분, 중기는 없고, 정기 을목

(乙木)이 20일 6분을 차지한다.

진(辰)은 초기 을목(乙木)이 9일 3분, 중기 계수(癸水)가 3일 1분, 정기 무토(戊土)가 18일 6분을 차지한다.

사화(巳火)는 초기 무토(戊土)가 5일 2분, 중기 경금(庚金)이 9일 2분, 정기 병화(丙火)가 16일 5분을 차지한다.

오화(午火)는 초기 병화(丙火)가 10일 3분, 중기 기토(己土)가 10일 1분, 정기 정화(丁火)가 10일 3분을 차지한다.

미(未)는 초기 정화(丁火)가 9일 3분, 중기 을목(乙木)이 3일 2분, 정기 기토(己土)가 18일 6분을 차지한다.

신금(申金)은 초기 기토(己土)가 7일 2분, 중기는 무토(戊土)가 30일 10분, 임수(壬水)가 3일 10분, 정기 경금(庚金)이 16일 5분을 차지한다.

유금(酉金)은 초기 경금(庚金)이 10일 3분, 중기는 없고, 정기 신금(辛金)이 20일 6분을 차지한다.

술토(戌土)는 초기 신금(辛金)이 9일 3분, 중기 정화(丁火)가 3일 1분, 정기 무토(戊土)가 18일 6분을 차지한다.

해수(亥水)는 초기 무토(戊土)가 9일 2분, 중기 갑목(甲木)이 7일 2분, 정기 임수(壬水)가 16일 5분을 차지한다.

12. 일간위주통변(日干爲主通變)

【원 문】

剋我者爲正官偏官 生我者爲正印偏印 我剋者爲正財偏財
극아자위정관편관 생아자위정인편인 아극자위정재편재

我生者爲食神傷官 我同者爲比肩劫財
아생자위식신상관 아동자위비견겁재

【해 설】

일간(日干)인 나를 파극(破剋)하는 것은 관성(官星)인데 일간(日干)과 음양(陰陽)이 다르면 정관(正官)이 되고, 음양(陰陽)이 같으면 편관(偏官)이 된다.

일간(日干)인 나를 생하는 것은 인성(印星)인데 일간(日干)과 음양(陰陽)이 다르면 정인(正印)이 되고, 음양(陰陽)이 같으면 편인(偏印)이 된다.

일간(日干)인 내가 파극(破剋)하는 것은 재성(財星)인데 일간(日干)과 음양(陰陽)이 다르면 정재(正財)가 되고, 음양(陰陽)이 같으면 편재(偏財)가 된다.

일간(日干)인 내가 생(生)하는 것은 식상(食傷)인데 일간(日干)과 음양(陰陽)이 다르면 상관(傷官)이 되고, 음양(陰陽)이 같으면 식신(食神)이 된다.

일간(日干)인 나와 같은 것은 비겁(比劫)인데 일간(日干)과 음양(陰陽)이 다르면 겁재(劫財)가 되고, 음양(陰陽)이 같으면 비견(比肩)이 된다.

13. 육신통변(六神通變)

【원 문】

爲比肩兄弟之類 爲劫敗財剋父剋妻 爲食神天廚壽星爲男
위비견형제지류 위겁패재극부극처 위식신천주수성위남

爲傷官退財耗氣子甥 爲偏財偏妻偏妾剋子 爲正財正妻剋母爲合神
위상관퇴재모기자생 위편재편처편첩극자 위정재정처극모위합신

爲偏官七殺官鬼將星 爲正官祿馬榮神
위편관칠살관귀장성 위정관녹마영신

祖父母爲倒食偏印梟神剋女 爲印綬正印君子産業
조부모위도식편인효신극녀 위인수정인군자산업

【해 설】

일간(日干)과 오행(五行)이 같고 음양(陰陽)이 같은 것은 비견(比肩)이다. 인간관계에서는 형제·친구·동료에 해당한다.

일간(日干)과 오행(五行)이 같고 음양(陰陽)이 다른 것은 겁재(劫財)다. 재물을 극하므로 패재(敗財)라고도 하고, 아버지와 아내를 극(克)한다.

일간(日干)이 생(生)하고 음양(陰陽)이 같은 것은 식신(食神)이다. 식신(食神)은 천주성(天廚星)이니 식복이 많고, 수성(壽星)이니 건강이나 수명과 관계가 있다. 남명에게는 아들에 해당한다.

일간(日干)이 생(生)하고 음양(陰陽)이 다른 것은 상관(傷官)이다. 상관(傷官)은 재물을 손해나게 하고 기운을 소모시킨다. 인간관계에서는 자녀와 생질에 해당한다.

일간(日干)이 극하고 음양(陰陽)이 같은 것은 편재(偏財)다. 편재(偏財)는 편법으로 구하는 재물을 뜻한다. 인간관계에서는 외첩에 해당하고, 자식을 파극(破剋)하는 별이다.

일간(日干)이 극하고 음양(陰陽)이 다른 것은 정재(正財)다. 정재(正財)는 정처(正妻)를 말한다. 어머니를 극하고 합신(合神)이다.

일간(日干)을 극하고 음양(陰陽)이 같은 것은 편관(偏官)이다. 일간(日干)을 7가지로 극(剋)한다고 하여 칠살(七殺)이라고도 한다. 길작용을 할 때는 관운(官運)이 있으나 흉작용을 할 때는 악귀노릇을 한다. 편관(偏官)은 장성(將星)의 별이다.

일간(日干)을 극하고 음양(陰陽)이 다른 것은 정관(正官)이다. 길성(吉星)이며 복록을 준다고 하여 녹마(祿馬)라고도 한다. 인간관계에서는 조부모에 해당한다.

일간(日干)을 생(生)하고 음양(陰陽)이 같은 것은 편인(偏印)이다. 식복을 엎는다고 하여 도식(倒食)이라고도 하고, 부모와 일찍 이별한다고 하여 효신(梟神)이라 한다. 여자를 파극(破剋)하는 별이다.

일간(日干)을 생(生)하고 음양(陰陽)이 다른 것은 정인(正印)이다. 인수(印綬)라고도 하는데 군자의 풍모를 지니며 산업을 일으키고 복록이 많다.

【원 문】

爲比肩兄弟朋友 爲傷官小人盜氣爲甥 爲食神天廚壽星子孫
위비견형제붕우 위상관소인도기위생 위식신천주수성자손

爲正財正妻剋母 爲偏財偏妻偏妾剋子 爲正官祿馬剋祖父母
위정재정처극모 위편재편처편첩극자 위정관녹마극조부모

爲偏官七殺官鬼媒人 爲印綬正印君子忌殺 爲倒食偏印梟神剋母
위편관칠살관귀매인 위인수정인군자기살 위도식편인효신극모

爲敗財逐馬剋妻
위패재축마극처

【해 설】

비견(比肩)이 기신(忌神)에 해당하면 형제자매와 대립과 투쟁이 벌어지며 다투고 친구 사이도 불리하다. 단체생활에서도 조화를 잘 이루지 못한다.

상관(傷官)이 기신(忌神)에 해당하면 소인배이고, 도기(盜氣)에 해당하여 건강과 재물이 손실되고, 생질에게 손해를 본다.

식신(食神)이 기신(忌神)에 해당하면 식복이 없고, 식중독에 잘 걸리며 수명이 짧고, 자손이 불행하다.

정재(正財)가 기신(忌神)에 해당하면 어머니를 극(剋)하니 어머니가 정처(正妻)가 아니고, 아내와 어머니가 상극(相剋)하니 고부갈등이 많다.

편재(偏財)가 기신(忌神)에 해당하면 재물로 인한 고통이 따르고, 처첩이 악하고, 자식을 극한다.

정관(正官)이 기신(忌神)에 해당하면 관운(官運)이 불리하고, 복록이 줄고, 조상과 조부모에게 불리하다.

정관(正官)이 기신(忌神)에 해당하면 편법으로 관직을 구하고, 7가지 관재구설을 당한다. 중매나 중개하는 사람이 되나 구설이 많이 따른다.

인수(印綬)가 기신(忌神)에 해당하면 부모덕이 없으니 초년이 곤고하고, 부모의 유산을 받기 어렵고, 군자의 풍모를 갖추기 어렵다.

편인(偏印)이 기신(忌神)에 해당하면 그릇을 엎어버리는 도식(倒食)이니 식복이 없고, 효신(梟神)이니 양자로 가고, 어머니를 극한다.

겁재(劫財)가 기신(忌神)에 해당하면 패재(敗財)이니 재물을 빼앗기고, 축마(逐馬)이니 복록을 쫓아버려 빈천하고, 아내를 극(剋)한다.

14. 음양통변묘결(陰陽通變妙訣)

【원 문】

子平之法 一曰官分之陰陽 曰官曰殺 甲乙見庚辛是 二曰財分之陰陽
자평지법 일왈관분지음양 왈관왈살 갑을견경신시 이왈재분지음양

日正日偏 甲乙見戊己是 三曰生氣之陰陽 日印綬日倒食
왈정왈편 갑을견무기시 삼왈생기지음양 왈인수왈도식

甲乙見壬癸是 四曰竊氣之陰陽 日食神 日傷官 甲乙見丙丁是
갑을견임계시 사왈절기지음양 왈식신 왈상관 갑을견병정시

五曰同流之陰陽 日劫財 日羊刃 甲乙見甲乙是也 人之富貴貧賤壽夭
오왈동류지음양 왈겁재 왈양인 갑을견갑을시야 인지부귀빈천수요

皆不出此五者 術士不明其格 亂惑世人 無異乎命不驗也
개불출차오자 술사불명기격 난혹세인 무이호명불험야

今立格定局訣於左 以便稽考
금입격정국결어좌 이편계고

【해 설】

　자평법(子平法), 관성(官星)을 음양(陰陽)으로 나누어 관성(官星)과 칠살(七殺)로 구분한다. 갑을(甲乙)이 경신금(庚辛金)을 만나는 경우다.

　재성(財星)을 음양(陰陽)으로 나누어 정재(正財)와 편재(偏財)로 구분한다. 갑을(甲乙)이 무기토(戊己土)를 만나는 경우다.

　인성(印星)을 음양(陰陽)으로 나누어 인수(印綬)와 도식(倒食)으로 구분한다. 갑을(甲乙)이 임계(壬癸)를 만나는 경우다.

　식상을 음양(陰陽)으로 나누어 식신(食神)과 상관(傷官)으로 구분한다. 갑을(甲乙)이 병정(丙丁)을 만나는 경우다.

　비겁을 음양(陰陽)을 나누어 겁재(劫財)와 양인(羊刃)으로 구분한다. 갑을(甲乙)이 갑을(甲乙)을 만나는 경우다.

　부귀와 빈천과 수명은 모두 이 5가지를 떠나지 못한다. 그러나 술사들이 격국(格局)을 잘 모르면서 사람들을 혼란스럽게 하는데 이는 전혀 증험하지 않으니 정격(定格)과 정국(定局)을 잘 연구하기 바란다.

4. 정격국결(定格局訣)

1. 갑일정격(甲日定格)

【원 문】

甲日寅月是建祿 卯月羊刃可堪憑 三月財星藏辰庫
갑일인월시건록 묘월양인가감빙 삼월재성장진고

巳爲食神財暗伏 午月丁火傷官格 未月雜氣取財星
사위식신재암복 오월정화상관격 미월잡기취재성

七月申提七殺論 酉月正氣官星得 九月戌中惟雜氣
칠월신제칠살론 유월정기관성득 구월술중유잡기

十月偏印格局眞 十一月取正印格 丑中雜氣仔細詳
시월편인격국진 십일월취정인격 축중잡기자세상

【해 설】

　갑목일간(甲木日干)이 인월생(寅月生)이면 건록(建祿)이 있고, 묘월생(卯月生)이면 양인(羊刃)이 있고, 진월생(辰月生)이면 재성(財星)이 진고(辰庫)에 암장(暗藏)되었고, 사월생(巳月生)이면 식신(食神)이 재성(財星)을 다스리고, 오월생(午月生)이면 정화상관격(丁火傷官格)이고, 미월생(未月生)이면 잡기격(雜氣格)으로 재성(財星)을 취하고, 신월생(申月生)이면 신금(申金)이 제강(提綱)이니 칠살(七殺)이 있고, 유월생(酉月生)이면 관성(官星)의 정기(正氣)를 얻고, 술월생(戌月生)이면 술중(戌中)에 재관(財官)이 들어 잡기재관격(雜氣財官格)이고, 해월생(亥月生)이면 편인(偏印)의 격국(格局)이 진실하고, 자월생(子月生)이면 정인격(正印格)이고, 축월생(丑中)이면 잡기재관격(雜氣財官格)이다.

2. 을일정격(乙日定格)

【원 문】

乙日寅月號傷官 卯爲建祿格中眞 三月財星俱雜氣
을일인월호상관 묘위건록격중진 삼월재성구잡기

巳中傷官財星端 午提丁火食神格 未中雜氣日財官
사중상관재성단 오제정화식신격 미중잡기왈재관

申月正氣官星論 八月酉中作殺推 戌內財官俱雜氣
신월정기관성론 팔월유중작살추 술내재관구잡기

亥月正印便扶身 子癸之中偏印是 雜氣推來在丑中
해월정인편부신 자계지중편인시 잡기추래재축중

【해 설】

을목일간(乙木日干)이 인월생(寅月生)이면 상관격(傷官格)이고, 묘월생(卯月生)이면 건록격(建祿格)이고, 진월생(辰月生)이면 재성(財星)이 있어 잡기재관격(雜氣財官格)이고, 사월생(巳月生)이면 상관재성격(傷官財星格)이고, 오월생(午月生)이면 정화식신격(丁火食神格)이고, 미월생(未月生)이면 잡기재관격(雜氣財官格)이고, 신월생(申月生)이면 정기(正氣)인 관성(官星)이 있고, 유월생(酉月生)이면 유중(酉中)의 살(殺)을 추리하고, 술월생(戌月生)이면 재관(財官)을 구비하여 잡기재관격(雜氣財官格)이고, 해월생(亥月生)이면 정인(正印)이 일주(日主)를 부조(扶助)하고, 자월생(子月生)이면 계수(癸水)가 편인격(偏印格)이고, 축월생(丑月生)이면 잡기재관격(雜氣財官格)이다.

3. 병일정격(丙日定格)

【원 문】

丙日逢寅偏印生 卯月正印喜官星 辰初雜氣用食神
병일봉인편인생 묘월정인희관성 진초잡기용식신

巳中定取建祿格 午火羊刃又傷官 未取傷官宜傷盡
사중정취건록격 오화양인우상관 미취상관(傷官)의상진

申是偏財喜旺神 酉月財旺生官格 戌土雜氣爲食神
신시편재희왕신 유월재왕생관격 술토잡기위식신

亥月偏印七殺眞 子中正官宜官旺 丑宮分明雜氣生
해월편인칠살진 자중정관의관왕 축궁분명잡기생

【해 설】

　병화일간(丙火日干)이 인월생(寅月生)이면 편인격(偏印格)이고, 묘
월생(卯月生)이면 정인(正印)이니 관성(官星)을 환영하고, 진월생(辰
月生)이면 초에는 잡기격(雜氣格)이나 식신(食神)을 취하고, 사월생
(巳月生)이면 건록격(建祿格)이고, 오월생(午月生)이면 화(火)의 양인
(羊刃)이며 상관격(傷官格)이고, 미월생(未月生)이면 상관(傷官)을 취
하나 상진(傷盡)되어야 마땅하고, 신월생(申月生)이면 편재(偏財)인데
왕신(旺神)을 환영하고, 유월생(酉月生)이면 재왕생관격(財旺生官格)
이고, 술월생(戌月生)이면 잡기이나 식신격(食神格)으로 보고, 해월
생(亥月生)이면 갑목(甲木)은 편인(偏印)이나 칠살격(七殺格)으로 보
고, 자월생(子月生)이면 정관(正官)이지만 왕성해야 하고, 축월생(丑
月生)이면 잡기재관격(雜氣財官格)이다.

4. 정일정격(丁日定格)

【원 문】

丁日寅提正印評 卯上偏印格局眞 辰初雜氣末傷官
정일인제정인평 묘상편인격국진 진초잡기말상관

巳上傷官便生財 午中建祿分明取 未月食神獨可眞
사상상관편생재 오중건록분명취 미월식신독가진

申內正財生官格 酉月偏財可追尋 戌中雜氣戊傷官
신내정재생관격 유월편재가추심 술중잡기무상관

亥月正官及正印 子月偏官七殺眞 丑月雜氣是財官
해월정관급정인 자월편관칠살진 축월잡기시재관

【해 설】

정화일간(丁火日干)이 인월생(寅月)이면 정인격(正印格)이고, 묘월생(卯月生)이면 편인격(偏印格)이고, 진월생(辰月生)이면 초에는 잡기격(雜氣格)이나 끝에는 상관격(傷官格)이고, 사월생(巳月生)이면 상관격(傷官格)이지만 재성(財星)을 생(生)하고, 오월생(午月生)이면 건록격(建祿格)이 분명하고, 미월생(未月生)이면 식신격(食神格)이니 홀로 진실하고, 신월생(申月生)이면 정재(正財)가 재생관(財生官)하고, 유월생(酉月生)이면 편재(偏財)가 가히 추심(追尋)하고, 술월생(戌月生)이면 잡기격(雜氣格)이지만 무토(戊土)는 상관격(傷官格)이고, 해월생(亥月生)이면 정관(正官)이지만 정인격(正印格)을 따르고, 자월생(子月生)이면 진실한 편관칠살격(偏官七殺格)이고, 축월생(丑月生)이면 잡기재관격(雜氣財官格)이다.

5. 무일정격(戊日定格)

【원문】

戊藏寅月殺拘印 卯是正官尋貴丕 辰內雜氣財官格
무장인월살구인 묘시정관심귀기 진내잡기재관격

巳上亦取號建祿 午月刃取正印格 未上雜氣作官印
사상역취호건록 오월인취정인격 미상잡기작관인

七月食神生財旺 八月傷官喜遇財 戊中雜氣分明取
칠월식신생재왕 팔월상관희우재 술중잡기분명취

亥月財殺格中眞 子提正財生官格 丑上雜氣號財星
해월재살격중진 자제정재생관격 축상잡기호재성

【원문】

　무토일간(戊土日干)이 인월생(寅月生)이면 살인(殺印)이 암장(暗藏)되어 있고, 묘월생(卯月生)이면 정관격(正官格)이니 매우 귀하고, 진월생(辰月生)이면 잡기재관격(雜氣財官格)이고, 사월생(巳月生)이면 건록격(建祿格)이고, 오월생(午月生)이면 양인(羊刃)이지만 정인격(正印格)을 취하고, 미월생(未月生)이면 잡기재관격(雜氣財官格)이고, 신월생(申月生)이면 식신(食神)이 재성(財星)을 생(生)하여 왕성하고, 유월생(酉月生)이면 상관격(傷官格)이니 재성(財星)이 길하고, 술월생(戊月生)이면 잡기격(雜氣格)으로 취하고, 해월생(亥月生)이면 무갑임(戊甲壬)이 암장(暗藏)되어 있으니 재살격(財殺格)이고, 자월생(子月生)이면 정재(正財)가 관성(官星)을 생(生)하고, 축월생(丑月生)이면 잡기재관격(雜氣財官格)이다.

6. 기일정격(己日定格)

【원 문】

己生寅月正印官 卯推七殺便是眞 辰是雜氣取財殺
기생인월정인관 묘추칠살편시진 진시잡기취재살

巳中正印格可淸 午中建祿居此位 未土雜氣借財殺
사중정인격가청 오중건록거차위 미토잡기차재살

申月傷官眞論此 酉中食神亦可尋 戌月借取雜氣格
신월상관진논차 유중식신역가심 술월차취잡기격

亥上正財生官格 子月偏財明怕劫 丑月雜氣取財官
해상정재생관격 자월편재명파겁 축월잡기취재관

【해 설】

　기토일간(己土日干)이 인월생(寅月生)이면 정인격(正印格)과 정관격(正官格)이고, 묘월생(卯月生)이면 칠살격(七殺格)이니 귀격(貴格)이고, 진월생(辰月生)이면 잡기재살격(雜氣財殺格)을 취하고, 사월생(巳月生)이면 청귀한 정인격(正印格)이고, 오월생(午月生)이면 건록격(建祿格)이고, 미월생(未月生)이면 잡기재살격(雜氣財殺格)이고, 신월생(申月生)이면 상관격(傷官格)이고, 유월생(酉月生)이면 식신격(食神格)이니 길하고, 술월생(戌月生)이면 잡기재관격(雜氣財官格)이고, 해월생(亥月生)이면 정재(正財)가 관성(官星)을 생(生)하고, 자월생(子月生)이면 편재(偏財)가 분명하니 겁재(劫財)를 꺼리고, 축월생(丑月生)이면 잡기재관격(雜氣財官格)을 취한다.

7. 경일정격(庚日定格)

【원 문】

庚到寅宮評財殺 卯月偏財正財眞 辰初雜氣用偏印
경도인궁평재살 묘월편재정재진 진초잡기용편인

巳火七殺號偏官 午月炎天尋正官 未中雜氣用正印
사화칠살호편관 오월염천심정관 미중잡기용정인

申中便取建祿格 酉用羊刃格中尋 戌中雜氣用偏印
신중편취건록격 유용양인격중심 술중잡기용편인

亥上食神喜身强 子月傷官眞可論 丑中只可作雜氣
해상식신희신강 자월상관진가론 축중지가작잡기

【해 설】

경금일간(庚金日干)이 인월생(寅月生)이면 재살격(財殺格)이고, 묘월생(卯月生)이면 편재(偏財)가 있지만 진실한 정재격(正財格)이고, 진월생(辰月生)이면 초에는 잡기격(雜氣格)이지만 편인격(偏印格)을 취하고, 사월생(巳月生)이면 칠살(七殺)이니 편관격(偏官格)이고, 오월생(午月生)이면 염천(炎天)이니 정관격(正官格)이고, 미월생(未月生)이면 잡기격(雜氣格)이지만 정인격(正印格)을 취하고, 신월생(申月生)이면 당연히 건록격(建祿格)을 취하고, 유월생(酉月生)이면 마땅히 양인격(羊刃格)을 취하고, 술월생(戌月生)이면 잡기격(雜氣格)이지만 편인격(偏印格)을 취하고, 해월생(亥月生)이면 식신격(食神格)이니 신강(身强)하면 길하고, 자월생(子月生)이면 진실한 상관격(傷官格)이면 취하고, 축월생(丑月生)이면 잡기재관격(雜氣財官格)이 분명하다.

8. 신일정격(辛日定格)

【원 문】

辛日寅財旺生官 卯月偏財是福基 辰是雜氣爲正印
신일인재왕생관 묘월편재시복기 진시잡기위정인

巳上正官及正印 午月偏官喜梟神 未取雜氣用偏印
사상정관급정인 오월편관희효신 미취잡기용편인

申月借取傷官格 酉是建祿怕逢沖 戌月雜氣戊是印
신월차취상관격 유시건록파봉충 술월잡기무시인

亥月傷官喜見財 子月之中求食神 丑上下旬論偏印
해월상관희견재 자월지중구식신 축상하순논편인

【해 설】

신금일간(辛金日干)이 인월생(寅月生)이면 재성(財星)이 왕성해 관
성(官星)을 생(生)하고, 묘월생(卯月生)이면 편재(偏財)이니 복의 기
초가 되고, 진월생(辰月生)이면 잡기격(雜氣格)이지만 정인격(正印
格)을 취하고, 사월생(巳月生)이면 정관격(正官格)이지만 정인격(正
印格)을 따르고, 오월생(午月生)이면 편관격(偏官格)이지만 효신(梟
神)을 환영하고, 미월생(未月生)이면 잡기격(雜氣格)이지만 편인격(偏
印格)을 취하고, 신월생(申月生)이면 신중(申中)에 임수(壬水)가 있으
니 상관격(傷官格)이고, 유월생(酉月生)이면 건록격(建祿格)이지만
상충(相沖)을 꺼리고, 술월생(戌月生)이면 잡기격(雜氣格)인데 무토
(戊土)는 인수격(印綬格)이고, 해월생(亥月生)이면 상관격(傷官格)인
데 재성(財星)을 만나면 환영하고, 자월생(子月生)이면 식신(食神)을

구하는 형상이고, 축월생(丑月生)이면 잡기격(雜氣格)이지만 하순은
편인격(偏印格)으로 논한다.

9. 임일정격(壬日定格)

【원 문】

壬逢寅地號食神 卯上見印取傷官 辰是雜氣爲七殺
임봉인지호식신 묘상견인취상관 진시잡기위칠살

巳取偏財並偏官 午月財官正兩全 未上雜氣取財官
사취편재병편관 오월재관정양전 미상잡기취재관

申月偏印無別論 酉取正印怕逢財 戌月雜氣爲七殺
신월편인무별론 유취정인파봉재 술월잡기위칠살

亥未建祿用食神 子月之中羊刃格 丑中雜氣是財官
해미건록용식신 자월지중양인격 축중잡기시재관

【해 설】

　임수일간(壬水日干)이 인월생(寅月生)이면 식신격(食神格)이고, 묘
월생(卯月生)이면 상관격(傷官格)을 취하고, 진월생(辰月生)이면 잡기
격(雜氣格)이지만 칠살격(七殺格)으로 보고, 사월생(巳月生)이면 편
재격(偏財格)과 편관격(偏官格)이고, 오월생(午月生)이면 재성(財星)
과 관성(官星)이 모두 있는 것이고, 미월생(未月生)이면 잡기재관격
(雜氣財官格)을 취하고, 신월생(申月生)이면 편인격(偏印格)이고, 유
월생(酉月生)은 정인격(正印格)이니 재성(財星)을 꺼리고, 술월생(戌
月生)이면 잡기격(雜氣格)이지만 칠살격(七殺格)으로 보고, 해월생

(亥月生)이면 건록(建祿)은 미달이니 식신격(食神格)을 취하고, 자월생(子月生)이면 양인격(羊刃格)이고, 축월생(丑月生)이면 잡기재관격(雜氣財官格)이다.

10. 계일정격(癸日定格)

【원 문】

癸日寅月取傷官 卯月食神定是眞 辰中雜氣是正官
계일인월취상관 묘월식신정시진 진중잡기시정관

巳月正財官便是 午月偏財又偏官 六月雜氣是七殺
사월정재관편시 오월편재우편관 육월잡기시칠살

申月正印怕逢寅 酉月偏印忌見比 戌中雜氣是財官
신월정인파봉인 유월편인기견비 술중잡기시재관

亥月借取傷官格 子月建祿定其眞 丑中雜氣爲七殺
해월차취상관격 자월건록정기진 축중잡기위칠살

【해 설】

계수일간(癸水日干)이 인월생(寅月生)이면 상관격(傷官格)을 취하고, 묘월생(卯月生)이면 식신격(食神格)이고, 진월생(辰月生)이면 잡기격(雜氣格)이지만 정관격(正官格)으로 보고, 사월생(巳月生)이면 정재(正財)와 정관(正官)을 취하고, 오월생(午月生)이면 편재격(偏財格)과 편관격(偏官格)으로 보고, 미월생(未月生)이면 잡기격(雜氣格)이지만 칠살격(七殺格)으로 보고, 신월생(申月生)이면 정인격(正印格)인데 인목(寅木)을 만나 상충(相沖)하면 흉하고, 유월생(酉月生)은 편인격(偏印格)인데 비겁(比劫)을 만나면 흉하고, 술월생(戌月生)이면 잡기격(雜氣格)이지만 재관격(財官格)을 취하고, 해월생(亥月生)이면 상관격(傷官格)이 틀림없고, 자월생(子月生)이면 진실한 건록격(建祿格)이고, 축월생(丑月生)이면 잡기격(雜氣格)이지만 칠살격(七殺格)으로 취한다.

제 Ⅳ부.
비전묘결편(秘傳妙訣篇)

1장. 비전묘결(秘傳妙訣)

1. 자평범론(子平泛論)

1. 자평범론(子平泛論)

【원 문】

傷官若傷盡 郤喜見官星 傷官若論財 見官禍不輕 傷官若用印
상관약상진 극희견관성 상관약논재 견관화불경 상관약용인

剋殺不爲刑 傷官若論刃 帶合有聲名 傷官用財 不宜印鄕 傷官見印
극살불위형 상관약논인 대합유성명 상관용재 불의인향 상관견인

印運不妨 雜氣財官 印俱不忌 三戊合一癸 得再嫁妻財
인운불방 잡기재관 인구불기 삼무합일계 득재가처재

受剋生子無育 印綬比肩 不忌財鄕 印綬多根 身旺必滯
수극생자무육 인수비견 불기재향 인수다근 신왕필체

印綬被傷剋父母 官殺混雜剋父母 財多身弱剋父母
인수피상극부모 관살혼잡극부모 재다신약극부모

干與支同 損財傷妻 辛卯戊寅不怕殺合 女命比肩卽姉妹
간여지동 손재상처 신묘무인불파살합 여명비견즉자매

貪合多謊詐 財有郤不怕露殺 火命人最好月支屬火 干頭有木
탐합다황사 재유극불파노살 화명인최호월지속화 간두유목

提出火矣 癸酉弱格 見殺必凶 官貴太甚 旺處必傾 土命不論胞胎
제출화의 계유약격 견살필흉 관귀태심 왕처필경 토명불론포태

只論日時 不怕官殺混雜 陽干方論 陰干不取 子怕午火
지론일시 불파관살혼잡 양간방론 음간불취 자파오화

午火不怕子水 寅木不怕金 庚金不怕火 己土不怕木 卯木怕酉金
오화불파자수 인목불파금 경금불파화 기토불파목 묘목파유금

辰土怕寅木 乙日丑月不怕殺 四柱元有病要去 不去病不發
진토파인목 을일축월불파살 사주원유병요거 불거병불발

【해 설】

상관(傷官)이 상진(傷盡)되면 관성(官星)을 기뻐하고, 상관(傷官)이
재성(財星)을 논할 때 관성(官星)을 만나면 화가 가볍지 않고, 상관
(傷官)이 인성(印星)을 취하면 극살(剋殺)하지만 형(刑)은 당하지 않
고, 상관격(傷官格)이 양인(羊刃)을 논하는데 합(合)을 대동하면 명성
을 날린다.

상관용재격(傷官用財格)은 인향운(印鄕運)을 꺼리나 상관격(傷官
格)이 인성(印星)을 만나면 인운(印運)에 무방하고, 잡기재관격(雜氣
財官格)이면 재관인(財官印)을 모두 꺼리지 않는다.

무토(戊土) 셋이 계수(癸水) 하나를 합(合)하면 재가하고, 처재(妻
財)가 극(剋)을 당하면 자식을 낳아도 키우기 어렵고, 인수(印綬)와
비견(比肩)이 있으면 재성운(財星運)을 꺼리지 않고, 인수(印綬)가
많은데 신왕(身旺)하면 반드시 일이 지체되고, 인수(印綬)가 손상되

면 부모를 극해(剋害)한다. 관살(官殺)이 혼잡해도 부모를 극해(剋害)하고, 재다신약(財多身弱)해도 부모를 극해(剋害)하고, 간여지동(干與支同)이면 재물이 줄고 아내가 다친다.

신묘일(辛卯日)과 무인일생(戊寅日生)은 살(殺)을 만나도 꺼리지 않고, 여명에 비견(比肩)이 있어 자매의 탐합(貪合)이 많으면 거짓말을 잘하고, 재성(財星)이 있으면 칠살(七殺)이 투출(透出)해도 두려워하지 않는다.

화명(火命)은 가장 길한 것이 월지(月支)에 화(火)가 있는 것이고, 간두(干頭)에 목(木)이 있어 화(火)를 인출(引出)해야 길하다. 계유일생(癸酉日生)이 약격(弱格)이면 칠살(七殺)을 만날 때 반드시 흉하고, 관귀(官貴)가 매우 심하면 왕처(旺處)를 만날 때 반드시 흉하다. 토명(土命)은 포태(胞胎)를 막론하고 일시(日時)가 중요하다.

관살(官殺)이 혼잡해도 양간(陽干)이면 두려워하지 않고, 음간(陰干)은 취하지 않는다. 또 자수(子水)는 오화(午火)를 꺼리나 오화(午火)는 자수(子水)를 꺼리지 않고, 인목(寅木)은 금(金)을 꺼리지 않고, 경금(庚金)은 화(火)를 꺼리지 않고, 기토(己土)는 목(木)을 꺼리지 않고, 묘목(卯木)은 유금(酉金)을 꺼리고, 진토(辰土)는 인목(寅木)을 꺼리고, 을목일간(乙木日干)이 축월(丑月)이면 살(殺)을 꺼리지 않고, 주중(柱中)에 원래 병(病)이 있으면 제거하면 길하나 제거하지 못하면 발달하지 못한다.

2. 십간종화정결(十干從化定訣)

【원 문】

凡看八字 先明從化爲本 從化不成 方論財官 財官無取
범간팔자 선명종화위본 종화불성 방론재관 재관무취

方論格局 非格非局 無足論矣! 若從若化成格成局
방론격국 비격비국 무족론의! 약종약화성격성국

必爲富貴之命 賦云火虛有焰 木星多仁 得化得從 定顯聲名之士
필위부귀지명 부운화허유염 목성다인 득화득종 정현성명지사

惟甲木則無從化之理 甲己化土 中正之合 辰戌丑未日稼穡
유갑목즉무종화지리 갑기화토 중정지합 진술축미왈가색

勾陳得位 乙庚化金 仁義之合 巳酉丑日從革 戊癸化火
구진득위 을경화금 인의지합 사유축왈종혁 무계화화

無情之合 得火局日炎上 天干化合者秀氣也 地支合局者福德也
무정지합 득화국왈염상 천간화합자수기야 지지합국자복덕야

化之眞者 名公鉅卿 化之假者 孤兒異姓 化之格局 妙中又妙
화지진자 명공거경 화지가자 고아이성 화지격국 묘중우묘

【해 설】

사주를 간명할 때는 먼저 종화격(從化格)인지를 살펴 종화격(從化格)이 아니면 재관(財官)을 논하고, 재관(財官)을 취하지 않을 때는 격국(格局)을 논하고, 격국(格局)을 이루지 못했으면 특별히 논할 것이 없는 명이다. 만일 종격(從格)과 화격(化格)과 격국(格局)을 모두 이루었으면 반드시 부귀격(富貴格)이 된다.

부운(賦云), 화(火)가 허(虛)하여 화염(火焰)만 있는데 목성(木星)

이 왕성하면 인자함이 많고, 화격(化格)이나 종격(從格)을 이루면 현달하여 사방에 이름을 떨친다. 그러나 갑목(甲木)은 종격(從格)이나 화격(化格)이 되지 않는다.

갑기화토(甲己化土)는 중정지합(中正之合)이니 진술축미(辰戌丑未)가 있으면 가색격(稼穡格)이며 구진득위격(勾陳得位格)이다. 을경화금(乙庚化金)은 인의지합(仁義之合)이니 사유축(巳酉丑)이 들면 종혁격(從革格)이고, 무계화화(戊癸化火)는 무정지합(無情之合)이니 화국(火局)을 이루면 염상격(炎上格)인데 천간(天干)에 화합(化合)이 있으면 수기(秀氣)하고, 지지(地支)에 합국(合局)이 있으면 복덕이 많다. 진화격(眞化格)은 고관대작이 되어 명성을 얻지만 가화격(假化格者)은 고아나 이성(異姓)이니 화격(化格)은 묘한 가운데 묘함이 있다.

3. 십단금(十段錦)

【원 문】

甲從己合 賴土化生 遇乙兮 妻財暗損 逢丁兮 衣祿成空
갑종기합 뢰토화생 우을혜 처재암손 봉정혜 의록성공

貴顯高門 蓋得辛金之力 家殷大富 皆因戊土之功 見癸兮
귀현고문 개득신금지력 가은대부 개인무토지공 견계혜

平生發福 逢壬兮 一世飄蓬 月遇庚金 家徒四壁 時逢丙火
평생발복 봉임혜 일세표봉 월우경금 가도사벽 시봉병화

祿享千鍾 己能化甲 透在於寅 逢丁兮 他人凌辱 遇乙兮
녹향천종 기능화갑 투재어인 봉정혜 타인능욕 우을혜

自己遭迍 陽水重重 奔走紅塵之客 庚金銳銳 孤寒白屋之人
자기조둔 양수중중 분주홍진지객 경금예예 고한백옥지인

丙內藏辛 必得其貴 戊裡藏癸 不至於貧 若要官職榮遷
병내장신 필득기귀 무리장계 불지어빈 약요관직영천

先須見癸 家殷大富 務要逢辛
선수견계 가은대부 무요봉신

【해 설】

갑목(甲木)이 기토(己)와 종합(從合)할 때는 토(土)에 의지하여 화생(化生)되는데 을목(乙木)을 만나면 처재(妻財)가 손실되고, 정화(丁)를 만나면 의록(衣祿)이 공허하고, 신금(辛金)을 만나면 높은 곳에 이른다. 무토(戊土)를 만나면 집안이 창성하며 큰 부자가 되고, 계수(癸)를 만나면 평생 발복하고, 임수(壬)을 만나면 평생 방랑하고, 월(月)에서 경금(庚金)을 만나면 집안이 창성하지 못하고, 시(時)에서 병화(丙火)를 만나면 천종(千鍾)의 복록을 누린다.

기토(己)가 갑목(甲木)을 합(合)하여 화격(化格)을 이루는데 인목(寅)을 만나면 수기(秀氣)하고, 정화(丁)을 만나면 능욕을 당하고, 을목(乙木)을 만나면 막힘이 많고, 양수(陽水)가 무거우면 분주한 방랑객이고, 경금(庚金)을 만나면 고한(孤寒)한 백옥지인(白屋之人)이고, 병화(丙)에 신금(辛)이 암장(暗藏)되어 있으면 반드시 귀명이 되고, 무토(戊)에 계수(癸)가 암장되어 있으면 빈천하지 않으며 관직에 나가면 영달하고, 신금(辛)을 만나면 큰 부자가 된다.

【원 문】

乙從庚化 氣稟西方 蹇難兮 生逢丙地 榮華兮 長在壬鄉
을종경화 기품서방 건난혜 생봉병지 영화혜 장재임향

丁火當權 似春花之遇日 辛金持世 若秋草之逢霜 最喜巳臨
정화당권 사춘화지우일 신금지세 약추초지봉상 최희사임

滿堂金玉 偏宜甲向 禾麥盈倉 日日勞神 蓋爲勾陳作亂
만당금옥 편의갑향 화맥영창 일일노신 개위구진작난

時時費力 只因玄武爲殃 庚從乙化 金質彌堅 最忌辛金暗損
시시비력 지인현무위앙 경종을화 금질미견 최기신금암손

偏嫌丙火相煎遇丁官兮 似蛟龍之得雲雨 逢己印兮
편혐병화상전우정관혜 사교룡지득운우 봉기인혜

若鵬鶚之在秋天 癸水旺兮 田園盛兮 財祿增遷 遇戊相侵兮
약붕악지재추천 계수왕혜 전원성혜 재록증천 우무상침혜

不成巨富 逢壬助力兮 永遠長年
불성거부 봉임조력혜 영원장년

【해 설】

  을목(乙木)이 경금(庚金)을 종화(從化)하는데 병화지(丙火地)를
만나면 서방의 기품을 받아 막히고, 임수지(壬水地)에서 장생(長生)
되면 영화롭다. 정화(丁火)가 당권(當權)하면 봄꽃이 태양을 만나는
것과 같으니 길하고, 신금(辛金)이 생(生)하여 지세(持世)하면 가을
초목이 서리를 만난 것과 같으니 흉하다. 만일 사화(巳火)가 임하면
금옥이 만당한다. 만일 갑지(甲地)로 흘러 재성(財星)이 왕성하면 창
고에 곡물이 충만하고, 토(土)가 왕성해 구진(勾陳)이 작용하면 날마
다 고전하고, 수(水)가 왕성해 현무(玄武)가 재앙을 일으키면 하는 일
마다 노력만 허비한다.

  경금(庚金)이 을목(乙木)을 종화(從化)하면 금(金)이 견고한 것이

니 신금(辛金)이 가장 꺼리는 것은 암손(暗損)이고, 병화(丙火)가 과열하면 역시 꺼리고, 정화(丁火) 관성(官星)을 만나면 교룡이 비구름을 만난 것처럼 크게 발달하고, 기토(己土) 인성(印星)을 만나면 붕악(鵬鸚)이 가을 하늘을 나는 것처럼 대귀하고, 계수(癸水)가 왕성하면 전원이 풍성하며 재물이 늘어나고, 무토(戊土)가 침범하면 거부가 될 수 없지만 임수(壬水)가 도와주면 장수한다.

【원 문】

丙爲陽火 化水逢辛 有福兮 戊土在位 成名兮 乙木臨身
병위양화 화수봉신 유복혜 무토재위 성명혜 을목임신

官爵遷榮 生逢癸巳 家門顯赫 長在庚寅 强橫起於甲午
관작천영 생봉계사 가문현혁 장재경인 강횡기어갑오

禍敗發於壬辰 屢遇陰丁 縱富貴能有幾日 雖榮華亦似浮雲
화패발어임진 루우음정 종부귀능유기일 수영화역사부운

辛能化水 得丙方成 四柱最宜見戊 一生只喜逢庚 見己兮
신능화수 득병방성 사주최의견무 일생지희봉경 견기혜

何年發福 逢壬兮 何日成名 癸水旺兮 縱困而不困 甲木旺兮
하년발복 봉임혜 하일성명 계수왕혜 종곤이불곤 갑목왕혜

須榮而不榮 富貴榮華 重重見乙 傷殘窮迫 疊疊逢丁
수영이불영 부귀영화 중중견을 상잔궁박 첩첩봉정

【해 설】

병화(丙火)의 양화(陽火)가 신금(辛金)을 만나 화합(化合)하면 수(水)를 이룬다. 무토(戊土)를 만나면 복이 있고, 을목(乙木)이 있으면 이름을 이루고, 고관대작의 영화를 누리는 것은 계사(癸巳)를 만났기 때문이고, 가문이 현혁(顯赫)하는 것은 경인(庚寅)이 장생(長生)하기 때문이고, 강횡(强橫)하게 발기(發起)하는 것은 갑오(甲午)가 있기 때문이고, 화패(禍敗)가 발동하는 것은 임진(壬辰)을 만났기 때문이다. 음화(陰火)인 정화(丁火)가 무거우면 부귀가 오래 가지 못하니 비록 영화가 와도 뜬 구름과 같다. 신금(辛金)이 병화(丙火)를 만나 화수(化水)하면 무토(戊土)를 만나야 가장 길하고, 경금(庚金)을 만나면 일생이 길하다. 기토(己土)를 만나면 발복하기 어렵고, 임수(壬水)를 만나면 며칠이나 성명(成名)하겠는가. 계수(癸水)이 왕성하면 비록 곤궁하나 불곤(不困)하고 갑목(甲木)이 왕성하면 비록 영길(榮吉)한듯 하지만 불영(不榮)이다. 부귀영화를 누리는 것은 을목(乙木)을 중중하게 만나야 하는데 상잔궁박(傷殘窮迫)하면 정화(丁火)를 첩첩하게 만났기 때문이다.

【원문】

丁爲陰火 喜遇陽壬 見丙兮 百年安逸 逢辛兮 一世優游
정위음화 희우양임 견병혜 백년안일 봉신혜 일세우유

富貴雙全 喜甲臨於天德 祿財雙美 欣巳共於金牛 活計消疏
부귀쌍전 희갑임어천덕 녹재쌍미 흔사공어금우 활계소소

皆因戊土 生涯寂寞 皆爲癸囚 乙木重重 財祿決無成就
개인무토 생애적막 개위계수 을목중중 재록결무성취

庚金燦燦 功名切莫妄求 壬從丁火 秀在東方 遇甲兮 多招僕馬
경금찬찬 공명절막망구 임종정화 수재동방 우갑혜 다초복마

逢辛兮 廣置田庄 丙火相逢 乃英雄之豪傑 癸水相會
봉신혜 광치전장 병화상봉 내영웅지호걸 계수상회

爲辛苦之經商 佩印乘軒 己臨官位 飄蓬落魄 戊帶殺來
위신고지경상 패인승헌 기임관위 표봉낙백 무대살래

皓首無成 皆爲庚金乘旺 靑年不遇 蓋因乙木爲殃
호수무성 개위경금승왕 청년불우 개인을목위앙

【해 설】

정화(丁火)는 음화(陰火)인데 양임(陽壬)을 만나야 길하다. 병화
(丙火)를 만나면 백년이 편안하고, 신금(辛金)을 만나면 일생이 우유
(優游)하고, 부귀쌍전하면 갑목(甲木)이 천덕(天德)에 임하기 때문이
다. 녹재(祿財)가 쌍미(雙美)하면 사유축(巳酉丑) 금국(金局)을 만났
기 때문이고, 생활의 계획이 여의치 않으면 무토(戊土)를 만났기 때
문이고, 생애가 고독하고 적막하면 계수(癸水)가 휴수(休囚)하기 때
문이다. 을목(乙木)이 무거우면 재록(財祿)을 이룰 수 없고, 경금(庚
金)이 지나치게 왕성해 찬란하면 공명이 허망하니 구하지 말라.

임수(壬水)가 정화(丁火)를 종화(從化)하면 수기(秀氣)가 동방에 있
는 것이니 갑목(甲木)을 만나면 노복과 차마(車馬)가 많고, 신금(辛
金)을 만나면 넓은 전장(田庄)이 많고, 병화(丙火)를 만나면 영웅호
걸이 된다. 계수(癸水)를 상회(相會)하면 신고(辛苦)하는 소규모 상인
이고, 패인(佩印)를 차고 종2품 이상의 관리가 타는 헌 마차에 타는
것은 기토(己土)가 관성(官)에 임하기 때문이고, 방랑객으로 유리걸
식하면 무토(戊土)가 칠살(七殺)에 임하기 때문이다. 그리고 늙도록
아무것도 이루지 못하면 경금(庚金)이 승왕(乘旺)하기 때문이고, 청
년기에 불우하면 을목(乙木)으로 인한 재앙 때문이다.

【원 문】

戊從癸合 化火成功 見乙兮 終能顯達 逢壬兮 亦自豊隆
무종계합 화화성공 견을혜 종능현달 봉임혜 역자풍융

衆貴拱持 喜丁臨於巳位 六親不睦 緣甲旺於寅宮 丙火炎炎
중귀공지 희정임어사위 육친불목 연갑왕어인궁 병화염염

難尋福祿 庚金燦燦 易見亨通 妻子損兮 皆因己旺 謀爲拙兮
난심복록 경금찬찬 역견형통 처자손혜 개인기왕 모위졸혜

蓋爲辛雄 癸從戊合 化火當臨 丙內藏辛 一世多成多敗
개위신웅 계종무합 화화당임 병내장신 일세다성다패

甲中隱己 百年努力勞心 倉庫豊肥 欣逢丁火 田財殷實
갑중은기 백년노력노심 창고풍비 흔봉정화 전재은실

喜得庚金 官爵陞榮兮 連綿見乙 資財富貴兮 上下逢壬
희득경금 관작승영혜 연면견을 자재부귀혜 상하봉임

財源相失兮 緣辛金之太旺 仕途蹭蹬兮 蓋己土之相侵
재원상실혜 연신금지태왕 사도층등혜 개기토지상침

【해 설】

　무토(戊土)가 계수(癸水)를 만나 무계합화(戊癸合火)를 하면 화화
(化火)에 성공한다. 을목(乙木)을 만나면 능히 현달하고, 임수(壬水)
를 만나면 저절로 풍융(豊隆)한 재복인(財福人)이고, 부귀영화가 많
은 것은 정화(丁火)가 사화(巳火)에 임하기 때문이고, 육친(六親)이
불목(不睦)하면 갑목(甲木)이 인궁(寅宮)에서 왕성하기 때문이다. 병
화(丙火)가 염염(炎炎)하면 복록을 얻기 어렵고, 경금(庚金)이 찬찬
(燦燦)하면 형통하기 쉽고, 처자가 손상하면 기토(己土)가 왕성하기

때문이고, 모사가 좋아도 성공하지 못하면 신금(辛金)이 과왕(過旺)하기 때문이다.

계수(癸水)가 무토(戊土)를 만나 합화(合化)하는데 병화(丙火)에 신금(辛金)이 암장(暗藏)되어 있으면 평생 성패가 많고, 갑중(甲中)에 기토(己土)가 은장(隱藏)되면 백년을 노력해도 곤고하고, 창고가 비만하면 정화(丁火)를 만나기 때문이다. 전답과 재물이 충만하면 경금(庚金)을 얻었기 때문이고, 고관대작으로 영화를 누리는 것은 을목(乙木)을 만나 연면(連綿)하기 때문이고, 자재(資財)가 부귀하면 임수(壬水)를 상하로 만났기 때문이고, 재물의 근원을 상실하면 신금(辛金)이 매우 왕성하기 때문이고, 사로(仕路)에서 실직이나 좌천을 당하면 기토(己土)가 침범하기 때문이다.

2. 십단화기(十段化氣)

1. 갑기가(甲己歌)

【원문】

甲己化土乙庚金 局中奇妙最難尋 局中六格分高下
갑기화토을경금 국중기묘최난심 국중육격분고하

貴賤方知有淺深 甲己中央化土神 時逢辰巳脫埃塵
귀천방지유천심 갑기중앙화토신 시봉진사탈애진

局中歲月趨炎地 方顯功名富貴人 甲己干頭生遇春
국중세월추염지 방현공명부귀인 갑기간두생우춘

平生作事漫勞神 百般機巧翻成拙 孤苦伶仃走不停
평생작사만노신 백반기교번성졸 고고령정주부정

【해 설】

갑기화토(甲己化土)와 을경화금(乙庚化金)의 격국(格局)은 기묘하
여 간명하기가 가장 어려운데, 국(局)에서 육격(六格)의 고하와 귀천
의 깊이를 알아야 한다. 갑기합(甲己合)의 중앙에 화토신(化土神)이
진사(辰巳)를 만나면 속세를 벗어나고, 국(局)의 세월에 염지(炎地)
가 있으면 공명과 부귀가 따른다. 갑기합(甲己合)의 간두(干頭)에서
봄철을 만나면 평생 하는 일이 되지 않고 심신만 노고하니 백 가지의
기교와 재능이 있어도 헛되고 고독하며 곤고하고 실의한다.

2. 을경가(乙庚歌)

【원 문】

乙庚金局旺於西 時遇從魁是根基 辰戌丑未如相剋
을경금국왕어서 시우종괴시근기 진술축미여상극

此是名門將相兒 乙庚最怕火炎炎 志氣消磨主不良
차시명문장상아 을경최파화염염 지기소마주불량

寅午重逢爲下格 隨緣奔走覓衣糧
인오중봉위하격 수연분주멱의량

【해 설】

을경(乙庚)이 금국(金局)을 이루면 서방운에 왕성해 종괴(從魁)인

유월(酉月)이면 근기가 견고한 것이니 진술축미(辰戌丑未)가 상극(相剋)되면 명문장상(名門將相)이 된다. 을경합금(乙庚合金)이 가장 두려워하는 것은 화기(火氣)가 염염(炎炎)한 것인데 지기(志氣)가 소마(消磨)되어 불량(不良)하게 되고, 다시 인오술화국(寅午戌火局)을 이루면 하격에 속하니 박복하여 의식주를 해결하기도 어려워 분주하고 고전한다.

3. 병신가(丙辛歌)

【원 문】

丙辛化合喜逢申 翰苑英豪氣象新 潤下若居年月上
병신화합희봉신 한원영호기상신 윤하약거년월상

須知不是等閒人 丙辛化水生冬月 陰日陽時須見淸
수지불시등한인 병신화수생동월 음일양시수견청

有土局中須破用 得金相助發前程
유토국중수파용 득금상조발전정

【해 설】

　병신화합격은 신금(申金)을 만나면 한원(翰苑)에서 문장이 뛰어난 영웅호걸이며 기상이 신선하다. 년월(年月)에 윤하(潤下)인 수국(水局)을 이루거나 수(水)가 왕성하면 등한한 사람은 아니다. 병신(丙辛)이 화수(化水)하고 겨울철생이면 이 격에 해당하는데 만일 음일간(陰日干)이 양시(陽時)를 만나면 청귀격(淸貴格)이 되고, 토국(土局)이 있으면 파용(破用)된 것이지만 금(金)을 얻어 상조(相助)하면 전정에 발복한다.

4. 정임가(丁壬歌)

【원 문】

丁壬化木喜逢寅 亥卯生提是福基 除此二宮皆別論
정임화목희봉인 해묘생제시복기 제차이궁개별론

金多尤恐反傷之 丁壬化木在寅時 蓋世文章邁等倫
금다우공반상지 정임화목재인시 개세문장매등윤

曲直更歸年月地 少年平步上靑雲
곡직갱귀년월지 소년평보상청운

【해 설】

정임화목격은 인목(寅木)을 만나면 길하다. 해묘(亥卯)가 제강(提綱)이 되어 생조(生助)하면 복기(福基)를 얻는다. 이러한 이궁(二宮)에 생(生)하지 않았으면 별격으로 논한다. 금(金)이 많으면 더욱 반상(反傷)하므로 꺼린다. 정임화목격이 인월생(寅月生)이면 문장이 출중한 사람인데 다시 년월(年月)에서 곡직(曲直) 목국(木局)을 이루면 소년에 평보로 출세하여 고관이 된다.

5. 무계가(戊癸歌)

【원 문】

戊癸南方火炎高 騰光時上顯英豪 局中無水傷年月
무계남방화염고 등광시상현영호 국중무수상년월

獻賦龍門奪錦袍 天元戊癸支藏水 敗壞門庭事緒多
헌부용문탈금포 천원무계지장수 패괴문정사서다

行運更逢生旺地 傷妻剋子起風波
행운갱봉생왕지 상처극자기풍파

【해 설】

무계합화격(戊癸合化格)이 남방 화염지(火炎地)에서 태어났으면
영웅호걸의 대인(大人)이니 국(局)에 년주(年柱)나 월주(月柱)를 수
(水)가 와서 상해함이 없으면 고관대작이 된다. 천간(天干)에 무계(戊
癸)가 있고 지지(地支)에 수(水)가 암장(暗藏)되어 있으면 수극화(水
剋火)하니 패가망신한다. 운에서 다시 수왕지(水旺地)를 만나면 아
내가 다치고 자식을 극하니 풍파가 많다.

6. 오음가(五陰歌)

【원 문】

陰土蛇雞去會午 名爲福德號貔貅 火來侵害傷殘處
음토사계거회오 명위복덕호비휴 화래침해상잔처

事事蹉跎百事憂 己巳己酉並己丑 福德秀氣眞希有
사사차타백사우 기사기유병기축 복덕수기진희유

若逢歲運沖剋破 縱是榮華事不久 陰木相逢牛與蛇
약봉세운충극파 종시영화사불구 음목상봉우여사

生居八月暗咨嗟 爲官得祿難長久 縱有文章不足誇
생거팔월암자차 위관득록난장구 종유문장부족과

陰火相連巳酉丑 生居木日壽難長 更兼名利多成敗
음화상연사유축 생거목일수난장 경겸명리다성패

破蕩荒淫福不昌 癸臨丑酉月臨風 百事遲延作者空
파탕황음복불창 계임축유월임풍 백사지연작자공

名利平生難有望 是非得失事匆匆 金居從革貴人欽
명리평생난유망 시비득실사총총 금거종혁귀인흠

造化淸高福祿深 四柱火來相混雜 空門藝術漫經綸
조화청고복록심 사주화래상혼잡 공문예술만경륜

【해 설】

음토(陰土)가 사유축(巳酉丑)이 회합(會合)하면 복덕격(福德格)이요 용맹함뜻하는 비휴(貔貅)라 한다. 화(火)가 침해하면 상잔(傷殘)할 처지이며 하는 일마다 장해가 따라 백사가 근심스럽다. 기사(己巳)·기유(己酉)·기축(己丑)이 회합(會合)하면 복덕수기(福德秀氣)이니 진실로 희망이 있다. 만일 세운에서 충극(沖剋)하거나 파해(破害)하면 부귀영화가 오래 가지 못한다. 음목(陰木)이 사축(巳丑)을 만나고 8월 유지(酉地)에 태어났으면 사유축(巳酉丑) 금국(金局)이 되어 관성(官星)이 매우 왕성한 것이니 문장이 출중해도 오래 가기 어렵다. 음화(陰火)가 사유축(巳酉丑)을 만나고 득령(得令)하지 못하면 장수할 수 없고, 다시 명리를 구해도 성패함이 많고 음탕하고 박복하여 복록이 창성하지 못한다. 계수(癸水)가 사유축(巳酉丑)에 임하면 백사가 지연되고 방해물이 많아 모든 일이 헛되다. 평생 명리를 얻기 어렵고 시비득실의 흉한 일만 많다. 금(金)이 종혁금국(從革金局)을 만나면 귀인이니 청고하고 복록이 많은데 주중(柱中)에 화(火)가 와서 혼잡되고 침극(侵剋)하면 종교계나 예술계에 종사할 사람이다.

7. 천원일자가(天元一字歌)

【원 문】

天元一字水爲源 生在秋冬妙莫言 大小吉神逢一位
천원일자수위원 생재추동묘막언 대소길신봉일위

少年雲路必高遷 天元一字土爲氣 四季生時便是奇
소년운로필고천 천원일자토위기 사계생시편시기

辛酉二丈爲格局 聰明俊秀異常兒 天元一字木爲根
신유이장위격국 총명준수이상아 천원일자목위근

傳送登明顯福元 四柱官星如得地 功名利祿好爭先
전송등명현복원 사주관성여득지 공명이록호쟁선

天元一字若逢金 時日魁罡福氣深 庫位逢沖並帶貴
천원일자약봉금 시일괴강복기심 고위봉충병대귀

平生德行貴人欽 天元一字火融融 大吉功曹時日沖
평생덕행귀인흠 천원일자화융융 대길공조시일충

沖起財官爲發用 生平富貴福興隆
충기재관위발용 생평부귀복흥융

【해 설】

수기(水氣)의 천원일자격(天元一字格)이 추동에 태어났으면 묘함을 말로 다 할 수 없다. 대운이나 소운에서 길신(吉神)을 하나 만나면 소년에 출세하여 반드시 고관이 되어 중직을 맡는다.

토기(土氣)의 천원일자격(天元一字格)은 사계에 출생해야 기명(奇

命)이니 신유이지(辛酉二支)가 있는 격국(格局)이면 총명하며 준수하여 크게 발달한다.

목기(木氣)의 천원일자격(天元一字格)은 현달하며 다복한 명인데 주중(柱中)에서 관성(官星)이 득지(得地)하면 공명과 이록(利祿)을 모두 얻는다.

금기(金氣)의 천원일자격(天元一字格)은 일시(日時)에 괴강(魁罡)이 있으니 복이 많다. 고(庫)가 있는데 상충(相沖)을 만나면 귀격(貴格)이니 평생 덕행이 높다.

화기(火氣)의 천원일자격(天元一字格)은 큰 공을 세울 사람이다. 만일 재관(財官)을 충기(沖起)하면 발복하여 평생 부귀가 흥융하다.

8. 운회가(運晦歌)

【원 문】

比肩事物莫爭論 聞訟官司爲別人 兄弟親友財帛事
비견사물막쟁론 문송관사위별인 형제친우재백사

閉門莫與論和平 劫財羊刃兩頭居 外面光華內本虛
폐문막여논화평 겁재양인양두거 외면광화내본허

官殺兩頭居不出 因此當原漫嗟吁
관살양두거불출 인차당원만차우

【해 설】

비견(比肩)이 많으면 쟁론과 송사가 있으니 형제나 친구와 대립이 많고, 재산 다툼이 많으니 차라리 문을 닫고 논쟁을 피하는 것이 길

하다. 겁재(劫財)와 양인(羊刃)이 투출(透出)하면 겉은 화려하나 속은
허하다. 관살(官殺)이 투출(透出)하여 많은 비겁(比劫)을 다스리지
못하면 고전하니 탄식이 많다.

9. 운통가(運通歌)

【원 문】

三合財官得運時 綺羅香裡會佳期 洋洋已達靑雲志
삼합재관득운시 기라향리회가기 양양이달청운지

財祿婚姻喜氣宜 運遂時來事事宜 布衣有分上天梯
재록혼인희기의 운수시래사사의 포의유분상천제

貴人見者些兒力 指日靑雲實可期 自是生來不受貧
귀인견자사아력 지일청운실가기 자시생래불수빈

官居華屋四時春 夏涼冬暖淸高處 餚饌杯盤勝別人
관거화옥사시춘 하량동난청고처 효찬배반승별인

此運祥光四轉新 一團和氣藹陽春 靑雲有信天書近
차운상광사전신 일단화기애양춘 청운유신천서근

定是超群拔萃人 甲子丁卯非爲刃 乙酉庚申理一同
정시초군발췌인 갑자정묘비위인 을유경신리일동

合起人元財馬旺 中年顯達富家翁
합기인원재마왕 중년현달부가옹

【해 설】

　재관(財官)이 삼합(三合)하여 길운(吉運)을 만나면 화려한 옷을
입고 향기 속에서 살아가는 명이 되고, 신강(身强)하면 청운의 뜻을

이루는 고귀격(貴格)이 되고, 재록(財祿)과 혼인에 희기(喜氣)한 복명(福命)이다. 길운(吉運)이 적시에 찾아오면 만사가 형통하고, 벼슬이 없다가 출세하여 권세를 얻고, 귀인(貴人)이 만나면 청운의 뜻을 품고 발복한다. 태어난 후로 빈한하지 않고, 득관(得官)하고 고귀격을 이루며, 사시가 봄철이니 여름철에 서늘하고 겨울철 따뜻한 생활을 하며 의식주가 다른 사람보다 월등히 화려하다. 차운(此運)이 상광(祥光)하여 하는 일마다 모두 새롭고, 화기(和氣)가 충만하여 양춘(陽春)과 다르니 청운의 뜻을 얻어 고관대작이 되며 출중하여 영웅이 된다. 갑자(甲子)와 정묘(丁卯)는 양인(羊刃)이 아니니 을유(乙酉)와 경신(庚申)도 같은 원리인바 인원(人元)을 합기(合起)함에 재마(財馬)가 왕성하면 중년에 현달하여 부호가 된다.

10. 형극가(刑剋歌)

【원 문】

比肩羊刃日時逢 若問年齡父道凶 父母干支相會合
비견양인일시봉 약문년령부도흉 부모간지상회합

印星健旺壽如松 剋父那堪妻又傷 堪居道院共僧房
인성건왕수여송 극부나감처우상 감거도원공승방

閑身作保防連累 財破妻災有幾場
한신작보방연누 재파처재유기장

【해 설】

비견(比肩)과 양인(羊刃)이 일시(日時)에서 만나면 부모께 문안하는 도리가 흉하고, 부모성(父母星)이 간지(干支)에서 회합(會合)하여 건왕(健旺)하면 부모가 장수한다. 아버지를 극하는 명은 아내가 다칠 염려도 있으니 파가(破家)하고 사원에 들어가 승려가 되기 쉽다. 만일 속세에서 살면 무슨 일을 해도 장해가 많아 실패하는데 파재(破財)하고 처재(妻災)가 따른다.

11. 형처가(刑妻歌)

【원 문】

天干透出兄弟多 財絕官衰旺太過 月令又逢身旺地
천간투출형제다 재절관쇠왕태과 월령우봉신왕지

靑春年少哭嫦娥 當生四柱有財星 羊刃時逢定剋刑
청춘년소곡항아 당생사주유재성 양인시봉정극형

歲運更行妻墓絕 妻宮必見損年齡
세운갱행처묘절 처궁필견손년령

【해 설】

천간(天干)에 투출(透出)한 형제인 비겁(比劫)이 많고, 재성(財星)이 절쇠(絕衰)하고 관성(官星)이 쇠약한데 다시 월령(月令)이 신왕지(身旺地)이면 비겁(比劫)이 태과(太過)해지니 청춘에 아내가 다친다. 주중(柱中)에 재성(財星)이 있어도 양인(羊刃)이 있어 극형(剋刑)되고 다시 세운이 처성(妻星)인 재신(財神)이 묘절(墓絕)로 흐르면 반드시 아내가 손상되고, 장수하기 어렵다.

12. 극자가(尅子歌)

【원 문】

五行四柱有傷官 子息初年必不安 官鬼運臨身旺地
오행사주유상관 자식초년필불안 관귀운임신왕지

可存一二老來看 嗣中沖旺見刑沖 月令休囚子息空
가존일이노래간 사중충왕견형충 월령휴수자식공

官鬼敗亡重見尅 如無庶出必螟蛉 印綬重疊尅子斷
관귀패망중견극 여무서출필명령 인수중첩극자단

子息難存誰爲伴 若還留得在身邊 帶破執拗難使喚
자식난존수위반 약환류득재신변 대파집요난사환

時逢七殺本無兒 此理人當仔細推 干上食神支又合
시봉칠살본무아 차리인당자세추 간상식신지우합

兒孫定是貴而奇 女人印綬月時逢 官食遭傷子息空
아손정시귀이기 여인인수월시봉 관식조상자식공

當主過房兼別立 孤辰重犯兩無功 局中官殺兩難淸
당주과방겸별립 고진중범양무공 국중관살양난청

羊刃重重或助之 八字純陽偏印重 妨夫疊疊更妨兒
양인중중혹조지 팔자순양편인중 방부첩첩갱방아

【해 설】

주중(柱中)에 상관(傷官)이 있으면 자식이 초년에 반드시 불안하고, 관귀(官鬼)운인 임하고 신왕지(身旺地)이면 일자(一子)나 이자(二子)가 있어 노년에 간호하여준다. 자궁(子宮)이 생왕(生旺)되어도 형충

(刑沖)되고 월령(月令)에서 휴수(休囚)되면 자식이 없으니 공허하고, 관귀(官鬼)가 패망하고 중중하게 극(剋)하면 서출이나 양자로 후사를 잇는다. 인수(印綬)가 중첩해도 자식을 극하니 자식이 있어도 단명하거나 가출하여 평생 부자가 함께 살 기 어렵다. 시(時)에서 칠살(七殺)을 만나도 무자식 팔자이니 이러한 원리를 자세하게 추리해야 한다.

천간(天干)에 식신(食神)이 있고 지지(地支)에 합이 있으면 자식이 귀기(貴奇)를 이룬다. 여명이 월시(月時)에서 인수(印綬)를 만나 관살(官殺)과 식신(食神)이 상해되면 자식이 공허하고, 첩에게서 자식을 얻어도 고진(孤辰)이 중범(重犯)하면 공이 없는데 고아를 들여도 그렇다. 국(局)에 관살(官殺)이 중중해도 남편과 자식이 청귀하기 어렵고, 양인(羊刃)이 무거우면 간혹 복을 내조하기도 한다. 또 팔자가 순양(純陽)이며 편인(偏印)만 중중해도 남편과 자식이 숨질 염려가 있으니 예방해야 한다.

13. 대질가(帶疾歌)

【원 문】

戊己生時氣不全 月時兩處見傷官 必當頭面有虧損
무기생시기불전 월시양처견상관 필당두면유휴손

膿血之瘡苦少年 日主加臨戊己生 支神火局氣熏蒸
농혈지창고소년 일주가임무기생 지신화국기훈증

刑沖剋破當殘疾 髮禿那堪眼不明 丙丁日主五行衰
형충극파당잔질 발독나감안불명 병정일주오행쇠

七殺加臨三合來 升合日求衣食缺 耳聾殘疾面塵埃
칠살가임삼합래 승합일구의식결 이농잔질면진애

壬癸重重疊疊排 時辰設若見天財 縱然頭面無斑癩
임계중중첩첩배 시진설약견천재 종연두면무반라

定是其人眼目災 丙丁火旺疾難防 四柱休囚辰巳方
정시기인안목재 병정화왕질난방 사주휴수진사방

木火相生來此地 啞中風疾暗中亡
목화상생내차지 아중풍질암중망

【해 설】

　무기일간(戊己日干)이 시(時)의 기운이 온전하지 못하고 월시(月時)
에서 상관(傷官)을 만나면 반드시 두면(頭面)이 손상되는데, 농혈(膿
血)의 창질(瘡疾)로 소년에 고전한다. 만일 지지(地支)에 화국(火局)
이 있으면 기(氣)가 훈증(熏蒸)하고 형충파해(刑沖剋破)가 있으면 대
머리가 되고 눈이 흉하다.

　병정일간(丙丁日干)이 오행(五行)이 쇠약한데 칠살(七殺)이 임하고
삼합(三合)이 있어 일주(日主)를 합(合)하여 살성(殺星)이 왕성하면
의식주가 곤궁하고 이농(耳聾)의 질병으로 면상(面相)에 상처가 많
다. 임계(壬癸)가 무겁고 첩첩한데 시(時)에 재성(財星)이 있으면 비
록 두면(頭面)에 상처가 없어도 눈병을 면하기 어렵다. 병정화(丙丁
火)가 왕성하면 질병을 방비하기 어려우니 사주가 휴수(休囚)되고 진
사방(辰巳方)을 얻으며 목화(木火)가 상생(相生)하는 운에 이르면 벙
어리가 되거나 중풍으로 고생하다 숨진다.

14. 수원가(壽元歌)

【원 문】

壽算幽玄識者希 識時須是泄天機 六親內有憎嫌者
수산유현식자희 식시수시설천기 육친내유증혐자

歲運逢之總不宜 壽星明朗壽元辰 繼母逢之不可當
세운봉지총불의 수성명랑수원진 계모봉지불가당

寵妾不來相救助 命如衰草值秋霜 丙臨申位逢陽水
총첩불래상구조 명여쇠초치추상 병임신위봉양수

定見天年夭可知 透出干頭壬癸水 其人必定死無疑
정견천년요가지 투출간두임계수 기인필정사무의

【해 설】

수명을 계산하는 방법은 어려워 식별할 줄 아는 역술인이 드문데, 이것을 알면 천기를 누설하는 것과 같다. 육친(六親)이 미워하고 싫어하는 명은 세운에서 만나는 것이 모두 흉하다. 수성(壽星)이 밝으면 장수하고, 계모를 만났는데 편재(偏財)가 구해주지 않으면 초목이 가을 서리를 만난 것 같아 요절한다. 병화(丙火)가 신금(申)에 임하고 양수(陽水)를 만나면 수명이 짧은데, 간두(干頭)에 임계수(壬癸水)가 투출(透出)하면 반드시 사망한다.

15. 표탕가(飄蕩歌)

【원 문】

偏財得位發他鄉 慷慨周流性要綱 別立家園三兩處
편재득위발타향 강개주류성요강 별립가원삼양처

因名因利自家亡 偏財得所最爲良 透出羊刃甚可傷
인명인리자가망 편재득소최위량 투출양인심가상

破蕩家庭渾閑事 敗門辱祖逞凶强 偏財別立在他鄕
파탕가정혼한사 패문욕조령흉강 편재별립재타향

寵妾防妻更足傷 愛欲有情妻妾衆 更宜村酒野花香
총첩방처갱족상 애욕유정처첩중 갱의촌주야화향

【해 설】

편재격(偏財格) 사주는 타향에서 발복하고, 강개심과 풍류심이 많고, 2~3곳에 첩실을 차리고 본처보다 첩을 총애하며 주색을 탐하고, 명예와 재물을 탐하다 패가망신한다. 편재(偏財)가 정위(正位)를 얻으면 좋은 명이 되나 양인(羊刃)이 투출(透出)하면 편재(偏財)를 상해한다. 이런 명은 가정이 깨지고 파산하여 조상과 가문을 욕보이는 등 흉사가 많다.

16. 여명가(女命歌)

【원 문】

財官印綬三般物 女命逢之必旺夫 不犯殺多無混雜
재관인수삼반물 여명봉지필왕부 불범살다무혼잡

身强制伏有稱呼 女命傷官福不眞 無財無印受孤貧
신강제복유칭호 여명상관복불진 무재무인수고빈

局中若見傷官透 必作堂前使喚人 有夫帶合須還正
국중약견상관투 필작당전사환인 유부대합수환정

有合無夫定是偏 官殺犯重成下格 傷官重合不須言
유합무부정시편 관살범중성하격 상관중합불수언

官帶桃花福壽昌 桃花帶殺少楨祥 合中切忌桃花犯
관대도화복수창 도화대살소정상 합중절기도화범

劫比桃花大不良 女命傷官格內嫌 帶財帶印福方堅
겁비도화대불량 여명상관격내혐 대재대인복방견

傷官旺處傷夫主 破了傷官損壽元
상관왕처상부주 파료상관손수원

【해 설】

여명이 주중(柱中)에 재관인수(財官印綬)가 들면 반드시 남편이 왕
성하다. 살귀(殺鬼)가 많지 않고 관살(官殺)이 혼잡하지 않아 신강
(身强)하고 제복(制伏)하면 귀격(貴格)이 된다. 여명에서 상관(傷官)
은 복이 있어도 진실하지 않으니 재성(財星)과 인성이 없으면 매우 고
독하며 가난하고, 국(局)에서 상관(傷官)이 투출(透出)하면 반드시
부리는 사람과 불륜을 저지른다.

부성(夫星)이 있고 합(合)을 대동하면 정명(正命)이지만 합(合)만
있고 부성(夫星)이 없으면 부정한 편격(偏格)이니 내연의 남자가 있
고, 관살(官殺)이 중하게 침범하면 하격이 되고, 상관(傷官)이 중하게
합(合)하면 흉하다. 만일 관성(官星)이 도화(桃花)를 대동하면 복수
가 창성하고, 도화(桃花)가 칠살(七殺)을 대동하면 길함이 적고, 합
(合)이 있는데 도화(桃花)가 침범하면 매우 흉하고, 비겁(比劫)과 도
화(桃花)가 대동하면 매우 불량한 명이 된다.

여명은 상관격(傷官格)을 가장 꺼리는데, 재성(財星)과 인성(印星)

을 대동하면 복록이 견고하고, 운에서 상관(傷官)의 왕처(旺處)를 만나면 남편이 다치고, 상관(傷官)을 깨뜨리면 수명이 손상된다.

3. 월건생극(月建生剋)

1. 정월건인가(正月建寅歌)

【원 문】

正月寅宮元是木 木生火旺得長生 戌兼午未宮中喜
정월인궁원시목 목생화왕득장생 술겸오미궁중희

申酉休囚數莫行 寅月重逢午戌亥 庚辛爲主兩推排
신유휴수수막행 인월중봉오술해 경신위주양추배

無根有力方宜火 主弱休囚怕火來 如用寅宮木火神
무근유력방의화 주약휴수파화래 여용인궁목화신

南方午未祿財欣 逆行戌亥還當旺 破損憂愁見申酉
남방오미녹재흔 역행술해환당왕 파손우수견신유

庚辛主弱逢寅月 午戌加臨會殺星 日主無根宜透土
경신주약봉인월 오술가임회살성 일주무근의투토

逆行金水福興隆 戊己身衰喜建寅 重重官殺必榮身
역행금수복흥융 무기신쇠희건인 중중관살필영신

只宜木火相生局 運到西方怕申酉
지의목화상생국 운도서방파신유

【해 설】

정월은 인궁(寅宮)이며 목원(木元)이니 목생화(木生火)하여 왕성하다. 장생(長生)을 얻고 술토(戌土)를 겸하면 오미(午未)는 길하나, 신유(申酉)는 휴수(休囚)되니 흉하다.

인월생(寅月生)이 오술(午戌)을 만나면 화국(火局)을 이루니 경신일간(庚辛日干)은 추리하기 어렵다. 금(金)은 무근(無根)이고 유력(有力)한데 화(火)는 왕성해 금일주(金日主)가 신약(身弱)한데 화기(火氣)를 또 만나면 대흉하다. 만일 인궁(寅宮)의 목화신(木火神)을 취하면 남방 오미운(午未地)에 녹재(祿財)가 발복하고, 술해운(戌亥地)에서도 생왕(生旺)되니 길하다. 그러나 신유운(申酉鄕)은 흉하여 파손되며 우수가 많아진다.

경신일간(庚辛日干)이 인월생(寅月生)이면 신약(身弱)한데, 오술(午戌)이 임하면 인오술화국(寅午戌火局)의 살성(殺星)이 모이니 뿌리가 없으면 토(土)가 투출(透出)해야 길하고, 역행하여 금수운(金水運)을 만나도 복이 흥융하다.

무기일간(戊己日干)이 인월생(寅月生)이면 신약(身弱)하지만 인중(寅中) 병화(丙火)가 아신(我身)을 생(生)하니 길하고, 관살(官殺)이 무거우면 반드시 영화로운데 목화(木火)가 관인상생(官印相生)해야 길하나 신유(申酉) 서방운으로 흐르면 대흉하다.

2. 이월건묘가(二月建卯歌)

【원 문】

丙丁二月身逢印 大怕庚辛酉丑傷 水運發榮木火旺
병정이월신봉인 대파경신유축상 수운발영목화왕

西方行運定遭殃 甲日卯月重逢丑 格中有火不須嫌
서방행운정조앙 갑일묘월중봉축 격중유화불수혐

再行火土興財祿 歲運宜金怕水纏 木正榮於卯月中
재행화토흥재록 세운의금파수전 목정영어묘월중

若將爲用喜生逢 北方亥子成名利 午未行來助福濃
약장위용희생봉 북방해자성명리 오미행래조복농

己卯日主當二月 殺星有露福偏奇 只宜木火重迎見
기묘일주당이월 살성유로복편기 지의목화중영견

金水行來數必虧 庚辛卯月多逢木 日主無根怕旺財
금수행래수필휴 경신묘월다봉목 일주무근파왕재

南北兩頭多有破 如逢申酉福方來 卯宮大怕遇金降
남북양두다유파 여봉신유복방래 묘궁대파우금강

火旺根深制伏强 四柱有金嫌巳丑 運來酉上定損傷
화왕근심제복강 사주유금혐사축 운래유상정손상

癸日無根卯月逢 局中有火反成功 如行身旺多財福
계일무근묘월봉 국중유화반성공 여행신왕다재복

若到官鄉數必終
약도관향수필종

【해 설】

병정일간(丙丁日干)이 묘월생(卯月生)이면 인성(印星)을 만난 것이다. 경신신유운(庚辛申酉)과 축운(丑運)에 상해를 당하면 대흉하다. 수운(水運)보다 목화운(木火運)에 발달하고, 서방운을 만나면 재앙을 당한다.

갑목일간(甲木日干)이 묘월생(卯月生)인데 축토(丑土)를 만나면 흉하나, 격(格)에 화(火)가 있으면 흉하지 않고, 다시 화토운(火土運)을 만나면 재록(財祿)이 발흥하나 세운에서 금수운(金水運)을 만나면 대흉하다.

목일간(木)이 인월이나 묘월생(卯月生)이면 매우 영화로운데 생조(生助)되는 것을 기뻐한다. 북방 해자운(亥子運)을 만나면 명리를 이루고, 오미운(午未運)을 만나면 복록이 흥왕한다.

기묘일(己卯)이 묘월생(卯月生)인데 살성(殺星)이 투출(透出)하면 복이 한쪽으로 기이하게 많고, 목화(木火)가 무거우면 길하다. 그러나 금수운(金水運)을 만나면 반드시 손실된다.

경신일간(庚辛日干)이 묘월생(卯月生)인데 목(木)을 많이 만나면 무근(無根)이 된다. 이때 재성(財星)이 왕성하면 흉하고, 남북운을 만나면 파상(破傷)함이 많고, 신유금운(辛酉金運)을 만나면 복록이 저절로 따른다.

묘궁(卯宮)은 금(金)이 강압하면 매우 꺼리는데, 왕성한 화(火)가 금(金)을 다스리는 것이 길하다. 만일 주중(柱中)에 금(金)이 있으면 사축(巳丑)을 꺼리는데 대운에서 다시 유금(酉金)을 만나 금국(金局)을 이루면 크게 손상된다.

계수일간(癸水日干)이 뿌리가 없는데 묘월생(卯月生)이면 설기(泄氣)가 심한데, 국(局)에 화(火)가 있으면 오히려 성공하고, 신왕운(身旺運)으로 흐르면 재물복이 많다. 그러나 관성운(官星運)으로 흐르면 반드시 사망한다.

3. 삼월건진가(三月建辰歌)

【원 문】

三月辰宮只論土 殺多金水化爲祥 提綱若用財官印
삼월진궁지론토 살다금수화위상 제강약용재관인

金木相逢命有傷 戊土無根生辰月 重重水旺福財深
금목상봉명유상 무토무근생진월 중중수왕복재심

如行水木宮中吉 金水相逢禍必侵 三月干頭只用金
여행수목궁중길 금수상봉화필침 삼월간두지용금

火生土還眞厚福 身爲壬癸多逢土 火旺提防禍必臨
화생토환진후복 신위임계다봉토 화왕제방화필임

【해 설】

3월은 진궁(辰宮)이니 토기(土氣)가 왕성하다. 살성(殺星)이 많으면 금수(金水)가 길하고, 진중(辰中)의 재관인(財官印)을 취하는데 금(金)과 목(木)이 만나면 수명이 손상된다.

무토일간(戊土日干)이 뿌리가 없으며 진월생(辰月生)인데 수기(水氣)가 무거우면 재물복이 많고, 수목운(水木運)은 중길하지만 금수운(金水運)을 만나면 반드시 재앙이 침범한다. 3월 간두(干頭)에 태어난 금일주(金日主)는 화생토(火生土)하여 토(土)가 두터우면 복이 진실되고, 임계일간(壬癸日干)이 토(土)가 많으면 흉한데 다시 화왕운(火旺運)을 만나면 반드시 재앙이 따른다.

4. 사월건사가(四月建巳歌)

【원 문】

甲乙如臨四月天 木鄕火旺振財源 北方水地多凶破
갑을여임사월천 목향화왕진재원 북방수지다흉파

酉丑相逢我便言 四月干頭水土逢 木鄕土旺祿還通
유축상봉아편언 사월간두수토봉 목향토왕녹환통

如行金水多成敗 更怕提綱相對沖 金水干頭四月胎
여행금수다성패 갱파제강상대충 금수간두사월태

土爲正印木爲財 身强土厚宜金水 日主輕浮怕水來
토위정인목위재 신강토후의금수 일주경부파수래

壬日巳月多火土 無根無印怕財鄕 順行申酉昇名利
임일사월다화토 무근무인파재향 순행신유승명리

逆走東方壽不長 四月金生火旺土 三般神用要分明
역주동방수불장 사월금생화왕토 삼반신용요분명

財官印綬藏宮內 運看高低仔細尋
재관인수장궁내 운간고저자세심

【해 설】

갑을일간(甲乙日干)이 4월에 태어나 목성화왕(木盛火旺)하면 재원(財源)이 진흥하나, 운이 북방 수왕운(水旺運)으로 흐르면 흉파가

많고, 유축(酉丑)을 만나는 대길하다. 4월 간두(干頭)에 목토(木土)가
들면 수운(水運)과 목왕지(木旺地)가 녹왕지(祿旺地)이니 오히려 귀
(貴)가 발달하고, 금수지(金水地)로 흐르면 성패가 많고, 제강(提綱)
을 충(沖)하면 흉하다.

금수일간(金水日干)이 4월에 태어나 토생금(土生金)하여 인수(印
綬) 목(木)은 재물이니 신강토후(身强土厚)하면 금수운(金水運)은
길하나 일간(日干)이 가벼우면 수운(水運)을 꺼린다.

임수일간(壬水日干)이 사월생(巳月)인데 화토(火土)가 많으면 무근
무인(無根無印)이니 재성운(財星運)을 꺼리고, 순행하여 신유운(申
酉運)을 만나면 명리가 올라가나 역행하여 동방운을 만나면 수명이
길지 않다.

4월생 금일간(金日干)은 화왕토(火旺土)하니 재관인(財官印)이 모
두 사궁(巳宮)에 있어 운행의 고저를 자세하게 살펴야 한다.

5. 오월건오가(五月建午歌)

【원문】

五月宮中火正榮 高低貴賤兩分明 財官並用宜生旺
오월궁중화정영 고저귀천양분명 재관병용의생왕

化殺欣逢要水平 五月炎炎正論火 如逢木火自然興
화살흔봉요수평 오월염염정론화 여봉목화자연흥

西方金水多防剋 丑上須知怕子迎 午宮怕水子來沖
서방금수다방극 축상수지파자영 오궁파수자래충

用火逢沖數必凶 日主庚辛如會殺 運中逢此反成功
용화봉충수필흉 일주경신여회살 운중봉차반성공

財官印綬如藏干 西北休臨申子辰 木土火鄕還富貴
재관인수여장간 서북휴임신자진 목토화향환부귀

再行申酉戌災重
재행신유술재중

【해 설】

　5월은 화기(火氣)의 정영(正榮)이니 고저와 귀천의 양면이 분명하고, 재관(財官)이 모두 생왕(生旺)됨이 필요하고, 화살(化殺)하면 수운(水運)이 길하다. 5월은 화기(火氣)가 염염(炎炎)하니 화일간(火日干)은 목화(木火)를 만나야 자연히 흥왕하고, 서방 금수(金水)가 많으면 수극화(水剋火)하니 불가하고, 해자축(亥子丑) 수왕지(水旺地)를 꺼린다. 오궁(午宮)은 자오상충(子午相沖)을 매우 꺼리는데 화(火)가 자오상충(子午相沖)을 만나면 죽고, 경신금(庚辛金)이 회살(會殺)되면 운에서 성공한다. 재관인수(財官印綬)가 암장(暗藏)되면 신자진(申子辰) 서북운을 꺼리고, 목화토운(木火土運)에 부귀를 이루고, 신유술운(申酉戌運)에는 재앙이 많이 따른다.

6. 육월건미가(六月建未歌)

【원 문】

未月支藏木官時 不分順逆格高低 南方行去東方旺
미월지장목관시 불분순역격고저 남방행거동방왕

西位休愁戌亥虧
서위휴수술해휴

【해 설】

미월(未月)에는 을목(乙木) 관성(官星)이 암장(暗藏)되어 있으니 순역을 불문하고 격의 고저가 있다. 을목(乙木)이 남방운에서는 약해지고, 동방운에서는 왕성해지고, 서방운에서는 휴수(休囚)되고, 술해(戌亥)에는 손실된다.

7. 칠월건신가(七月建申歌)

【원 문】

印綬財官月建申 北方回喜福還眞 水清金旺多生貴
인수재관월건신 북방회희복환진 수청금왕다생귀

大限行來最怕寅 庚辛二日藏申月 有官有印有財星
대한행래최파인 경신이일장신월 유관유인유재성

逆行辰巳榮財祿 北方須知富貴成 壬癸生臨七八月
역행진사영재록 북방수지부귀성 임계생임칠팔월

火土多厚北方奇 無傷無破休行水 帝旺臨官運不宜
화토다후북방기 무상무파휴행수 제왕임관운불의

【해 설】

신월생(申月生)이 인수(印綬)와 재관(財官)이 있으면 북방운에 복록이 진진하고, 수청금왕(水清金旺)하여 귀격(貴格)이 많은데 인목

(寅木)을 만나 인신(寅申)이 상충(相沖)하면 대흉하다. 경신일간(庚辛日干)이 신월생(申月生)인데 재관인(財官印)이 있으면 역행하는 진사운(辰巳運)에 재록(財祿)이 영달하고, 북방 수운(水運)에 부귀격(富貴格)이 된다. 임계일간(壬癸日干)이 7~8월생인데 화토(火土)가 많으면 북방운에 기귀격을 이루고, 상파(傷破)가 없으면 수운(水運)이 불리하고, 제왕(帝旺)이 임하면 관운(官運)이 불리하다.

8. 팔월건유가(八月建酉歌)

【원 문】

甲乙無根八月逢 庚辛金旺不嫌凶 北方水運財星足
갑을무근팔월봉 경신금왕불혐흉 북방수운재성족

逆走南方得失中 酉月藏金乙日逢 北方亥子水重重
역주남방득실중 유월장금을일봉 북방해자수중중

離明午未財權重 巳丑加臨壽必終 甲乙酉月多官殺
이명오미재권중 사축가임수필종 갑을유월다관살

無根日主一生底 北方順走休臨丑 逆走南方巳上虧
무근일주일생저 북방순주휴임축 역주남방사상휴

丁生酉月天干癸 去殺方能可去財 有氣保身存印綬
정생유월천간계 거살방능가거재 유기보신존인수

無情行到水中來 秋金酉丑重金旺 除非火煉有聲名
무정행도수중래 추금유축중금왕 제비화련유성명

東方行去盈財祿 西北來臨禍必傾 西爲印綬火爲財
동방행거영재록 서북내림화필경 서위인수화위재

食用傷官一例排 金水相生榮福厚 南方休到午中來
식용상관일예배 금수상생영복후 남방휴도오중래

【해 설】

갑을일간(甲乙日干)이 무근(無根)인 유월생(酉月生)이면 경신금(庚
辛金)이 왕성하니 서방운을 꺼리지 않는다. 북방 수운(水運)에는 재
물이 족하나 역행하여 남방운을 만나면 잃게 된다. 유월(酉月)에는
금(金)이 암장되어 있으니 을목일간(乙木日干)이 유월생(酉月生)인데
해자수(亥子水)가 중중하거나 남방 오미화운(午未火運)을 만나면 길
하나 재권(財權)이 무거운데 다시 사축(巳丑)이 임하면 반드시 수명
을 마친다.

갑을일간(甲乙日干)이 유월생(酉月生)이면 관살(官殺)이 많은 것인
데 일간(日干)이 무근(無根)이어서 일생이 막혀 어둡다. 북방운으로
순행하면 길하나 축운(丑運)은 위험하고, 남방 사운(巳運)으로 역행
하면 손실이 많다.

정화일간(丁火日干)이 유월생(酉月生)인데 천간(天干)에 계수(癸
水)가 투출(透出)하면 살성(殺)과 재성(財)을 제거해야 길하고, 일간
(日干)이 유기(有氣)하고 인수(印綬)가 있어야 길한데 수왕운(水旺
運)으로 흐르면 무정하여 재앙이 따른다.

가을 금일간(金日干)이 유월생(酉月生)이면 축토(丑土)가 들어 금
(金)이 왕성한데 화(火)로 다스리면 명성이 있고, 동방운을 만나면 재
록(財祿)이 충만하나 서북 금수운(金水運)으로 흐르면 반드시 복록
이 기울고 재앙이 임한다. 서방 인수운(印綬運)에는 화재(火財)가 따

르니 상관(傷官)을 취하고 금수(金水)가 상생(相生)하면 영화로움이
후하고 남방운에서는 오중(午中)의 복록이 멈춘다.

9. 구월건술가(九月建戌歌)

【원 문】

九月戌中藏火土 庚辛不忌日無根 格中若無財官印
구월술중장화토 경신불기일무근 격중약무재관인

運到南方福祿眞 甲乙秋生九月中 火衰金旺怕庚辛
운도남방복록진 갑을추생구월중 화쇠금왕파경신

如臨木火興家計 金水纏來福便臨 財官印綬九月臨
여임목화흥가계 금수전래복편임 재관인수구월임

發旺升騰見卯寅 順去北方行子丑 逆行嫌酉破逢申
발왕승등견묘인 순거북방행자축 역행혐유파봉신

戌月金生藏火土 或行南北或行東 不分順逆高低格
술월금생장화토 혹행남북혹행동 불분순역고저격

大運逢辰壽必終 壬日無根戊己多 生居九月忌財過
대운봉진수필종 임일무근무기다 생거구월기재과

逆行休用南方午 寅丑如逢奈若何 丙丁日主戌中旬
역행휴용남방오 인축여봉나약하 병정일주술중순

財透天干作用神 此格傷官殺喜旺 只愁殺旺又傷身
재투천간작용신 차격상관살희왕 지수살왕우상신

【해 설】

9월인 술토(戌土)에는 화토(火土)가 암장(暗藏)되어 있는데 경신일

간(庚辛日干)이 술월생(戌月生)인데 뿌리가 없으면 꺼리지 않고, 격(格)에 재관인(財官印)이 없으면 남방운에 복록이 진진한다.

갑을일간(甲乙日干)이 가을철인 술월생(戌月生)이면 화(火)는 쇠약하고 금(金)은 강왕하니 경신금(庚辛金)을 꺼린다. 만일 목화(木火)가 임하면 집안이 흥융하고, 금수운(金水運)에는 전화위복이 되어 복이 임한다.

술월생(戌月生)이 재관인수(財官印綬)가 임하면 인묘지(寅卯地)에 발왕(發旺)하고, 해자축지(亥子丑地)로 순행해도 길하고, 신유운(申酉運)으로 역행하면 파지(破地)이니 꺼린다.

술월생(戌月生) 금일간(金日干)은 화토(火土)가 암장(暗藏)되어 있으니 남북운이나 동방운이면 순역과 고저를 불문하고 진운(辰運)을 만나 진술(辰戌)이 상충(相冲)을 하면 반드시 수명을 마친다.

임수일간(壬水日干)이 술월생(戌月生)인데 무기토(戊己土)가 많아 뿌리가 없으면 재성(財星)이 많아 꺼리고, 남방 오운(午運)으로 역행하면 대파(大破)하고, 인축운(寅丑運)도 역시 흉하다. 병정일간(丙丁日干)이 술월(戌月) 중순에 태어났는데 재성(財星)이 투출(透出)하고 천간(天干)의 용신(用神)이 작용하면 상관용재격(傷官用財格)이니 살성(殺)이 왕성하면 길하나 지나치게 신왕(身旺)하면 아신이 다치니 꺼린다.

10. 시월건해가(十月建亥歌)

【원 문】

水木生居亥月乾 財官印綬喜相連 用壬運旺西方去
수목생거해월건 재관인수희상연 용임운왕서방거

用木須欣寅卯邊 亥月生殺喜東南 來至東南發顯官
용목수흔인묘변 해월생살희동남 내지동남발현관

大運愁逢金水地 再行西兌壽難完 財官印綬立乾宮
대운수봉금수지 재행서태수난완 재관인수입건궁

水木相生福祿通 喜水喜金嫌火土 運行最怕巳刑沖
수목상생복록통 희수희금혐화토 운행최파사형충

水旺當生亥子宮 根多火弱格中逢 重行火土財官旺
수왕당생해자궁 근다화약격중봉 중행화토재관왕

運到西方一路通 日主無根干上金 月通亥子水來沈
운도서방일로통 일주무근간상금 월통해자수래침

只宜印綬扶身位 何怕提綱損用神
지의인수부신위 하파제강손용신

【해 설】

수목일간(水木日干)이 해월생(亥月生)이면 재관인수(財官印綬)를
환영한다. 임수(壬水)를 취하면 서방으로 역행하여 수(水)가 왕성하
고, 목(木)을 취하면 인묘운(寅卯運)에 길하다.

해월생(亥月生) 병정일간(丙丁日干)이 살성(殺)을 취하면 동남운에
현달득관(顯達得官)하고, 대운이 다시 금수운(金水地)으로 흐르면
꺼리고, 다시 서방운으로 흐르면 수명을 보존하기 어렵다. 재관인수

(財官印綬)가 건궁(乾宮)에 들면 수목(水木)이 상생(相生)할 때 복록이 형통하고, 금수운(金水運)은 길하나 화토운(火土運)은 꺼린다. 운행이 가장 두려워하는 것은 사해(巳亥)가 형충(刑沖)하는 것이다.

수(水)가 왕성한 해자월생(亥子)이면 수근(水根)은 많으나 화기(火氣)는 태약(太弱)한 격이니 운에서 화토운(火土運)을 만나면 재관(財官)이 왕성해 대길하고, 서방운을 만나면 형통한다.

금일간(金日干)이 뿌리가 없는데 해자수왕절(亥子水旺節)을 만나면 금(金)이 가라앉으니 흉하고, 토(土)의 인수(印綬)가 와서 토생금(土生金)해야 길하다. 제강월령(提綱月令)이 용신(用神)을 손상하면 어찌 두렵지 않겠는가.

11. 십일월건자가(十一月建子歌)

【원 문】

丙丁日主月逢子 支下存申時又辰 火土旺鄉成富貴
병정일주월봉자 지하존신시우진 화토왕향성부귀

再行金水禍難禁 子宮有水金鄉旺 見土休囚忌破支
재행금수화난금 자궁유수금향왕 견토휴수기파지

元有土離逢水貴 午來沖破壽元終 庚金遇水多强吉
원유토이봉수귀 오래충파수원종 경금우수다강길

火土相逢未必凶 運去元神飜作貴 再行午運福重重
화토상봉미필흉 운거원신번작귀 재행오운복중중

庚日逢寅午戌行 日通火局是提綱 如行金水飜成局
경일봉인오술행 일통화국시제강 여행금수번성국

火土又來禍怎當 水歸冬旺樂無憂 透用財官富九州
화토우래화즘당 수귀동왕낙무우 투용재관부구주

逆順不分還富貴 提綱刑剋事多休
역순불분환부귀 제강형극사다휴

【해 설】

병정일간(丙丁日干)이 자월생(子月生)이고 시지의 신금(申金)에 진
(辰)이 들면 신자진(申子辰) 수국(水局)을 이루는데 화토왕향(火土旺
鄕)을 만나면 부귀를 이루고, 다시 운이 금수운(金水運)에 임하면 큰
재앙이 따른다. 자궁(子宮)에 수(水)가 있어 금향(金鄕)이 더욱 왕성
한데 토(土)를 만나면 휴수(休囚)되고, 지지(地支)를 파(破)하면 꺼
린다. 원명에 화토(火土)가 있으면 수운(水運)에 발복하고, 오화(午
火)가 와서 자오상충(子午相沖)을 하면 수명이 위태롭다.

경금일간(庚金日干)이 자월생(子月生)인데 신강(身强)하면 화토(火
土)를 만나도 반드시 흉하지 않다. 운에서 원신(元神)이 금수왕지(金
水旺地)에서 오히려 귀(貴)를 이루고, 다시 오운(午運)을 만나면 복
록이 많은다. 경금일간(庚金日干)이 인오술화국(寅午戌火局)을 이루
었는데 월령(月令) 제강(提綱)에 해당하면 금수운(金水運)에는 발복
하나 화토운(火土運)에는 재앙이 따른다.

수일간(水日刊)이 자월생(子月生)이면 다낙무우(多樂無憂)이고, 재
관(財官)이 투출(透出)하면 구주(九州)에서 알아주는 큰 부자가 되
고, 대운은 순역을 불문하고 부귀격(富貴格)이 되고, 제강(提綱)을
형극(刑剋)하면 만사가 이루어지지 않는다.

12. 십이월건축가(十二月建丑歌)

【원문】

甲子生居丑月中 無根金水不嫌凶 重行金水聲名顯
갑자생거축월중 무근금수불혐흉 중행금수성명현

火土相逢破本宗 丙丁坐丑財中殺 四柱無根忌水鄉
화토상봉파본종 병정좌축재중살 사주무근기수향

運到火鄉加火助 須知顯振利名香 壬癸生居丑月提
운도화향가화조 수지현진이명향 임계생거축월제

有金有土格中奇 順行辰巳興財祿 逆去升高申酉支
유금유토격중기 순행진사흥재록 역거승고신유지

戊土生居十二月 傷官財旺藏時節 水淸金白助格中
무토생거십이월 상관재왕장시절 수청금백조격중

若見火土多週折 己干提丑支金屬 殺旺身强格局高
약견화토다주절 기간제축지금속 살왕신강격국고

金水重來名利厚 財鄉火地不堅牢 丙日多根丑局逢
금수중래명리후 재향화지불견뢰 병일다근축국봉

財官藏在見祿中 水鄉有旺金鄉吉 土困行南總是空
재관장재견록중 수향유왕금향길 토곤행남총시공

庚辛丑月辛居正 火土來臨福祿齊 壬癸天干或支出
경신축월신거정 화토내림복록제 임계천간혹지출

一見己土喜相宜
일견기토희상의

【해 설】

갑자일생(甲子日生)이 축월생(丑月生)이면 뿌리가 없으니 금수(金水)가 흉하지 않고, 다시 금수운(金水運)을 만나면 명성이 현달하고, 화토운(火土運)을 만나는 본종(本宗)이 파괴된다.

병정일간(丙丁日干)이 축월(丑月)에 태어나 재살(財殺)이 있으면 뿌리가 없어 수운(水運)을 꺼리고, 화운(火)을 만나 화기(火氣)의 부조(扶助)를 가세하면 대길하여 현진이명(顯振利名)하는 향기가 날 것이다.

임계일간(壬癸日干)이 축월생(丑月生)이면 금토(金土)가 있는 격이니 기귀(奇貴)가 따르고, 진사운(辰巳運)으로 순행하면 재록(財祿)이 발흥(發興)하고, 신유운(申酉運)으로 역행하면 출세와 슨진을 한다.

무토일간(戊土日干)이 자월생(子月生)이면 상관(傷官)과 왕성한 재성(財星)이 암장(暗藏)되니 수청금백(水淸金白)하여 내조하는 격이라 화토운(火土運)을 만나면 흉하다.

기토일간(己土日干)이 축월생(丑月生)이면 축중(丑中)에 신금(辛金)이 들어 있으니 살성(殺星)이 왕성하고 신강(身强)하면 최고로 발복하고, 금수(金水)를 거듭 만나도 명리가 많고, 재성운(財星運)의 화운(火運)을 만나면 복록이 견고하지 못하다.

병화일간(丙火日干)이 축월생(丑月生)이면 다근(多根)해야 하는데 재관(財官)이 암장(暗藏)되어 있으면 복록이 따르고, 수운(水運)의 왕금운(旺金運)이 길하고, 화토운(火土運)은 신약(身弱)한 병화(丙火)를 지나치게 설기(泄氣)하니 흉하다.

경신일간(庚辛日干)이 축월생(丑月生)이면 신금(辛金)이 거하니 화토운(火土運)을 만나면 복록이 많고, 임계(壬癸)가 천간(天干)이나 지지(地支)에 있는데 기토(己土)를 만나면 토극수(土剋水)하니 좋다.

4. 간명첩가(看命捷歌)

1. 범관남자명(凡觀男子命)

【원 문】

凡觀男子命 先論財官 有財乃爲妻 有官方作子 印綬爲二親
범관남자명 선론재관 유재내위처 유관방작자 인수위이친

比肩乃兄弟 財死慮喪妻 官死宜剋子 印死父母亡 比死傷兄弟
비견내형제 재사려상처 관사의극자 인사부모망 비사상형제

【해 설】

남자의 명을 볼 때는 먼저 재관(財官)을 살펴야 한다. 재성(財星)은 아내이고, 관성(官星)은 자식이고, 인수(印綬)는 양친이고, 비견(比肩)은 형제다. 따라서 재성(財星)이 사(死)하면 아내가 사망할 염려가 있고, 관성(官星)이 사(死)하면 자식을 극할 우려가 있고, 인성(印星)이 사(死)하면 부모가 죽고, 비견(比肩)이 사(死)하면 형제가 손상된다.

2. 범관여자명(凡觀女子命)

【원 문】

凡觀女子命 先須看夫子 以官爲夫星 傷食乃子女 印綬是雙親
범관여자명 선수간부자 이관위부성 상식내자녀 인수시쌍친

比肩作姉妹 官死怕刑夫 傷食死剋子 印死損椿萱 比死喪兄弟
비견작자매 관사파형부 상식사극자 인사손춘훤 비사상형제

有財乃有夫 有夫方有子 財旺自生官 夫星榮併子貴 子亡夫死
유재내유부 유부방유자 재왕자생관 부성영병자귀 자망부사

必是下賤孤貧 子秀夫榮 定知榮華富貴 有子有夫而貧寒者
필시하천고빈 자수부영 정지영화부귀 유자유부이빈한자

蓋因身在衰鄉 無子無夫而昌盛者 乃是身居旺地 貴人少者
개인신재쇠향 무자무부이창성자 내시신거왕지 귀인소자

不富亦昌 食神多者 非尼卽妓
불부역창 식신다자 비니즉기

【해 설】

　여자의 명을 볼 때는 먼저 부성(夫星)과 자성(子星)을 살펴야 한다. 관성(官星)은 남편이고, 식상(食傷)은 자녀이고, 인수(印綬)는 부모이고, 비견(比肩)은 자매다. 따라서 관성(官星)이 사(死)하면 남편이 형액을 당할 우려가 있고, 상관과 식신이 사(死)하면 자식을 극할 우려가 있고, 인성(印星)이 사(死)하면 양친이 손상될 우려가 있고, 비견(比肩)이 사(死)하면 형제가 손상될 우려가 있다.

　부성(夫星)과 자성(子星)이 있는데 재성(財星)이 왕성하면 재생관(財生官)하니 남편과 자식이 영화롭다. 그러나 자식과 남편이 사망하면 반드시 하천하고 가난한 명이 되고, 자성(子星)이 우수하고 남편이 영귀(榮貴)하면 반드시 부귀영화한 명조임을 알 것이다. 자성(子星)과 부성(夫星)이 있는데 빈한하면 신약(身弱)하여 재관식(財官食)을 감당하지 못하기 때문이다. 그러나 자성(子星)도없고 부성(夫星)

도 없는데 부귀하면 신강(身强)하고 운이 왕지(旺地)로 들어갔기 때
문이다. 귀인(貴人)이 적으면 부귀도 역시 부족하고, 식신(食神)이 많
으면 승려나 기녀가 된다.

3. 정관격가(正官格歌)

【원 문】

正官格歌 用官喜身旺 嫌刃與沖刑 傷食俱所忌 喜印及財星
정관격가 용관희신왕 혐인여충형 상식구소기 희인급재성

【해 설】

　관성(官星)을 취하는데 신왕(身旺)하면 길하고, 양인(羊刃)과 형충
(刑沖)하면 꺼리고, 식상(食傷)이 있으면 꺼리고, 인성(印星)과 재성
(財星)을 만나면 길하다.

4. 칠살격가(七殺格歌)

【원 문】

七殺格歌七殺喜印刃 傷官與食神 合殺身旺者 所忌見官星
칠살격가칠살희인인 상관여식신 합살신왕자 소기견관성

殺星如不旺 方喜用財生
살성여불왕 방희용재생

【해 설】

칠살(七殺)은 인수(印綬)와 양인(羊刃)을 환영하고, 상관(傷官)과 식신(食神)이 살성(殺星)을 합(合)하여 신왕(身旺)하면 길하고, 관성(官星)과 살성(殺星)을 만나면 꺼리고, 살성(殺星)이 왕성하지 않으면 재성(財星)을 취하는 것이 길하다.

5. 용재가(用財歌)

【원 문】

用財歌 用財嫌比劫 七殺及偏財 身弱忌羊刃 身旺印宜哉
용재가 용재혐비겁 칠살급편재 신약기양인 신왕인의재

【해 설】

재성(財星)을 취하면 비겁(比劫)을 꺼리고, 칠살(七殺)과 편재(偏財)와 신약(身弱)을 꺼리고, 양인(羊刃)을 꺼리며 신왕(身旺)하면 당연히 길하다.

6. 인수가(印綬歌)

【원 문】

印綬歌印綬忌身旺 喜殺與官星 沖印爲無用 亦畏有財臨
인수가인수기신왕 희살여관성 충인위무용 역외유재임

인수(印綬)는 신왕(身旺)을 꺼리고, 살(殺)과 관성(官星)을 환영하고, 인성(印星)을 상충(相沖)하면 쓸모가 없고, 재성(財星)이 임하면 꺼린다.

7. 양인가(羊刃歌)

【원 문】

羊刃歌 甲祿到寅 卯爲羊刃 乙祿卯 丙戊祿巳 午爲羊刃 丁己祿午
양인가 갑록도인 묘위양인 을록묘 병무록사 오위양인 정기록오

未爲羊刃 庚祿申 酉爲羊刃 辛祿酉 戊爲羊刃 壬祿亥 子爲羊刃
미위양인 경록신 유위양인 신록유 술위양인 임록해 자위양인

癸祿子 丑爲羊刃 祿前一位是也 羊刃喜傷殺 所忌劫刑沖
계록자 축위양인 녹전일위시야 양인희상살 소기겁형충

身旺與印綬 不喜格中逢
신왕여인수 불희격중봉

【해 설】

갑목(甲木)의 녹(祿)은 인목(寅木)이고, 양인(羊刃)은 묘목(卯木)이다. 을목(乙木)의 녹(祿)은 묘목(卯木)이다. 병무(丙戊)의 녹(祿)은 사화(巳火)이고, 양인(羊刃)은 오화(午火)다. 정기(丁己)의 녹(祿)은 오화(午火)이고, 양인(羊刃)은 미토(未土)다. 경금(庚金)의 녹(祿)은 신금(申金)이고, 양인(羊刃)은 유금(酉金)이다. 신금(辛金)의 녹(祿)은 유금(酉金)이고, 양인(羊刃)은 술토(戊土)다. 임수(壬水)의 녹(祿)은

해수(亥水)이고, 양인(羊刃)은 자수(子水)다. 계수(癸水)의 녹(祿)은
자수(子水)이고, 양인(羊刃)은 축토(丑土)가니 녹전(祿前)의 일위(一
位)가 양인(羊刃)이다. 양인(羊刃)은 살(殺)이 상해하면 환영하고, 비
겁(比劫)이 형충(刑沖)하면 꺼리고, 신왕(身旺)하고 격(格)에서 인수
(印綬)가 만나면 꺼린다.

5. 제격유구(諸格有救)

1. 제격유구(諸格有救)

【원 문】

亥卯木旺不逢金 丑土大嗟見土侵 巳午土高何怕木
해묘목왕불봉금 축토대차견토침 사오토고하파목

寅宮何忌水源深 丑巳金堅休怯火 卯木分明忌酉金
인궁하기수원심 축사금견휴겁화 묘목분명기유금

辰戌未土何憂水 申喜炎忌壬水星 酉金大忌午合寅
진술미토하우수 신희염기임수성 유금대기오합인

逆順高低仔細尋 運向北方爲富貴 如臨離火必傷身
역순고저자세심 운향북방위부귀 여임이화필상신

壬癸逢申火破支 局中有殺貴方知 北方水愚皆宜吉
임계봉신화파지 국중유살귀방지 북방수우개의길

如見寅沖事不宜 惟有寅宮最怕申 水來剋火太無情
여견인충사불의 유유인궁최파신 수래극화태무정

木多根旺方爲救 無甲終年破耗人 甲乙臨亥遇比肩
목다근왕방위구 무갑종년파모인 갑을임해우비견

丙丁丑月不相嫌 庚金生巳飜成貴 壬癸逢離破了泉
병정축월불상혐 경금생사번성귀 임계봉이파료천

戊己生於丑月中 或逢羊刃在天宮 金多有水方成貴
무기생어축월중 혹봉양인재천궁 금다유수방성귀

火重須嫌比劫同
화중수혐비겁동

【해 설】

해묘미(亥卯未) 목국(木局)이 왕성하면 금(金)을 만나도 꺼리지 않고, 축토(丑土)가 왕성한데 다시 토(土)가 침범하면 크게 탄식하고, 사오미(巳午未) 화토(火土)가 고강(高强)하면 목관(木官)을 어찌 두려워하며 인궁(寅宮)의 수원(水源)이 깊다 하여 어찌 꺼리겠는가.

사유축(巳酉丑) 금국(金局)이 견강하면 화(火)를 겁내지 않고, 묘목(卯木)이 분명하면 유금(酉金)을 꺼리고, 진술미(辰戌未) 화토(火土)가 왕성하면 수(水)를 어찌 근심하고, 신금(申金)은 화염을 환영하나 임수(壬水)를 꺼린다.

유금(酉金)은 인오술화국(寅午戌火局)을 매우 꺼리는데 순역과 고저를 잘 살펴야 한다. 북방운으로 흐르면 부귀하고, 이화(離火)가 임하면 반드시 아신이 다친다.

임계일간(壬癸日干)이 신월생(申月生)인데 지지(地支)에 화기(火氣)의 살(殺)이 있으면 파격(破格)인데 국(局)에 살(殺)이 있으면 귀격(貴格)이 되고, 북방 수운(水運)을 만나면 길하고, 인목(寅木)을 만나 인신(寅申)이 상충(相沖)하면 흉하다. 오직 인궁(寅宮)이 있는데 가장 두려워하는 것은 신금(申金)을 만나는 것이다. 수(水)가 와서 수극화(水剋火)하면 매우 무정하니 목다근왕(木多根旺)해야 구제할 수 있다. 갑목(甲木)이 없으면 결국은 파모인(破耗人)이 된다.

갑을일간(甲乙日干)이 해월생(亥月生)인데 비견(比肩)을 만나거나 병정일간(丙丁日干)이 축월생(丑月生)이면 흉하지 않고, 경금일간(庚金日干)이 사월생(巳月生)이면 귀격(貴格)이 되고, 임계일간(壬癸日干)이 이화(離火)를 만나면 파료(破了)하고, 무기일간(戊己日干)이 축월생(丑月生)인데 양인(羊刃)을 만나면 천궁(天宮)에 있으며 금(金)이 많고 수(水)가 있으면 귀격(貴格)이 되고, 화기(火氣)가 무거우면 꺼리는 것은 비겁(比劫)과 같다.

2. 취격지결가단(取格指訣歌斷)

【원 문】

以日爲主本 而取提綱爲用 次年月日時爲實 逢官看財 逢殺看印
이일위주본 이취제강위용 차년월일시위실 봉관간재 봉살간인

逢食傷官 古歌曰 一官二印三財位 四殺五食六傷官
봉식상관 고가왈 일관이인삼재위 사살오식육상관

立法先詳生與死 此分貴賤吉凶看
입법선상생여사 차분귀천길흉간

【해 설】

일간(日干)을 보고, 제강(提綱)인 월주(月柱)를 보고, 다음은 년월

일시를 차례로 살핀다. 년월(年月)은 근묘(根苗)에 해당하고, 일시(日時)는 화실(花實)에 해당한다. 그리고 관성(官星)·재성(財星)·칠살(七殺)·인성(印星)·식신(食神)·상관(傷官)을 취하여 육격(六格) 중에서 찾는다.

고가왈(古歌曰), 첫번째는 관성(官星), 두번째는 인성(印星), 세번째는 재성(財星), 네번째는 칠살(七殺), 다섯번째는 식신(食神), 여섯번째는 상관(傷官)을 차례로 살피고 생(生)과 사(死)를 보아 부귀와 빈천과 길흉을 분별한다.

3. 절기가단(節氣歌斷)

【원 문】

立春一日火方生 雨水之中木正榮 驚蟄春分皆論木
입춘일일화방생 우수지중목정영 경칩춘분개론목

其中輕重在三旬 木茂水聚淸明候 穀雨水土兩存形
기중경중재삼순 목무수취청명후 곡우수토양존형

立夏五朝尤是土 土金相會旺中旬 小滿之時丙火用
입하오조우시토 토금상회왕중순 소만지시병화용

火土芒種不須論 夏至陰生陽始極 一交小暑木存形
화토망종불수론 하지음생양시극 일교소서목존형

土最旺時交大暑 立秋坤土五朝存 坤土旣生金自旺
토최왕시교대서 입추곤토오조존 곤토기생금자왕

時逢處暑水方生 白露秋分金旺極 寒露七日尙言金
시봉처서수방생 백로추분금왕극 한로칠일상언금

火土聚時霜降後 立冬乾氣水將盈 二候一朝方用水
화토취시상강후 입동건기수장영 이후일조방용수

木須小雪始能生 大雪水生陰正極 陽生冬至火堪論
목수소설시능생 대설수생음정극 양생동지화감론

小寒火絕郤言水 大寒金土兩存形 此是五行生旺理
소한화절극언수 대한금토양존형 차시오행생왕리

再憑造化定衰興
재빙조화정쇠흥

【해 설】

　입춘(立春)은 1일에 병화(丙火)가 방생(方生)하고, 우수(雨水)에 목
기(木氣)가 정영(正榮)하고, 경칩(驚蟄)의 춘분(春分)에는 모두 목
(木)을 논하는데 그 중에서 경중이 삼순(三旬)으로 있다. 목(木)이 무
성하고 수(水)를 취합(聚合)하면 청명(淸明)한 기후이고, 곡우(穀雨)
에는 수토(水土)가 모두 있는 형상이고, 입하(立夏)에는 오조(五朝)
의 화(火)가 왕성한 계절인데 중순(中旬)에는 토금(土金)이 상회(相
會)하여 왕성하다. 소만(小滿)에는 병화(丙火)를 취하고, 망종(芒種)
에는 화토(火土)를 취하고, 하지(夏至)에는 음생양시(陰生陽始)의 극
(極)이 일교(一交)하고, 소서(小暑)에는 목(木)이 존재하는 형상이다.

　토(土)가 가장 왕성한 시절은 대서(大暑)이고, 입추(立秋)에 곤토
(坤土)가 왕성하면 토생금(土生金)으로 스스로 왕성하고, 처서(處暑)
에는 수기(水氣)를 방생(方生)한다. 백로(白露)의 추분(秋分)에는 금
(金)이 매우 왕성하고, 한로(寒露)에는 7일이 역시 금(金)이고, 화토
(火土)가 취시(聚時)에는 상강(霜降)의 후이고, 입동(立冬)에는 건기

(乾氣)에 수기(水氣)가 장영(將盈)했다.

일후이조(二候一朝)에는 수기(水氣)를 취하고, 목(木)이 비록 소설(小雪)에는 비로소 생(生)하고, 대설(大雪)에는 수생(水生)하여 음(陰)이 정(正)히 극(極)하고, 양생(陽生)하는 동지(冬至)에는 화(火)를 논한다. 소한(小寒)에는 화(火)는 절(絶)하고 수(水)는 매우 왕성하고, 대한(大寒)에는 금토(金土)가 모두 있다. 이것이 오행(五行)이 생왕(生旺)하는 원리이며 다시 조화의 흥쇠를 정하는 이치다.

6. 만상서경기삼반부(萬尙書瓊璣三般賦)

【원문】

官星帶刃 掌萬將之威權 印綬生身 居三台重位 傷官有刃
관성대인 장만장지위권 인수생신 거삼태중위 상관유인

將相公侯 印綬逢官 早沾雨露 官無刃而有印 非台憲之職
장상공후 인수봉관 조첨우로 관무인이유인 비태헌지직

必郡守之尊 殺有制而無梟 非肅殺之權 卽兵刑之任 財氣遇正官
필군수지존 살유제이무효 비숙살지권 즉병형지임 재기우정관

聲價遠馳於六國 食神帶七殺 英雄獨壓於萬人 印刃相隨 官高極品
성가원치어육국 식신대칠살 영웅독압어만인 인인상수 관고극품

財星正位 位步超群 殺刃休囚 祿薄官卑之士 財神無氣
재성정위 위보초군 살인휴수 녹박관비지사 재신무기

朝封夕貶之官 正印月逢 官居翰苑 偏財時見 位列皇朝
조봉석폄지관 정인월봉 관거한원 편재시견 위열황조

祿高有王佐之才 班馬有封侯之體 名標金榜 蓋緣六格淸純 身近龍顏
녹고유왕좌지재 반마유봉후지체 명표금방 개연육격청순 신근용안

只爲四柱不濁 木向春生 遇金制必爲宰輔之臣 火當夏令
지위사주불탁 목향춘생 우금제필위재보지신 화당하령

得水滋定作阿衡之任 秋金宜火以煅煉 廥紫誥以治民
득수자정작아형지임 추금의화이하련 응자고이치민

冬水得土以提防 謁金門而進諫 寅申巳亥兼全 位至三公之列
동수득토이제방 알금문이진간 인신사해겸전 위지삼공지열

子午卯酉全備 職封一品之官 二德俱全 爲官淸正 三奇均正
자오묘유전비 직봉일품지관 이덕구전 위관청정 삼기균정

終能濟世安邦 七殺專權 自解調元贊化 科甲之星不陷 靑年及第登科
종능제세안방 칠살전권 자해조원찬화 과갑지성불함 청년급제등과

催官之曜俱强 指日攀龍附鳳 官星印旺 獨居一代之功名 制殺刃興
최관지요구강 지일반용부봉 관성인왕 독거일대지공명 제살인흥

主掌滿營之兵卒
주장만영지병졸

【해 설】

　관성(官星)이 양인(羊刃)을 대동하면 만장(萬將)의 위권(威權)을 장악하고, 인수(印綬)가 아신(我身)을 생(生)하면 삼태(三台)의 중위(重位)인 고위직에 거하고, 상관(傷官)에 양인(羊刃)이 있으면 장상공후(將相公侯)이고, 인수(印綬)가 관성(官星)을 만나면 초년에 출세하고, 관성(官星)은 있는데 양인(羊刃)이 없고 인성(印星)이 있으면 군수 정도는 한다.

　살(殺)을 다스리고 효인(梟印)이 없으면 숙살지권(肅殺之權)은 아

니라 병형(兵刑)의 임직(任職)을 맡는다. 재기(財氣)가 정관(正官)을 만나면 성가(聲價)를 원지(遠地)인 6국까지 이름을 알리고, 식신(食神)이 칠살(七殺)을 대동하면 영웅이 만인을 독압(獨壓)할 명이고, 인수(印綬)와 양인(羊刃)이 서로 따르면 극품(極品)의 고관이 되고, 재성(財星)이 정위(正位)에 임하면 군중에서 출중하여 지위를 얻을 것이다. 칠살(七殺)과 양인(羊刃)이 휴수(休囚)되면 복록이 박하니 관직이 비천하고, 재신(財神)이 무기(無氣)이면 관직에서 좌천을 당하고, 월상에서 정인(正印)을 만나면 한원(翰苑)의 관직에 거하고, 시상(時上)에 편재(偏財)가 들면 황궁에서 지위를 누릴 것인데 복록이 높고 제후의 지체가 된다.

장원급제하면 대개 육격(六格)이 청순하기 때문이고, 군왕의 측근에서 재상이 되는 것은 사주가 탁하지 않기 때문이고,

봄철 목일간(木)은 금(金)으로 다스리면 반드시 재보(宰輔)의 신하가 되고, 여름철 화일간(火日干)은 수(水)로 자조(滋助)하면 고관대작이 되고, 가을철 금일간(金日干)은 화(火)로 하련(煆煉)하면 큰 정치가가 되고, 겨울철 수일간은 토(土)로 제방하면 황궁에 들어가 벼슬을 한다.

인신사해(寅申巳亥)가 모두 있으면 삼공의 지위에 오르고, 자오묘유(子午卯酉)가 모두 있으면 일품의 관직에 오르고, 천월이덕(天月二德)이 모두 있으면 관직이 청정하고, 삼기(三奇)가 균정(均正)하면 제세안방(濟世安邦)하고, 칠살(七殺)이 전권(專權)하면 청년에 등과급제하여 지위가 연승(連昇)하고, 신강(身强)하면 출세승진하고, 관성(官星)이 있는데 인성(印星)이 왕성하면 홀로 일대에 공명을 이루고, 살성

(殺)을 다스리고 양인(羊刃)이 흥하면 만영(滿營)의 병졸을 장악한다.

【원 문】

若是用神輕淺 決爲吏卒卑官 倘逢命脈遭傷 須要乞骸避位
약시용신경천 결위리졸비관 당봉명맥조상 수요걸해피위

用財無比劫 治邦振廉介之稱 用食絶梟神 在位有得人之譽
용재무비겁 치방진렴개지칭 용식절효신 재위유득인지예

若先財而後印 去官必一歲一陞 倘先印而後財 入試許百發百中
약선재이후인 거관필일세일승 당선인이후재 입시허백발백중

金多無火 功名蹭蹬之儒 木重無金 歲月蹉跎之士 火明木秀
금다무화 공명층등지유 목중무금 세월차타지사 화명목수

斯人必負經魁 金水極淸 此輩擬登甲第 金逢火煉 早步金階
사인필부경괴 금수극청 차배의등갑제 금봉화련 조보금계

木得金裁 廊廟輔宰 食神制殺 遂十年燈火之光 刃輔傷官
목득금재 낭묘보재 식신제살 수십년등화지광 인보상관

際一旦風雲之會 格局無官相雜 可知腰佩金魚 祿多有印相輔
제일단풍운지회 격국무관상잡 가지요패금어 녹다유인상보

職位定登台鼎 干透財官雙美 中年身到鳳凰池 支藏祿馬兩全
직위정등태정 간투재관쌍미 중년신도봉황지 지장녹마양전

壯歲首登龍虎榜 時上食神騎祿馬 斯人唾手功名 財官一位
장세수등용호방 시상식신기녹마 사인타수공명 재관일위

狀元一擧無疑 身殺兩停 魁甲兩途有分 官印無刃無殺
장원일거무의 신살양정 괴갑양도유분 관인무인무살

職居翰苑之淸 偏官有制有生 威鎭藩垣之士 列金階而大計
직거한원지청 편관유제유생 위진번원지사 열금계이대계

緣柱中金水相涵 登玉殿以進忠言 値命內水火相照 金馬文章
연주중금수상함 등옥전이진충언 치명내수화상조 금마문장

官印輔明於歲月 玉堂翰苑 財殺不黨於提綱
관인보명어세월 옥당한원 재살불당어제강

【해 설】

용신(用神)이 가벼우면 이졸비관(吏卒卑官)의 미관말직이고, 다시
명맥에 상해하면 걸식하며 고생한다. 용재격(用財格)에 비겁(比劫)이
없으면 명망있는 정치가로 칭송을 듣고, 식신(食神)을 취하는데 효신
(梟神)이 절지(絕地)에 임하면 명예를 얻는다.

먼저 재성(財星)이 있고 후에 인성(印星)이 있으면 해마다 일품씩
승진하고, 먼저 인성(印星)이 있고 후에 재성(財星)이 있으면 백발백
중 등과한다. 금(金)이 많은데 화(火)가 없으면 공명을 잃은 유생(儒
生)이고, 목(木)이 무거운데 금(金)이 없으면 유림에 불과하고, 화명
(火明)하고 목수(木秀)하면 고관대작이요, 금수극청(金水極淸)하면
장원으로 등과한다.

금일간(金日干)이 화기(火氣)가 제련해주면 일찍 출세하여 황궁을
출입하는 관리가 되고, 목일간(木日干)이 금제(金裁)하면 고관대작이
되고, 식신(食神)이 제살(制殺)하면 10년 넘게 부귀영화가 따르고, 상
관(傷官)이 진격(眞格)이면 일단 풍운의 회합(會合)이니 격국(格局)이
관살(官殺)이 혼잡하지 않으면 허리에 패금(佩金)을 차는 고관이 되
고, 녹다(祿多)하고 유인(有印)하여 상(相)보(輔)하면 명상(名相)이 된다.

천간(天干)에 투출한 재관쌍미격(財官雙美格)은 중년에 봉황의 고

관이 되고, 지지(地支)에 녹마(祿馬)가 모두 암장(暗藏)되어 있으면
장년에 귀(貴)가 발달하고, 시상(時上)에 식신(食神)이 있는데 녹마
(祿馬)가 있으면 노력하여 공명을 얻는다.

재관(財官)이 하나 있으면 반드시 장원하고, 신주(身主)와 칠살(七
殺)이 양정(兩停)하면 권부(權富)가 크고, 관인(官印)이 있는데 무인
무살(無刃無殺)하면 한원(翰苑)의 청관(淸官)이 되고, 편관(偏官)이
다스리면 국방수호에 공을 세워 출세하고, 금수청백격(金水淸白格)
은 금계(金階)의 중신이며 옥전(玉殿)에 충언(忠言)을 하는 것은 수
화(水火)가 상조(相照)하기 때문이다. 금마(金馬)에 문장으로 보국
(輔國)하면 관인(官印)이 생조(生助)하기 때문이고, 옥당(玉堂)의 한
원(翰苑)에 출입하는 것은 재살(財殺)이 회당(會黨)하지 않는 청순한
격이기 때문이다.

【원 문】

六壬趨艮透財印 早步靑雲 六甲趨乾無破沖 捷登黃甲 飛天祿馬
육임추간투재인 조보청운 육갑추건무파충 첩등황갑 비천녹마

少壯冠場 拱祿無傷 早歲誇灶 衣紫腰金 財輔官旺 歲德扶官扶馬
소장관장 공록무상 조세과조 의자요금 재보관왕 세덕부관부마

許君早拜金階 日辰夾貴夾財 准擬榮登仕路 子丑遙合巳宮
허군조배금계 일진협귀협재 준의영등사로 자축요합사궁

是一擧成名之輩 二德配宮 類周勃當時入相 兩干不雜
시일거성명지배 이덕배궁 류주발당시입상 양간불잡

效相如昔日題橋 壬日騎龍 入仕必擁旗喝道 乙干見鼠
효상여석일제교 임일기용 입사필옹기갈도 을간견서

讀書有封誥臨門 居邦食祿萬鍾 得祿與其合祿 入相爲官一品
독서유봉고임문 거방식록만종 득록여기합록 입상위관일품

正官不雜偏官 用物淸純 爲德秀之名 行運順平 作靑雲之客
정관불잡편관 용물청순 위덕수지명 행운순평 작청운지객

申時癸日合官 爲折桂之人 癸日寅時刑合 作探花之客 庚日三合水局
신시계일합관 위절계지인 계일인시형합 작탐화지객 경일삼합수국

貴冠諸儒 時逢一位偏官 名揚萬里 金神帶印 內閣股肱
귀관제유 시봉일위편관 명양만리 금신대인 내각고굉

祿馬同鄕 當朝柱石 貴人出色 金水涵淸 亦貴科甲 貴命傷官
녹마동향 당조주석 귀인출색 금수함청 역귀과갑 귀명상관

風霜滿路 相合相生 男子定登將相 無沖無破 女人必配儒臣
풍상만로 상합상생 남자정등장상 무충무파 여인필배유신

論命知貴賤之殊 察理要中和之氣 江湖星士 請鑑於斯
논명지귀천지수 찰리요중화지기 강호성사 청감어사

【해 설】

육임추간격(六壬趨艮格)이 재인(財印)이 투출(透出)하면 일찍 청운을 얻어 크게 발달하고, 육갑추건격(六甲趨乾格)이 충파(沖破)가 없으면 고관대작이 되고, 비천녹마격(飛天祿馬格)은 소년에 등과급제하고, 공록격(拱祿格)이 무상(無傷)하면 일찍 등과하여 관복인 자의(紫衣)를 입고 관직을 표시하는 허리띠인 요금(腰金)을 자랑하며 재관(財官)이 발복한다.

세덕부관부마격은 초년에 등과하여 대궐을 출입하는 관리가 되이고, 일진(日辰)에 협귀협재격은 관직으로 나가 출세한다. 자축요합사

격은 한 번에 출세하여 이름을 이루고, 이덕배궁격은 주발(周勃 : 한 고조의 명신)과 같은 공을 세우고, 양간불잡격(兩干不雜格)은 제교 (題橋 : 人名이며 부귀했음)와 같은 부귀를 이루고, 임기용배격(壬騎 龍背格)은 고관대작이 되고, 을간서귀격은 독서로 군왕을 보좌하는 문관(文官)이며 식록(食祿)이 만종(萬鍾)이 되는 부자다.

합록격(合祿格)은 일품의 고관대작이 되고, 정관(正官)과 편관(偏 官)이 혼잡하지 않고 청순하면 덕고수명(德高秀名)하며 운이 순탄하 면 청운의 객이니 크게 출세한다.

계수일간(癸水日干)이 신시생(申時)이면 관성(官星)을 합(合)하여 절계지인(折桂之人)이니 관직에 오르고, 인시생(寅時)은 형합(刑合) 이니 탐화지객(探花之客)이니 주색으로 패가망신한다.

경금일간(庚金日干)이 삼합(三合)으로 수국(水局)을 이루면 유생 중에서 수귀(秀貴)한 자이고, 시봉일위편관격은 명양만리(名揚萬里) 하고 금신대인격은 내각고굉(內閣股肱)이니 내각의 중신이다. 녹마동 향격(祿馬同鄕格)이면 당조(當朝)의 주석(柱石)과 같은 출중한 귀인 이고, 금수함청격(金水涵淸格)은 등과하여 귀명이 되고, 귀격(貴格) 을 상관(傷官)이 상해하면 대흉하여 풍상이 허다하여 만로(滿路)이 지만, 남명이 상합상생(相合相生)하면 등과하여 장상에 오르고, 여명 이 무충무파(無沖無破)이면 남편이 반드시 유신(儒臣)일 것이다.

명리(命理)를 논할 때 귀천은 오행(五行)의 중화 여부를 살피는데 그 원리가 있다. 강호(江湖)의 제사들은 청하건데 주의하라.

7. 애천남명부(崖泉男命賦)

【원 문】

凡觀男命 先觀日主之盛衰 次察財官之强弱 日主旺財官得地
범관남명 선관일주지성쇠 차찰재관지강약 일주왕재관득지

一生福祿優游 日干衰財官敗絕 一世貧窮到老 日主旺而財官衰
일생복록우유 일간쇠재관패절 일세빈궁도노 일주왕이재관쇠

運遇財官發福 財官旺而日主弱 運行身旺馳名 財旺官柔
운우재관발복 재관왕이일주약 운행신왕치명 재왕관유

不可以官柔而言不貴 官旺財絕 縱貴也不顯榮 財星入庫逢沖破
불가이관유이언불귀 관왕재절 종귀야불현영 재성입고봉충파

富有千倉 官星正氣遇刑沖 貴而不久 官若有沖還有合 頭角崢嶸
부유천창 관성정기우형충 귀이불구 관약유충환유합 두각쟁영

庫逢沖破再逢沖 家資漸退 四柱純財身更旺 不貴卽當大富
고봉충파재봉충 가자점퇴 사주순재신갱왕 불귀즉당대부

財官入墓 非損子卽傷妻 財官皆臨敗絕 寡獨貧寒蹇滯
재관입묘 비손자즉상처 재관개임패절 과독빈한건체

財官俱値於空亡 中途子喪妻傷 奔走仕途少得 傷官就祿
재관구치어공망 중도자상처상 분주사도소득 상관취록

財星秉令之中 早配豪門淑女 官星得祿日時 定生折桂賢郎
재성병령지중 조배호문숙녀 관성득록일시 정생절계현랑

月令財居絕地 妻無內助之賢 時上官星無氣 有子不能誇灶
월령재거절지 처무내조지현 시상관성무기 유자불능과조

傷官羊刃日時 莊子鼓盆之嘆 丙辛遯入酉時 他日何人掃墓
상관양인일시 장자고분지탄 병신둔입유시 타일하인소묘

財星帶合日干衰 畏春風而內懷奸詐 陽木金多無火制
재성대합일간쇠 외춘풍이내회간사 양목금다무화제

性剛暴而凶惡之徒 印旺財經身更弱 錦心繡口之人
성강폭이흉악지도 인왕재경신갱약 금심수구지인

財多印輕身又弱 有學寒酸之輩
재다인경신우약 유학한산지배

【해 설】

　남자의 명을 볼 때는 먼저 일주(日主)의 성쇠를 살핀 후 재관(財官)의 강약을 살펴본다. 일주(日主)가 왕성한데 재관(財官)이 득지(得地)하면 대길하여 평생 복록이 충만하나, 신약(身弱)한데 재관(財官)이 많아 패절(敗絶)되면 평생 빈궁하며 노년이 되어도 고전한다.

　신왕(身旺)한데 재관(財官)이 쇠약하면 재관운(財官運)에 발복하나, 재관(財官)이 왕성한데 일간(日干)이 약하면 인비(印比)의 신왕운(身旺運)을 만나야 성공한다. 재성(財星)은 왕성하나 관성(官星)이 약하면 불가하니 귀격을 이루지 못한다.

　관성(官星)이 왕성한데 재성(財星)이 절지(絶地)에 들면 귀(貴)가 있어도 현영(顯榮)하지 못하고, 재성(財星)이 입고(入庫)되어 충파(沖破)를 만나면 부(富)하여 창고가 천고(千庫)가 있고, 관성(官星)의 정기(正氣)가 형충(刑沖)되면 귀(貴)가 불구(不久)한다. 관성(官星)을 충(沖)하는데 다시 합(合)함이 있으면 출세하여 두각을 나타내고, 고(庫)가 충파(沖破)되었는데 다시 상충(相沖)을 만나면 파가파재(破家破財)하여 퇴락(退落)한다.

사주가 순재(純財)하고 신주(身主)가 다시 왕성하면 귀명은 아니나 큰 부자가 되고, 재관(財官)이 입묘(入墓)되면 자식이나 아내가 다친다. 재관(財官)이 모두 패절(敗絶)에 임하면 여명은 과부가 되어 고독하며 빈한하고 뜻대로 되지 않아 파란만장을 당하고, 재관(財官)이 모두 공망(空亡)되면 살아가는 중도(中途)에 자상(子喪)하고 처상(妻傷)하는 비극을 당하고, 또 분주하게 벼슬길에 수고해도 소득(少得)에 불과하다.

상관(傷官)이 생록(生祿)되면 재성(財星)이 병령지중(秉令之中)이니 대길하여 일찍 영웅호걸 집안의 남편을 만나고, 관성(官星)이 일시(日時)에서 득록(得祿)하면 절계현랑(折桂賢郎)하니 등과급제하고, 월령(月令)에 재성(財星)이 있으나 절지(絶地)이면 아내의 현명한 내조가 없고, 시상(時上)의 관성(官星)이 무기(無氣)이면 자식이 있어도 자랑할 것이 없고, 상관(傷官)과 양인(羊刃)이 일시(日時)에 들면 장자(莊子)가 고분지탄(鼓盆之嘆)의 격이니 흉화가 많고,

병신일간(丙辛日干)이 유시생(酉時)이면 죽어서도 묘지를 돌봐줄 후사가 없고, 재성(財星)이 대합(帶合)하고 일간(日干)이 쇠약하면 겉으로는 봄바람처럼 인자해 보이나 속은 간사하다. 양목일간(陽木日干)이 금(金)이 많은데 화(火)가 다스리지 못하면 성격이 강폭하고, 일간(日干)이 약한데 인성은 왕성하고 재성은 약하면 금심수구지인(錦心繡口之人)이니 문장만 출중할 뿐 실속이 없고, 일간(日干)이 약한데 재성은 많고 인성은 약하면 학문은 출중하나 빈한한 선비다.

身弱財多 偏聽內語 官少身弱 一子傳芳 財官俱敗 壯少難行
신약재다 편청내어 관소신약 일자전방 재관구패 장소난행

生地相逢 壯年不祿 學海奔波 非顯佐也只是儒官 財多殺重
생지상봉 장년불록 학해분파 비현좌야지시유관 재다살중

富家榮幹之人 印破財傷 不遂靑雲之志 印旺一見財鄕 自然家肥屋潤
부가영간지인 인파재상 불수청운지지 인왕일견재향 자연가비옥윤

印輕倘行財運 俄然夢入南柯 印重重財殺劫 嚴慈重拜北堂
인경당행재운 아연몽입남가 인중중재살겁 엄자중배북당

印綬若行身旺運 到底尋常 陽剛陰柔 兄强弟弱 陰盛陽衰 弟必强兄
인수약행신왕운 도저심상 양강음유 형강제약 음성양쇠 제필강형

羊刃劫財疊疊 花燭重輝之事 柱中殺印相生 身旺功名顯達 印旺殺輕
양인겁재첩첩 화촉중휘지사 주중살인상생 신왕공명현달 인왕살경

馳身定享科名 殺旺印輕 出仕定居武將 帶殺魁罡逢沖戰
치신정향과명 살왕인경 출사정거무장 대살괴강봉충전

性高强而生殺之權 羊刃七殺交加 守邊城軍民受惠 七殺有制化爲權
성고강이생살지권 양인칠살교가 수변성군민수혜 칠살유제화위권

定産麒麟之子 食多殺少又身柔 子少而性無發越 傷官入墓 要分陰陽
정산기린지자 식다살소우신유 자소이성무발월 상관입묘 요분음양

陽傷官入墓 地老天荒 陰傷官入墓 有病何妨 傷官若見四柱
양상관입묘 지노천황 음상관입묘 유병하방 상관약견사주

有子難繼書香 大運倘得入財鄕 麟角鳳毛可貴 金水傷官得令
유자난계서향 대운당득입재향 린각봉모가귀 금수상관득령

五經魁首文章
오경괴수문장

【해 설】

신약(身弱)한데 재성(財星)이 많으면 편청내어(偏聽內語)하니 감언이설에 잘 넘어가고, 신약한데 관성(官星)이 적으면 아들 하나가 겨우 후사를 이어가고, 재관(財官)이 모두 패지에 임하면 소니년과 장년에 어려움을 당하고, 생지(生地)를 만나면 장년에 녹(祿)이 없으니 학문은 바다같이 분파(奔波)하나 현달하지 못한다.

신왕한데 재성(財星)이 많고 살성(殺星)이 무거우면 부가(富家)의 영간지인(榮幹之人)이고, 인성과 재성(財星)이 손상되면 청운지지(靑雲之志)가 불수(不遂)하고, 인성(印星)이 왕성한데 재성운(財星運)을 만나면 저절로 가비옥윤(家肥屋潤)의 부자가 되고, 인성(印星)이 가벼운데 재성운(財星運)을 만나면 남가일몽(南柯一夢)이 된다.

인성(印星)이 무거운데 재살겁(財殺劫)이 들면 엄자(嚴慈)한 양친이 재혼하여 중배(重拜)하고, 인수(印綬)가 신왕운(身旺運)으로 흐르면 심상인(尋常人)이 되고, 양강음유(陽剛陰柔)하면 형강제약(兄强弟弱)하고, 음성양쇠(陰盛陽衰)하면 반드시 아우가 형보다 강하다.

양인(羊刃)과 겁재(劫財)가 첩첩하면 화촉(花燭)을 중휘(重輝)하는 일이 있으니 재혼하고, 주중(柱中)에 살인(殺印)이 상생(相生)하면 신왕(身旺)할 때 공명을 현달한다. 인성은 왕성하고 살성은 가벼우면 등과급제하고, 살성은 왕성하고 인성은 가벼우면 출사하여 무장으로 출세한다.

살(殺)과 괴강(魁罡)이 싸우면 성격이 고강(高强)하여 생살권을 잡고, 양인(羊刃)과 칠살(七殺)이 교가(交加)하면 변방을 지키는 장군이 되어 백성들이 혜택을 입고, 칠살(七殺)이 다스리면 권세를 얻으며 기린지자(麒麟之子)이니 귀한 자식을 두고, 식상이 많고 살성(殺星)이 적은데 신유(身柔)하면 자식이 적고 출중한 자식이 없다.

상관(傷官)이 입묘(入墓)되면 음양(陰陽)을 구분해 간명해야 한다. 양상관(陽傷官)이 입묘(入墓)되면 노년에 허황하고, 음상관(陰傷官)이 입묘(入墓)되면 질병이 있다. 만일 주중(柱中)에 상관(傷官)이 있으면 자식이 있어도 불량하여 후계자로 삼기 어려우나 대운이 재성운(財星運)으로 들어가면 귀명의 자식을 얻고, 금수상관격(金水傷官格)이 득령(得令)하면 오경괴수(五經魁首)의 문장이니 학문이 천재 같은 자식을 둔다.

【원 문】

火土水木傷官 恃己凌人傲物 火明木秀 日主强定作狀元郎
화토수목상관 시기능인오물 화명목수 일주강정작장원랑

傷官身旺若逢財 身到鳳凰臺 傷官身弱見傷官 平地起風波
상관신왕약봉재 신도봉황대 상관신약견상관 평지기풍파

傷官運若見刑沖 一夢入幽冥 羊刃殺敵殺 黃金榜上定標名
상관운약견형충 일몽입유명 양인살적살 황금방상정표명

傷官有情來合殺 金榜標名定是眞 夫星年論妻災何處
상관유정내합살 금방표명정시진 부성년론처재하처

看財星受剋淺深 看印星受傷輕重 癸用庚金爲印星 乙庚暗合
간재성수극천심 간인성수상경중 계용경금위인성 을경암합

定然母氏心邪 庚用乙木作財星 重見庚辛 必主室人內亂
정연모씨심사 경용을목작재성 중견경신 필주실인내란

戊用癸妻坐亥酉 妻主好色而好酒 己用甲官子午時 縱然有子損而危
무용계처좌해유 처주호색이호주 기용갑관자오시 종연유자손이위

倒沖格 井欄叉 有財位居台閣 甲趨乾壬趨艮 身旺乃朝廷之相
도충격 정란차 유재위거태각 갑추건임추간 신왕내조정지상

拱祿格夾丘鄉 無填實爲廊廟之人 金木交叉身更弱
공록격협구향 무전실위낭묘지인 금목교차신갱약

爲技藝而招惹是非 水火遞互帶魁罡 犯刑名而多遭囹圄
위기예이초야시비 수화체호대괴강 범형명이다조령어

羊刃傷官逢沖戰 性凶惡而與人少合 水多木少又身柔
양인상관봉충전 성흉악이여인소합 수다목소우신유

性飄逢而五湖四海 群陽妒合一陰 如楚漢爭鋒之象 諸陰爭合一陽
성표봉이오호사해 군양투합일음 여초한쟁봉지상 제음쟁합일양

不過蛙鳴蟬噪 逢沖則凶 有合反吉 有合則吉 妒合反凶
불과와명선조 봉충즉흉 유합반길 유합즉길 투합반흉

【해 설】

　화토상관격(火土傷官格)과 수목상관격(水木傷官格)은 오만불손하여 자신만 믿고 남을 능멸한다. 화명목수격(火明木秀格)이 일간(日干)이 강하면 반드시 원랑(元郞)의 고관이 되고, 상관격(傷官格)이 신왕(身旺)한데 재성(財星)을 만나면 고관대작이 되고, 상관격(傷官格)이 신약(身弱)한데 상관(傷官)을 만나면 평지풍파를 일으키는데 상관운(傷官運)에 형충(刑沖)을 만나면 사망한다.

　양인(羊刃)이 살성(殺)과 대적하는 살인양정(殺刃兩停)을 이루면 장원급제하고, 상관(傷官)이 유정하여 살(殺)을 합(合)하면 금방표명(金榜標名)의 진격(眞格)이니 고관대작이 된다.

　아내와 재물의 길흉을 보려면 재성(財星)이 극해(剋害)되는 깊이를

살피고, 어머니의 길흉을 보려면 인성(印星)의 수상(受傷)과 경중을 보아야 한다.

계수일간(癸水日干)이 경금(庚金)을 인성(印星)으로 삼는데 을경(乙庚)이 암합(暗合)하면 어머니가 사악하고, 경금일간(庚金日干)이 을목(乙木)을 재성(財星)으로 삼는데 경신금(庚辛金)을 또 만나면 반드시 처첩들 사이의 난동이 있고, 무토일간(日干)이 계수(癸水)를 아내로 삼는데 일지(日支)에 해수(亥水)나 유금(酉金)이 임하면 아내가 주색을 좋아하여 마음 고생을 한다. 기토일간(己土日干)이 갑목 관성(官星)이 을 자식에 해당하며 오시생(午時)이면 자식이 손상될 위험이 있다.

도충격(倒沖格)과 정란차격(井欄叉格)이 재성에 임하면 출세하여 태각에 거하고, 육갑추건격(六甲趨乾格)과 육임추간격(六壬趨艮格)이 신왕(身旺)하면 조정의 재상이 되고, 공록격(拱祿格)과 협구격(夾丘格)이 전실(塡實)되지 않으면 낭묘지인(廊廟之人)이니 역시 고관이 된다.

금목(金木)이 교차하는데 신약(身弱)하면 기예가 있으나 시비구설이 많고, 수화(水火)가 교차하는데 괴강(魁罡)을 대동하면 형(刑)을 범하여 옥사가 많다. 양인(羊刃)과 상관(傷官)이 싸우면 성격이 흉악하며 사람들과 잘 지내지 못한다. 수(水)는 많고 목(木)은 적은데 신유(身柔)하면 성격이 난폭하며 사방으로 유리방황하고, 군양(群陽)이 일음(一陰)을 질투하면 초한(楚漢)이 전쟁하는 형상이고, 제음(諸陰)이 일양(一陽)을 쟁합(爭合)하면 소리만 시끄럽고 실속이 없는 속물인데 충형(沖刑)을 만나면 흉하고, 합이 있으면 오히려 길하다.

그러나 투합(妒合)하면 흉하다.

【원 문】

甲乙生逢寅卯辰 爲仁壽 見坎地多者登榮 丙丁局全寅午戌
갑을생봉인묘진 위인수 견감지다자등영 병정국전인오술

位重權高 逢水鄕坎離交媾 戊己局全辰戌 火運始許飛騰
위중권고 봉수향감이교구 무기국전진술 화운시허비등

壬日全逢申子辰 從潤下 見財地榮登仕路 辛日子時畏離位
임일전봉신자진 종윤하 견재지영등사로 신일자시외이위

喜見西方 弱而有救 壬癸生申子辰 志識多能 運行火土鄕
희견서방 약이유구 임계생신자진 지식다능 운행화토향

名蓋當朝 甲日亥月 見離壽促 乙日卯提 官鄕發祿 卯字提綱
명개당조 갑일해월 견이수촉 을일묘제 관향발록 묘자제강

到乾宮歸寄兩途 丙字寅月逢坤兌 火不西行 丁日酉提到艮方
도건궁귀기양도 병자인월봉곤태 화불서행 정일유제도간방

明無不滅 壬水亥月到震方 子旺母衰 陰水運到坤申山
명무불멸 임수해월도진방 자왕모쇠 음수운도곤신산

土重露珠乾燥 陰木運到巽方 木被巽風吹折 到離位煙滅灰飛
토중노주건조 음목운도손방 목피손풍취절 도이위연멸회비

陽土陽金陽火 逢坎地總入幽冥 陰木陰金陰水 到離巽
양토양금양화 봉감지총입유명 음목음금음수 도이손

居安不慮危 壬癸耗在北方 無土制定損溝澗 戊日寅提見酉申
거안불려위 임계모재북방 무토제정손구간 무일인제견유신

十死一生 己日酉月到寅宮 少全安逸 辛逢巽地 少樂多憂
십사일생 기일유월도인궁 소전안일 신봉손지 소락다우

【해 설】

　갑을일간(甲乙日干)이 인묘진월생(寅卯辰月生)이면 인수(仁壽)가 임한 것이니 감지(坎地)를 만나면 영화가 많고, 병정일간(丙丁日干)이 인오술화국(寅午戌火局)을 이루면 위권(位權)이 높은데 감수(坎水)와 이화(離火)가 만나 교구(交媾)하면 길하고, 무기일간(戊己日干)이 진술축미(辰戌丑未)가 모두 들면 화운(火運)부터 높이 날아 대귀격(大貴格)이 되고, 임수일간(壬水日干)이 신자진(申子辰)이 모두 있으면 윤하격(潤下格)으로 종(從)하니 재성운(財星運)를 만나면 벼슬길에 나가 영화를 보고, 신금일간(辛金日干)이 자시생(子時生)이면 이위(離位)를 흉하고 서방을 환영하며 신약(身弱)에서 구제함이 있고, 임계일간(壬癸日干)이 신자진(申子辰)을 만나면 지식이 많은데 운에서 화토향(火土鄉)을 만나면 대발대귀(大發大貴)한다.

　갑목일간(甲木日干)이 해월생(亥月生)이면 이화(離火)를 만나면 수명이 줄 위험이 있고, 을목일간(乙木日干)이 묘월생(卯月生)이면 관성운(官星運)에서 발록(發祿)하고, 묘목(卯木)이 제강(提綱)이면 건궁(乾宮)에 이르는 해월(亥月)에 더욱 귀격(貴格)이 된다.

　병화일간(丙火日干)이 인월생(寅月生)인데 곤태(坤兌)인 신유(申酉)를 만나면 서방운이 불리하고, 정화일간(丁火日干)이 유월생(酉月生)이면 간방(艮方)인 인목(寅木)을 만나면 명화(明火)가 불멸(不滅)함이 없고, 임수일간(壬水日干)이 해월(亥月)에 태어나 진방(震方)인 진사운(辰巳)으로 흐르면 자왕모쇠(子旺母衰)한 격이고, 음수(陰水)가 곤신(坤申)운을 만나면 토중(土重)하고 노주(露珠)하니 건조하면 흉하고, 음목(陰木)이 손방(巽方)운으로 가면 불길하고, 양토(陽土)와 양금(陽金)과 양화(陽火)가 감지(坎地)를 만나도 대흉하여 사망한다.

그리고 음목(陰木)과 음금(陰金)과 음수(陰水)가 이손(離巽)방에 이르면 걱정이 없고, 임계(壬癸)가 북방에 있는데 토(土)를 다스리지 못하면 큰 손실이 있고, 무토일간(日干)이 인월생(寅月生)인데 유신(酉申)을 만나면 십사일생(十死一生)이고, 기토일간(己土日干)이 유월생(酉月生)인데 인궁(寅宮)을 만나면 소안(少安)이 있고 신금(辛金)이 손지(巽地)를 만나면 소락다우(少樂多憂)이다.

8. 여명부(女命賦)

【원 문】

凡觀女命要身弱 正氣官星要得祿 有財無殺混官星
범관여명요신약 정기관성요득록 유재무살혼관성

定配賢良富貴族 無官便要有財星 財旺生官富貴眞
정배현량부귀족 무관편요유재성 재왕생관부귀진

食神祿旺有財星 子貴夫榮理最明 食神祿旺財官衰
식신녹왕유재성 자귀부영리최명 식신녹왕재관쇠

子貴夫愚無所託 財官敗絕食神衰 夫星榮子懦無所依
자귀부우무소탁 재관패절식신쇠 부성영자나무소의

財官得祿食神强 因子因夫紫誥章 食神入墓子必損
재관득록식신강 인자인부자고장 식신입묘자필손

官星入墓夫先亡 食神重見在中央 早年父母先傷害
관성입묘부선망 식신중견재중앙 조년부모선상해

縱然蟄蟄螽斯羽　瓜瓞綿綿也難當　干支官食落空亡
종연칩칩종사우 과질면면야난당 간지관식낙공망

後嗣良人命不長　日時辰戌兩相沖　旣取偏房獨守空
후사양인명불장 일시진술양상충 기취편방독수공

雖然有子難登第　百歲光陰不善終　金水傷官柱內逢
수연유자난등제 백세광음불선종 금수상관주내봉

其人如玉更玲瓏　有財帶印隨夫貴　淑善幽閑主饋中
기인여옥갱영롱 유재대인수부귀 숙선유한주궤중

傷官太旺若無財　一對鴛鴦兩拆開　干頭戊己土重重
상관태왕약무재 일대원앙양탁개 간두무기토중중

心內玲瓏無發達　子午卯酉號桃花　官帶桃花福祿誇
심내영롱무발달 자오묘유호도화 관대도화복록과

殺帶桃花貧且賤　爲娼爲妓走天涯　柱中梟食倂傷官
살대도화빈차천 위창위기주천애 주중효식병상관

子死夫亡是兩端　梟食傷官女命嫌　財食官印女命喜
자사부망시양단 효식상관여명혐 재식관인여명희

梟食傷官運見財　決然有子不須猜　支內財官印綬多
효식상관운견재 결연유자불수시 지내재관인수다

非淫卽賤損兒郎　癸日生人用戊官　少年定嫁白頭郎
비음즉천손아랑 계일생인용무관 소년정가백두랑

若還亥酉支中見　好飮桑中約夜郎　干支暗合貴人多
약환해유지중견 호음상중약야랑 간지암합귀인다

畫眉咬指笑呵呵　支內暗藏官帶合　定然有寵在偏房
주미교지소가가 지내암장관대합 정연유총재편방

擇婦沉靜要純和
택부침정요순화

【해 설】

여명은 신약(身弱)하며 관성(官星)의 정기(正氣)를 득록(得祿)해야한다. 재성(財星)이 있고 관살(官殺)이 혼잡하지 않아야 현량하며 부귀한 배우자를 만난다. 만일 관성(官星)이 없으면 재성(財星)이 들어재생관(財生官)해야 진실로 귀부인의 명이 된다. 식신(食神)과 녹(祿)이 왕성한데 재성(財星)이 있으면 귀한 자식을 두고, 남편이 영화롭다. 식신(食神)과 녹(祿)이 왕성하나 재관(財官)이 쇠약하면 귀한 자식을 두나 남편이 어리석으니 의탁하기 어렵다. 또 재관(財官)이 패절지(敗絕地)에 들고 식신(食神)이 쇠하면 남편은 영화로우나 자식이나약하니 늙어서 의지할 수 없다.

재관(財官)이 득록(得祿)하고 식신(食神)이 강하면 자식과 남편덕으로 귀부인이 된다. 식신(食神)이 입묘(入墓)되면 자수(子水)가 반드시 손상되고, 관성(官星)이 입묘(入墓)되면 남편이 먼저 죽는다. 식신(食神)을 중견(重見)하는데 중앙에 있으면 일찍 부모를 상해하나 혼인 후에는 부부 사이가 좋아 자손이 번창한다. 간지(干支)의 관식(官食)이 공망(空亡)되면 후사가 선량하나 흉하여 불장(不長)하며 일시(日時)에 진술(辰戌)이 상충(相沖)하면 독수공방은 기정사실이고, 비록 자식이 있어도 등과급제가 어려워 백세의 광음(光陰)이 유종지미(有終之美)를 거두지 못한다.

금수상관격(金水傷官格)이면 인품이 옥처럼 영롱하고, 재성(財星)이 있고 대인(帶印)하면 귀부(貴夫)가 따라 현모양처가 된다. 그러나상관(傷官)이 매우 왕성한데 재성(財星)이 없으면 부부운이 크게 불리하고, 간두(干頭)에 무기토(戊己土)가 무거우면 총명하며 영롱하나 발달하지 못한다.

　자오묘유(子午卯酉)를 도화(桃花)라고 하는데 관성(官星)이 도화(桃花)를 대동하면 복록을 자랑하나, 살성(殺)이 도화(桃花)를 대동하면 빈천하여 창기가 된다. 주중(柱中)에 효식(梟食)과 상관(傷官)이 들면 자식과 남편이 죽는 흉사가 있다. 효식(梟食)과 상관(傷官)은 여명에서 가장 꺼린다. 그러나 재식(財食)과 관인(官印)이 조화를 이루면 길하다. 또 효식(梟食)과 상관운(傷官運)에서 재성(財星)을 만나면 반드시 자식을 두고, 지지(支地)에 재관(財官)과 인수(印綬)가 많으면 음란하거나 천박하고, 손아(損兒)한다.

　계수일간(癸水日干)이 무토 관성(官)을 취하면 어린 소녀가 노인과 혼인하고, 만일 해유(亥酉)를 다시 만나면 주색을 좋아하며 밤에 외부를 몰래 만나는 음녀(淫女)이고, 간지(干支)가 암합(暗合)하고 귀인(貴人)이 많으면 눈웃음로 남자를 유혹하고, 지지(支地)에 암장(暗藏)된 관성(官星)이 대합(帶合)하면 정연코 총애하는 편방(偏房)의 외부(外夫)가 따른다. 여명은 모름지기 정숙하고 순화해야 부귀가 많이 따고, 좋은 배우자를 만나야 귀부인이 된다.

9. 강명첩경부(講命捷徑賦)

【원 문】

詳觀三命 細究五行 格局乃八字之樞機 日干爲一身之主宰
상관삼명 세구오행 격국내팔자지추기 일간위일신지주재

淸濁辨乎貴賤 運限決於榮枯 莫言身弱而爲造化之衰
청탁변호귀천 운한결어영고 막언신약이위조화지쇠

勿以殺多斷壽年之夭 要在隨時變通 須知入眼分明 陰爲柔物
물이살다단수년지요 요재수시변통 수지입안분명 음위유물

身遇刑剋亦無妨 陽主剛强 原弱逢殺官而兩破 壬癸生巳午月
신우형극역무방 양주강강 원약봉살관이양파 임계생사오월

逆運當主榮華 丙丁値孟冬時 順行早當發達 壬水喜財官
역운당주영화 병정치맹동시 순행조당발달 임수희재관

惟八月逢財則破 戊己入北方之運 一生作事無成 庚金無火
유팔월봉재즉파 무기입북방지운 일생작사무성 경금무화

非夭卽貧 身旺無財 縱壽則否 建刃若行財官運 爲人必白手成家
비요즉빈 신왕무재 종수즉부 건인약행재관운 위인필백수성가

庚金若行巳午方 定是中年損壽 月逢羊刃 運神喜殺以嫌財
경금약행사오방 정시중년손수 월봉양인 운신희살이혐재

殺透天干 歲月怕官而喜制 殺輕制重 爲人到底迍邅 殺重制輕
살투천간 세월파관이희제 살경제중 위인도저둔전 살중제경

身旺終須發達 時帶傷官 男命決然損子 柱中印綬 女命決定無兒
신왕종수발달 시대상관 남명결연손자 주중인수 여명결정무아

印綬與傷官 爲人奸吝偏淺 兼作事虛花 正財隱於地支 良賈深藏之士
인수여상관 위인간인편천 겸작사허화 정재은어지지 양고심장지사

官殺透於時月 浮潺淺露之人
관살투어시월 부잔천노지인

【해 설】

삼명(三命)을 상관(詳觀)하건데 세구(細究)할 것은 오행(五行)과 격

국(格局)이 팔자의 추기(樞機)이다. 일간(日干)은 일신(一身)의 주재(主宰)이니 청탁으로 귀천을 보고, 대운과 세운으로 부귀영화를 본다.

신약(身弱)하면 조화가 쇠(衰)함이니 살성(殺星)이 많으면 단명격(短命格)으로 단정하지만 수시로 변통하지 않으면 안 되니 분명하게 살펴야 한다.

음일간(陰日干)은 부드러우니 형극(刑剋)되어도 무방하나, 양일간(陽日干)은 강하니 원명이 약하고 관살(官殺)을 만나면 양파(兩破)한다. 임계일간(壬癸日干)이 사오월생(巳午月生)이면 역운에 영화하고, 병정일간(丙丁日干)이 맹동시(孟冬時)에 태어났으면 순운에 발달한다. 임수일간은 재관(財官)을 환영하는데 유월생(酉月生)이 재성(財星)을 만나면 격(格)이 깨진다. 무기일간(戊己日干)이 북방운으로 가면 평생 하는 일이 성공하지 못하고, 경금일간(庚金日干)이 화(火)가 없으면 요절하거나 가난하다. 신왕(身旺)한데 재성(財星)이 없으면 수명은 길어도 영달하지 못하고, 양인(羊刃)이 재관운(財官運)을 만나면 반드시 자수성가한다.

경금일간(庚金日干)이 사오방(巳午方)으로 가면 중년에 죽고, 월(月)에 양인(羊刃)이 임하면 운에서 살성(殺)을 환영하고 재성(財星)을 꺼리며 천간(天干)에 살성(殺星)이 투출(透出)하면 세월의 관살(官殺)을 두려워하며 제살(制殺)하면 길하다. 살성(殺)이 가벼운데 중하게 다스리면 위인이 둔하여 발복하기어렵고, 살성(殺星)이 무거운데 가볍게 다스리면 신왕(身旺)할 때는 크게 발달한다.

시(時)에 상관(傷官)을 대동하면 남명은 반드시 자식이 다치고고, 주중(柱中)에 인수(印綬)가 있으면 여명은 반드시 아이를 낳지 못한다. 인수(印綬)와 상관(傷官)이 모두 있으면 간사하며 인색하고 천박하고 하는 일이 허망하다. 정재(正財)가 지지(地支)에 숨어 있으면 양고(良賈)이나 학덕이 깊은 선비이고, 관살(官殺)이 월시간(時干)에 투출(透出)하면 뜬구름처럼 허무한 사람이 된다.

【원 문】

金白水淸 聰明特達 土多火少 晦性昏朦 月逢墓庫 官殺混雜亦無傷
금백수청 총명특달 토다화소 회성혼몽 월봉묘고 관살혼잡역무상

格用財神 比劫重逢於不利 干支同而傷官重 害子刑妻
격용재신 비겁중봉어불리 간지동이상관중 해자형처

財星旺而日主强 興家創業 二月丁火有殺 榮貴非常
재성왕이일주강 흥가창업 이월정화유살 영귀비상

子提干水無財 飄蕩之士 土怕寒而喜煖 水嫌印而宜財 身强殺淺
자제간수무재 표탕지사 토파한이희난 수혐인이의재 신강살천

不宜有制 印多身旺 最喜逢財 大抵日主是人之根基 財官爲人之祿馬
불의유제 인다신왕 최희봉재 대저일주시인지근기 재관위인지녹마

財官旺而身主强 多主富貴 財官輕而日太旺 亦見貧寒
재관왕이신주강 다주부귀 재관경이일태왕 역견빈한

印綬多而宜見殺 傷官重而不忌官 一位食神 富貴賢良之女
인수다이의견살 상관중이불기관 일위식신 부귀현량지녀

滿盤金水 陰邪智慧之人 官殺混而財星多 夫星多重疊
만반금수 음사지혜지인 관살혼이재성다 부성다중첩

印綬多而日主旺 子息難成 甲乙木生丑月 必主光亨 壬癸水値孟秋
인수다이일주왕 자식난성 갑을목생축월 필주광형 임계수치맹추

終當富貴 四柱中有辰龍 方爲得化 三元內無比劫 可作得從
종당부귀 사주중유진용 방위득화 삼원내무비겁 가작득종

從殺者必然富貴 從財者定主富豪 棄命無從 決然夭壽
종살자필연부귀 종재자정주부호 기명무종 결연요수

【해 설】

금백수청격(金白水淸格)은 총명하며 특별하게 발달한다. 토다화소격(土多火少格)은 성품이 어둡고, 월(月)에 묘고(墓庫)가 들면 관살(官殺)이 혼잡해도 다치지 않고, 격에서 재신(財神)을 취하는데 비겁(比劫)을 거듭 만나면 불리하고, 간지(干支)가 같은데 상관(傷官)이 많으면 자식을 상해하고 아내를 극형(尅刑)하고, 재성(財星)이 왕성한데 일간(日干)이 강하면 집안이 일어난다.

묘월생(卯月生) 정화일간(丁火日干)이 살성(殺星)이 있으면 영귀(榮貴)가 비상하고, 자월생(子月生) 수일간(水日干)이 재성(財星)이 없으면 떠돌이가 되고, 토일간(土日干)은 한냉하면 꺼리나 온난하면 길하다. 수일간(水日干)이 신강(身强)한데 살성(殺星)이 얕으면 인성(印星)은 꺼리나 재성(財星)은 길하다.

일간(日干)은 당주의 근본이며 기초이니 재관(財官)은 녹마(祿馬)에 해당하는데 재관(財官)이 왕성하고 신강(身强)하면 부귀가 많이 따른다. 재관(財官)이 가볍고 일간(日干)이 매우 왕성하면 역시 빈한하고, 인수(印綬)가 많은데 살성(殺)을 만나면 길하다.

여명이 상관(傷官)이 무거우면 관살을 꺼리지 않는데 이때 식신(食神)이 하나 있으면 부귀현량(富貴賢良)하고, 금수(金水)가 만반(滿

盤)하면 음란하며 사악하고, 관살(官殺)이 혼잡한데 재성(財星)이 많으면 부성(夫星)이 많은 것이고, 인수(印綬)가 많은데 신왕(身旺)하면 자식을 키우기 어렵다.

갑을일간(甲乙日干)이 축월생(丑月生)이면 반드시 광형(光亨)하고, 임계일간(壬癸日干)이 초가을에 태어났으면 결국은 부귀를 이루고, 주중(柱中)에 진용(辰龍)이 들고 삼원(三元)에 비겁(比劫)이 없으면 종화격(從化格)이 되고, 종살자(從殺者)는 반드시 부귀격(富貴格)을 이루고, 종재자(從財者)는 부자가 되고 기명(棄命)하나 종(從)하지 않으면 반드시 수명이 짧다.

10. 사언독보(四言獨步)

【원 문】

先天何處 後天何處 要知來處 便是去處 四柱排定 三才次分
선천하처 후천하처 요지래처 편시거처 사주배정 삼재차분

日干爲主 配合元神 神殺相絆 輕重較量 月爲提綱 論格推詳
일간위주 배합원신 신살상반 경중교량 월위제강 논격추상

日干爲主 喜見財官 分其貴賤 妙法多端 獨則易取 亂則難尋
일간위주 희견재관 분기귀천 묘법다단 독즉역취 난즉난심

先看月令 次看淺深 年根爲本 月令爲中 日生百刻 時旺時空
선간월령 차간천심 년근위본 월령위중 일생백각 시왕시공

身主要强 月提得令 用物爲財 表實爲正 干與支同 損財傷妻
신주요강 월제득령 용물위재 표실위정 간여지동 손재상처

月支年同 破刑祖基 月令建祿 多無祖屋 一見財官 自然成福
월지년동 파형조기 월령건록 다무조옥 일견재관 자연성복

五行生旺 不慮休囚 東西南北 數盡方休 用火愁水 用木愁金
오행생왕 불려휴수 동서남북 수진방휴 용화수수 용목수금

喜忌能分 禍福自眞 辰戌丑未 四土之神 人元三用 透旺爲眞
희기능분 화복자진 진술축미 사토지신 인원삼용 투왕위진

【해 설】

선천(先天)은 어디이고 후천(後天)은 어디인가. 내처(來處)가 선천(先天)이고 거처(去處)가 후천(後天)이다. 사주를 배정하고 삼재(三才)를 분배함에 일간(日干)을 위주로 하여 원신(元神)을 배합한다. 신살(神殺)이 상반(相絆)하면 경중을 가려야 하고, 월(月)은 제강(提綱)이니 격국(格局)을 논하여 상세하게 추리해야 한다.

일간(日干)을 위주로 재관(財官)을 희견(喜見)하며 그 귀천을 분별하니 묘법이 다단하다. 독물(獨物)은 취하기가 쉽고 난물(亂物)은 쓰기가 어렵다.

먼저 월령(月令)의 깊이를 분별해야 한다. 년(年)이 근본이고 월령(月令)이 위중(爲中)이며 일생(日生)이 백각(百刻)을 생(生)하고 시왕(時旺)하고 시공(時空)하면 분별한다. 신강(身强)해야 하고, 월제(月提)를 득령(得令)해야 하고, 용물(用物)함에 재성(財星)이 되고 표실(表實)을 구함에 정귀(正貴)하다.

간여지동(干與支同)이면 재물이 손실되거나 아내가 다치고, 월지년동(月支年同)이면 조상의 기반을 파형(破刑)한다. 월령(月令)이 건록(建祿)에 해당하면 조옥(祖屋)이 다무(多無)하나 재관(財官)을 하나 만나면 자연히 복을 이룬다. 오행(五行)이 생왕(生旺)되면 휴수(休囚)되는 것을 근심하지 않으나 동서남북이 수진(數盡)하면 비로소 휴수(休囚)인 것이다. 화(火)를 취하면 수(水)를 수기(愁忌)하고, 목(木)을 취하면 금(金)을 수기(愁忌)한다. 희기(喜忌)를 능히 분별하면 화복이 진실하게 보일 것이고, 진술축미(辰戌丑未)가 사토지신(四土之神)이니 인원삼용(人元三用)과 투왕(透旺)을 잘 살펴야 한다.

【원 문】

寅申巳亥 四生之局 用物身强 遇之發福 子午卯酉 四敗之局
인신사해 사생지국 용물신강 우지발복 자오묘유 사패지국

男犯興衰 女犯孤獨 進氣退氣 命物相爭 進氣不死 退氣不生
남범흥쇠 여범고독 진기퇴기 명물상쟁 진기불사 퇴기불생

財官臨庫 不沖不發 四柱干支 喜行相合 官殺重逢 制伏有功
재관임고 불충불발 사주간지 희행상합 관살중봉 제복유공

如行帝旺 逢之不凶 印綬根輕 旺中發身 印綬根多 旺中不發
여행제왕 봉지불흉 인수근경 왕중발신 인수근다 왕중불발

先印後財 自成其辱 先財後印 反成其福 傷官用財 無官有子
선인후재 자성기욕 선재후인 반성기복 상관용재 무관유자

傷官無財 子宮有死 時上偏財 怕逢兄弟 印綬逢財 比肩不忌
상관무재 자궁유사 시상편재 파봉형제 인수봉재 비견불기

拱祿拱貴 塡實則凶 提綱有用 論之不同 庚日申時 透財歸祿
공록공귀 전실즉흉 제강유용 논지부동 경일신시 투재귀록

名利高强 比肩奪福 天元一氣 地物相同 人命得此 位列三公
명리고강 비견탈복 천원일기 지물상동 인명득차 위열삼공

【해 설】

인신사해(寅申巳亥)는 사생국(四生局)이니 신강(身强) 사주가 만나면 발복한다. 자오묘유(子午卯酉)는 사패국(四敗局)이니 남명이 범하면 흥쇠하나 여명이 범하면 고독하다. 진기(進氣)와 퇴기(退氣)는 서로 다투는데 진기(進氣)는 불사(不死)하고 퇴기(退氣)는 불생(不生)한다. 재관(財官)이 고(庫)에 임하는데 충(沖)하지 않으면 발전하지 못한다.

사주의 간지(干支)가 상합(相合)하면 길하다. 관살(官殺)을 다스리면 공(功)이 있고, 제왕(帝旺)운을 만나면 흥하지 않다. 인수(印綬)의 뿌리가 가벼우면 왕성한 가운데 발달하고, 인수(印綬)가 뿌리가 많으면 왕성한 가운데 발달하지 못한다.

먼저 인성(印星)을 만나고 나중에 재성(財星)을 만나면 자연히 욕되고, 먼저 재성(財星)을 만나고 나중에 인성(印星)을 만나면 복을 이룬다. 상관용재격(傷官用財格)은 관성(官星)이 없어도 자식을 두고, 상관무재격(傷官無財格)은 자성이 있어도 자식이 사망한다. 시상편재격(時上偏財格)은 형제를 만나면 흥하고, 인수(印綬)가 재성(財星)을 만나면 비견(比肩)을 꺼리지 않는다. 공록공귀격(拱祿拱貴格)은 전실(塡實)되면 흥하고, 제강(提綱)을 취함이 절대적인 것으로 논함이 부동(不同)이다.

경금일간(庚金日干)의 신시(申時)에 재성(財星)이 투출(透出)된 귀록격(歸祿格)은 명리가 고강(高强)하고, 비견(比肩)을 만나면 복록을 빼앗긴다. 천원일기(天元一氣)와 지물(地物)이 같으면 삼공(三公)에 오르는 귀격(貴格)이 된다.

【원 문】

八字連珠 元神有用 造化逢之 名利必重 金神帶殺 身旺爲奇
팔자연주 원신유용 조화봉지 명리필중 금신대살 신왕위기

更行火地 名利當時 六甲生春 時犯金神 水鄕不發 土重名眞
갱행화지 명리당시 육갑생춘 시범금신 수향불발 토중명진

甲乙丑月 時帶金神 月干見殺 雙目不明 甲寅重寅 二巳刑殺
갑을축월 시대금신 월간견살 쌍목불명 갑인중인 이사형살

終身必損 遇火難發 天干二丙 地支全寅 更行生印 死見凶臨
종신필손 우화난발 천간이병 지지전인 갱행생인 사견흉임

火旺來寅 透土坐申 衣祿厚多 見水傷身 六戊生寅 月令水金
화왕내인 투토좌신 의록후다 견수상신 육무생인 월령수금

火鄕有救 見土刑身 己日戌月 火神無氣 多水多金 眼昏目閉
화향유구 견토형신 기일술월 화신무기 다수다금 안혼목폐

秋金坐午 丙丁透露 運至離明 血傷泉路 金旺秋時 二庚夾丙
추금좌오 병정투로 운지이명 혈상천로 금왕추시 이경협병

遇卯傷情 逢離順境 庚金坐午 辛金坐未 殺旺西方 殺弱東貴
우묘상정 봉이순경 경금좌오 신금좌미 살왕서방 살약동귀

【해 설】

팔자가 연주(連珠)되어 원신(元神)이 유용(有用)하고 조화로우면 반드시 명리가 중하다. 금신(金神)이 살성(殺星)과 띠를 이루는데 신왕(身旺)하면 기귀(奇貴)를 이루고, 화운(火)으로 흐르면 명리가 발달한다. 육갑일(六甲日)이 봄철생인데 시(時)에 금신(金神)이 임하면 수운(水運)에 발전하지 못하나 토(土)가 무거우면 이름을 얻는다.

갑을일간(甲乙日干)이 축월생인데 시(時)에 금신(金神)을 대동하고 월간(月干)에서 살(殺)을 만나면 두 분이 밝지 않다. 갑인일(甲寅日)이 인목(寅木)을 거듭 만나 이사형살(二巳刑殺)이 되면 반드시 평생 손실이 따르는데 화운(火運)을 만나도 발복하기 어렵다. 천간(天干)에 병화(丙火)가 2위 투출(透出)하고 지지(地支)가 전부 인목(寅木)인데 인성(印星)을 생(生)하는 운으로 흐르면 사망한다.

화일간(火日干)이 왕성한데 인목이 임하고 토기(土氣)가 투출(透出)하고 일지(日支)에 신금(申)이 있으면 의록(衣祿)이 많으나 수(水)를 만나면 아신이 다친다.

육무(六戊)가 인월생(寅月生)이고 월령(月令)이 수금(水金)이면 화운을 만나면 구제되나 토운(土運)을 만나면 형액이 따른다.

기토일간(己土日干)이 술월생(戌月生)이면 화신(火神)이 무기(無氣)하니 수(水)와 금(金)이 많으면 안질로 맹인이 된다.

가을철 금일간(金日干)이 일지(日支)에 오화가 있고 병정(丙丁)이 투출(透出)하면 이명(離明)의 화운(火運)을 만나면 혈상(血傷)으로 병사한다. 금일간(金日干)이 추월에 왕성하고 경금(庚金) 둘이 협병(夾丙)하는데 묘목(卯木)을 만나 상정(傷情)하면 이화운(離火運)에 발복한다. 경오일생(庚午日生)과 신미일생(辛未日生)은 살성(殺星)이 왕성하면 서방운이 길하고 살성(殺星)이 약하면 동방운이 길하다.

【원 문】

辛逢卯日 年月見酉 時帶朝陽 爲僧行醜 辛日坐亥 月莫臨戌
신봉묘일 년월견유 시대조양 위승행추 신일좌해 월막임술

水運若行 須防目疾 辛日坐巳 官印遇祿 順行南方 顯貴榮福
수운약행 수방목질 신일좌사 관인우록 순행남방 현귀영복

酉金逢離 透土何慮 無土月傷 壽元不住 陰金遇火 逢土成形
유금봉이 투토하려 무토월상 수원불주 음금우화 봉토성형

陽金遇火 透土成名 壬寅壬戌 陽土透干 不混官星 名崇祿顯
양금우화 투토성명 임인임술 양토투간 불혼관성 명숭녹현

壬癸兼金 生於酉申 土旺則貴 水旺則貧 癸向巳宮 財官拘印
임계겸금 생어유신 토왕즉귀 수왕즉빈 계향사궁 재관구인

運至南方 利名必振 癸日巳亥 財殺透露 地合傷官 有勞無福
운지남방 이명필진 계일사해 재살투로 지합상관 유노무복

癸日申提 卯寅歲時 年殺月劫 林下孤悽 癸日支巳 陰殺重逢
계일신제 묘인세시 년살월겁 임하고처 계일지사 음살중봉

無官混雜 名利富貴 殺多有制 女人必貴 官星犯重 濁濫淫類
무관혼잡 명리부귀 살다유제 여인필귀 관성범중 탁람음류

【해 설】

신묘일생(辛卯日生)이 년월(年月)에 유금(酉金)이 들고, 시(時)에 조양(朝陽)을 대동하면 추하며 음란한 잡승이 된다. 신묘일생(辛卯日生)은 술월(戌月)이 불가하니 수운(水運)으로 흐르면 눈병을 예방해야 한다.

신사일생(辛巳日生)은 관인(官印)을 만났으니 남방으로 순행하면 현귀영복(顯貴榮福)한다. 유금(酉金)이 이화(離火)를 만나면 토(土)가 투출해야 길한데 토(土)가 없으면 월상(月傷)하므로 장수할 수 없다. 음금일간(陰金日干)이 화(火)를 만나면 토(土)를 만나야 형태를 이루고, 양금일간(陽金日干)이 화(火)를 만나면 토(土)가 투출해야 이름을 얻는다.

임인일생(壬寅日生)과 임술일생(壬戌日生)은 양토(陽土)가 투간(透干)하니 관성(官星)이 불혼(不混)하여 명승녹현(名崇祿顯)한다.

임계일간(壬癸日干)이 금(金)의 유신지(酉申支)이면 토(土)가 왕성하면 귀명이 되고, 수(水)가 왕성하면 가난하다. 계사일생(癸巳日生)은 재관인(財官印)이 모두 있으니 남방운을 만나면 반드시 명리를 떨친다.

계수일간(癸水日干)이 지지(地支)에 사화(巳火)나 해수(亥水)가 있어 재살(財殺)이 투출(透出)하는데 지지(地支)에서 상관(傷官)을 합하면 노력해도 복이 없다.

계수일간(癸水日干)이 신월생(申月生)이고 년시에 묘인(卯寅)이 있는데 년살(年殺)과 월겁(月劫)이 있으면 임하(林下)에서 고처(孤悽)한 인생이 된다. 계수일간(癸水日干)이 지지(地支)에 사화(巳火)가 임하면 음살(陰殺)이 중한 것인데 이때 관살(官殺)이 혼잡하지 않으면 부귀격(富貴格)이 된다. 여명이 살(殺)이 많은데 다스리면 반드시 귀명이 되고, 관성(官星)이 무거우면 음란하다.

【원 문】

陽火申提 無根從殺 有根南旺 脫根壽促 壬日戌提 癸干未月
양화신제 무근종살 유근남왕 탈근수촉 임일술제 계간미월

運喜東方 逢沖卽絕 乙日酉月 見水爲奇 有根丑絕 無根寅危
운희동방 봉충즉절 을일유월 견수위기 유근축절 무근인위

庚日申時 柱中金局 支無會合 傷官劫妻 癸日寅提 壬日亥時
경일신시 주중금국 지무회합 상관겁처 계일인제 임일해시

莫犯提綱 禍福別推 提綱有用 最忌刑沖 沖運則吉 沖用則凶
막범제강 화복별추 제강유용 최기형충 충운즉길 충용즉흉

三奇透露 日干要強 其根有用 富貴榮昌 十干化氣 有影無形
삼기투로 일간요강 기근유용 부귀영창 십간화기 유영무형

無中生有 禍福難憑 十惡大敗 格中不忌 若會財官 反成富貴
무중생유 화복난빙 십악대패 격중불기 약회재관 반성부귀

格局推詳 以殺爲重 制殺爲權 何愁損用 殺不離印 印不離殺
격국추상 이살위중 제살위권 하수손용 살불리인 인불리살

殺印相生 功名顯達 時殺無根 殺旺最貴 時殺多根 殺旺不利
살인상생 공명현달 시살무근 살왕최귀 시살다근 살왕불리

八月官星 大忌卯星 卯丁剋破 有情無情 印綬比肩 喜行財鄕
팔월관성 대기묘성 묘정극파 유정무정 인수비견 희행재향

印無比肩 畏行財鄕
인무비견 외행재향

【해 설】

양화일간(陽火日干)이 신월생(申月生)인데 뿌리가 없으면 종살격(從殺格)이 되고, 뿌리가 있으면 남왕운(南旺運)에 발달하나 탈근(脫根)이면 사망한다.

임수일간(壬水日干)이 술월생(戌月生)이거나 계수일간(癸水日干)이 미월생(未月生)이면 동방운은 길하나 상충(相沖)하는 운을 만나면 사망한다.

을목일간(乙木日干)이 유월생(酉月生)인데 수(水)를 만나면 기귀격(奇貴格)이 되고, 유근(有根)인데 축지(丑地)를 만나면 끊어지고, 뿌리가 없으면 인지(寅地)가 위험하다.

경금일간(庚金日干)이 신월생(申月生)이고 주중(柱中)에 금국(金

局)을 이루었는데 지지(地支)에서 상관(傷官)이 회합(會合)되지 않으면 아내를 극(剋)한다.

계수일간(癸水日干)이 인월생(寅月)이거나 임수일간(壬水日干)이 해월생(亥月生)인데 제강(提綱)을 충극(沖剋)하면 불길하니 화복을 별도로 추리해야 한다.

제강(提綱)을 취할 때 가장 꺼리는 것은 형충(刑沖)인데 기신(忌神)을 충(沖)하면 길하나 용신(用神)을 충(沖)하면 흉하다. 삼기(三奇)가 투출(透出)하면 일간(日干)이 강해야 하고, 뿌리가 있으면 부귀영창(富貴榮昌)한다.

십간화기(十干化氣)는 유영무형(有影無形)하니 무중(無中)에 생유(生有)하는바 화복이 난빙(難憑)하다.

십악대패일(十惡大敗日)은 격(格)에 불기(不忌)하니 만일 재관(財官)이 회합(會合)하면 오히려 부귀를 이룬다. 격국추상(格局推詳)에 살(殺)이 무거우면 제살(制殺)함에 권귀(權貴)가 있으니 용신(用神)을 손상하면 어찌 근심하겠는가.

살(殺)은 인성(印星)을 불리(不離)하고 인성(印星)은 살(殺)을 불리(不離)해야 하니 살인상생(殺印相生)하면 공명이 현달한다. 시(時)의 살성(殺星)이 뿌리가 없으면 살성(殺星)이 왕성할 때 최귀(最貴)하고, 시(時)의 살성(殺星)이 다근(多根)하면 살성(殺星)이 왕성할 때 불리하다. 유월(酉月)의 관성(官星)은 묘목(卯木)을 매우 꺼리는데 묘정(卯丁)이 극파(剋破)하면 유정하고 무정하다. 인수(印綬)와 비견(比肩)이 있으면 재성운(財星運)을 기뻐하나 인성(印星)과 비견(比肩)이 없으면 재성운(財星運)을 두려워한다.

【원 문】

財官印綬 大忌比肩 傷官七殺 反助爲權 傷官見官 格中大忌
재관인수 대기비견 상관칠살 반조위권 상관견관 격중대기

不損用神 何愁官至 日祿居時 青雲得路 月令財官 遇之吉助
불손용신 하수관지 일록거시 청운득로 월령재관 우지길조

壬騎龍背 見戌無情 寅多則富 辰多則榮 日德金神 月逢土旺
임기용배 견술무정 인다즉부 진다즉영 일덕금신 월봉토왕

雖有名利 祖業漂蕩 甲日金神 偏宜火地 己日金神 何勞火制
수유명리 조업표탕 갑일금신 편의화지 기일금신 하로화제

六甲寅月 透財時節 西北行程 九流成業 陽火無根 水鄉必忌
육갑인월 투재시절 서북행정 구류성업 양화무근 수향필기

陰火無根 水鄉有救 年干會火 日時會金 己土用印 官澈名清
음화무근 수향유구 년간회화 일시회금 기토용인 관철명청

辛金月辰 庚金丑庫 逆數清孤 順行豪富 辛金坐酉 財官臨印
신금월진 경금축고 역수청고 순행호부 신금좌유 재관임인

順行南方 名利必振 土生四季 日坐庚辛 何愁主弱 旺地成名
순행남방 명리필진 토생사계 일좌경신 하수주약 왕지성명

壬坐午位 祿馬同鄉 重遇火局 格局高强 傷官之格 女人最忌
임좌오위 녹마동향 중우화국 격국고강 상관지격 여인최기

帶財帶印 反成富貴 官星桃花 福祿堪誇 殺星桃花 朝劫暮嗟
대재대인 반성부귀 관성도화 복록감과 살성도화 조겁모차

食神生旺 勝似財官 濁之則賤 清之則發 此法玄玄 微妙難言
식신생왕 승사재관 탁지즉천 청지즉발 차법현현 미묘난언

學者得授 千金莫傳
학자득수 천금막전

【해 설】

재관(財官)과 인수(印綬)는 매우 꺼리는 것은 칠살(七殺)이 비견(比肩)이나 상관(傷官)과 권귀(權貴)를 이루는 것이다. 상관격(傷官格)이 관성(官星)을 만나면 격(格)에서 매우 꺼리나 용신(用神)을 불손(不損)하면 어찌 관성(官星)이 도래(到來)하면 근심하리오.

일록(日祿)이 시(時)에 거하면 청운의 뜻으로 길을 찾는데 월령(月令)에서 재관(財官)을 얻으면 길하다. 임기용배격(壬騎龍背格)은 술토(戌土)를 만나면 무정하고, 인목(寅)이 많으면 부자가 되고, 진토(辰)가 많으면 영화롭다.

일덕금신격(日德金神格)은 월(月)에 토(土)가 왕성하면 명리는 있으나 조상의 업을 탕진한다. 갑일금신격(甲日金神格)은 화운(火運)을 편의(偏宜)하지만 기일금신격(己日金神格)은 어찌 화제(火制)하는 노고가 필요하겠는가. 육갑(六甲)이 인월생(寅月生)이고 재성(財星)이 투출(透出)했는데 서북운을 만나면 구류(九流)의 성업(成業)한다.

양화일간(陽火日干)이 뿌리가 없으면 반드시 수운(水運)을 꺼리고, 음화일간(火日干)이 뿌리가 없으면 수운(水運)에 구제된다. 년간(年干)에 화(火)가 모이고 일시(日時)에 금(金)이 모이며 기토일간(己土日干)이 용인(用印)하는 경우 관명(官名)이 청고하다.

신금일간(辛金)이 진월생(辰月生)이고 경금(庚金)이 축고(丑庫)에 들었는데 대운이 역행하면 청고(清孤)하고 순행하면 부호가 된다. 신금일간(辛金)이 유월생(酉月生)이고 재관인(財官印)이 임했는데 남방운으로 순행하면 반드시 명리를 떨친다.

사계의 토(土)가 왕성한 때 태어난 경신일간(庚辛日干)이라면 신약

(身弱)하면 어찌 근심하고, 왕지(旺地)에 이름을 얻는다.

임수일간(壬水日干)이 오화(午火)에 임하면 녹마(祿馬)가 동향(同鄉)이니 화국(火局)이 무거우면 격국(格局)이 고강(高强)하다.

여명이 상관격(傷官格)이면 가장 꺼리나 재인(財印)을 대동하면 부귀격(富貴格)이 된다. 관성(官星)이 도화(桃花)를 만나면 복록을 자랑할만 하고, 살성(殺星)이 도화(桃花)를 만나면 고생만 따른다. 식신(食神)이 생왕(生旺)하고 일간(日干)이 기(氣)가 있으면 승재관(勝財官)하지만 탁하면 천한 명이고, 맑으면 귀(貴)가 발달한다.

이 법은 깊은 원리가 있어 그 미묘함을 말로 다하기 어려운데 학자들은 득수(得授)하여 천금이 생기더라도 함부로 전하지 말라.

11. 신약론(身弱論)

【원 문】

陽木無根 生於丑月 水多轉貴 金多則折 乙木無根 生臨丑月
양목무근 생어축월 수다전귀 금다즉절 을목무근 생임축월

金多轉貴 火多則折 丙火無根 子申全見 無制無生 此身貧賤
금다전귀 화다즉절 병화무근 자신전견 무제무생 차신빈천

六甲坐申 三重見子 運至北方 須防橫死 丙臨申位 陽水大忌
육갑좌신 삼중견자 운지북방 수방횡사 병임신위 양수대기

有制身强 旺成名利 己入亥宮 怕逢陰木 月逢印生 自然成福
유제신강 왕성명리 기입해궁 파봉음목 월봉인생 자연성복

己日逢殺 印旺財伏 運轉東南 貴高財足 壬寅壬戌 陽土透出
기일봉살 인왕재복 운전동남 귀고재족 임인임술 양토투출

不混官星 名顯榮祿 陰水無根 火鄉有貴 陽水無根 火鄉卽畏
불혼관성 명현영록 음수무근 화향유귀 양수무근 화향즉외

丁酉陰柔 不怕多水 比肩透露 格中反忌 戊寅日生 何愁殺旺
정유음유 불파다수 비견투로 격중반기 무인일생 하수살왕

露火成名 水來漂蕩 庚午日主 支火炎炎 見土則貴 見水爲嫌
노화성명 수래표탕 경오일주 지화염염 견토즉귀 견수위혐

辛未身弱 卯提入格 癸酉身弱 見財成格 癸巳無根 火土重見
신미신약 묘제입격 계유신약 견재성격 계사무근 화토중견

透財名彰 露根則賤
투재명창 노근즉천

【해 설】

양목일간(陽木日干)이 뿌리가 없으며 축월생(丑月生)인데 수(水)가 많으면 귀명이 되나 금(金)이 많으면 꺾인다.

을목일간(乙木日干)이 뿌리가 없으며 축월생(丑月生)인데 금(金)이 많으면 귀명이 되나 화(火)가 많으면 꺾인다.

병화일간(丙火日干)이 뿌리가 없으며 신자진(申子辰)을 모두 만났는데 다스리지 못하면 무생(無生)하여 빈천하다.

육갑일(六甲日)이 신월생(申月生)이고 3중으로 자수(子水)를 만났는데 북방운으로 가면 비명횡사를 방비해야 한다.

병화일간(丙火日干)이 신월생(申月生)이면 양수(陽水)를 매우 꺼리나 신강(身强)하여 다스리면 왕운(旺運)에 명리를 이룬다.

기토일간(己土日干)이 해월생인데 음목(陰木)을 만나면 흉하고, 월(月)에 인성(印星)이 임하면 자연히 복을 이룬다.

기토일간(己土日干)이 살성(殺)을 만났는데 인성(印星)이 왕성하고 재성(財星)을 다스리면 동남운에 귀고(貴高)를 이루고 재물이 만족한다.

임인일생(壬寅日生)과 임술일생(壬戌日生)은 양토(陽土)가 투출(透出)하고 관살(官殺)이 혼잡하지 않으면 명현영록(名顯榮祿)한다.

음수일간(陰水)이 뿌리가 없으면 화운(火運)에 귀(貴)가 있으나 양수일간(陽水日干)이 뿌리가 없으면 화운(火運)을 두려워한다.

정유일생(丁酉日生)은 음유(陰柔)이니 수(水)가 많은 것을 꺼리지 않으나 비견(比肩)이 투출(透出)하면 꺼린다.

무인일생(戊寅日生)은 살성(殺星)이 왕성하면 근심이 따르고, 화기(火氣)가 투출(透出)하면 이름을 이루고, 수기(水氣)가 임하면 방탕하게 떠돌아다닌다.

경오일생(庚午日生)이 지지(地支)에 화기(火氣)가 염염(炎炎)한데 토(土)를 만나면 귀명이 되고, 수(水)를 만나면 꺼린다.

신미일생(辛未日生)이 신약(身弱)한데 묘월(卯月)에 입격(入格)하고, 계유일생(癸酉日生)은 신약(身弱)하니 재성(財星)을 만나면 격(格)을 이루고, 계사일생(癸巳日生)이 뿌리가 없으며 화토(火土)를 거듭 만났는데 재성(財星)이 투출(透出)하면 이름을 알리나 노근(露根)하면 천한 명이 된다.

12. 기명종살격(棄命從殺格)

【원 문】

甲乙無根 怕逢申酉 殺合逢之 雙目必朽 甲木無根 生於五月
갑을무근 파봉신유 살합봉지 쌍목필후 갑목무근 생어오월

水多轉貴 金多則折 乙木酉月 見水爲奇 有根丑絶 無根寅危
수다전귀 금다즉절 을목유월 견수위기 유근축절 무근인위

乙木坐酉 庚丁透露 二庫歸根 孤神得失 丙火申提 無根從殺
을목좌유 경정투로 이고귀근 고신득실 병화신제 무근종살

有根南旺 脫根壽促 陽火無根 水鄉必忌 陰火無根 水鄉有救
유근남왕 탈근수촉 양화무근 수향필기 음화무근 수향유구

陰火酉月 棄命就財 北方入格 南地爲災 戊己亥月 身弱爲美
음화유월 기명취재 북방입격 남지위재 무기해월 신약위미

卯月同推 嫌根劫比 庚金無根 寅宮火局 南方有貴 須防壽促
묘월동추 혐근겁비 경금무근 인궁화국 남방유귀 수방수촉

辛巳陰柔 休囚官殺 運限加金 聰明顯達 壬日戌提 癸干未月
신사음유 휴수관살 운한가금 총명현달 임일술제 계간미월

運喜東方 逢沖則絶 棄命從財 須要會財 棄命從殺 須要會殺
운희동방 봉충즉절 기명종재 수요회재 기명종살 수요회살

從財忌殺 從殺喜財 若逢根氣 壽命不久
수요회살 종재기살 종살희재 약봉근기 수명불구

【해 설】

갑을일간(甲乙日干)이 뿌리가 없으면 신유(申酉)를 두려워하고, 살성(殺星)이 합(合)을 하면 두 눈이 반드시 썩는다.

갑목일간(甲木日干)이 뿌리가 없으며 오월생(午月生)인데 수(水)가 많으면 귀하게 되고, 금(金)이 많으면 목(木)이 꺾인다.

을목일간(乙木日干)이 유월생(酉月生)인데 수(水)를 만나면 기귀격(奇貴格)이 되고, 축토(丑土)의 절(絶)에도 유근(有根)하고 인목(寅木)의 위험에서 뿌리가 없는다.

을목일간(乙木日干)이 유월생(酉月生)인데 경정(庚丁)이 투출(透出)하면 이고(二庫)가 귀근(歸根)하고 고신(孤神)을 득실(得失)한다.

병화일간(丙火日干)이 신월생(申月生)이고 뿌리가 없으면 종살격(從殺格)이 되지만 유근(有根)하여 남왕(南旺)하여 탈근(脫根)하면 수명을 단축한다.

양화일간(陽火)이 뿌리가 없으면 반드시 수운(水運)을 꺼리고, 음화일간(陰火)이 뿌리가 없으면 수운(水運)에 구제된다. 음화일간(陰火)이 유월생(酉月生)이면 기명종재격(棄命從財格)이 되니 북방운에 입격(入格)하지만 남방운에는 재앙이 따른다.

무기일간(戊己日干)이 해월생(亥月生)이면 신약(身弱)해야 아름답고, 묘월생(卯月生)도 동일한데 비겁(比劫)의 근(根)을 꺼린다.

경금일간(庚金日干)이 뿌리가 없는데 인오술화국(寅午戌火局)을 이루면 남방운에 귀격(貴格)을 이루나 수명을 재촉한다.

신사일생(辛巳日生)은 음유(陰柔)이니 관살운(官殺運)에 휴수(休囚)되고, 금운(金運)이 가세하면 총명하며 현달한다.

임수일간(壬水日干)이 술월생이거나 계수일간(癸水日干)이 미월생(未月生)이면 동방운을 환영하나 충(沖)을 만나면 사망한다.

기명종재격(棄命從財格)은 재성(財星)이 모여야 하고, 기명종살격

(棄命從殺格)은 살성(殺星)이 모여야 한다. 종재격(從財格)은 살(殺)을 꺼리고, 종살격(從殺格)은 재성(財星)이 길하나 근기(根氣)를 만나면 수명이 길지 못하다.

13. 오언독보(五言獨步)

【원 문】

有病方爲貴 無傷不是奇 格中如去病 財祿喜相隨 寅卯多金丑
유병방위귀 무상불시기 격중여거병 재록희상수 인묘다금축

貧富高低走 南地怕沖申 北方休見酉 建祿生提月 財官喜透天
빈부고저주 남지파충신 북방휴견유 건록생제월 재관희투천

不宜身再旺 惟喜茂財源 土厚多逢火 歸金旺遇秋 冬天水木泛
불의신재왕 유희무재원 토후다봉화 귀금왕우추 동천수목범

名利總虛浮 甲乙生居卯 金多反吉祥 不宜重見殺 火地得衣糧
명리총허부 갑을생거묘 금다반길상 불의중견살 화지득의량

火忌西方酉 金沉怕水鄕 木神休見午 水到卯中傷 土宿休行亥
화기서방유 금침파수향 목신휴견오 수도묘중상 토숙휴행해

臨官在巳宮 南方根有旺 西北莫相逢 陰日朝陽格 無根月建辰
임관재사궁 남방근유왕 서북막상봉 음일조양격 무근월건진

西方還有貴 惟怕火來侵 乙木生居酉 莫逢全巳丑 富貴坎離宮
서방환유귀 유파화래침 을목생거유 막봉전사축 부귀감이궁

貧窮申酉守 有殺只論殺 無殺方論用 只要去殺星 不怕提綱重
빈궁신유수 유살지론살 무살방론용 지요거살성 불파제강중

甲乙若逢申 殺印暗相生 木旺金逢旺 冠袍必掛身 離火怕重逢
갑을약봉신 살인암상생 목왕금봉왕 관포필괘신 이화파중봉

北方反有功 雖然宜見水 猶恐對提沖
북방반유공 수연의견수 유공대제충

【해 설】

유병(有病)함에 귀격(貴格)이요 무상(無傷)함에 기명(奇命)이 아니니 병(病)을 제거할 때 재록(財祿)이 길하고 상(相)隨한다. 인묘(寅卯)에 금축(金丑)이 많으면 빈부고저(貧富高低)가 많으니 남지(南地)로 흘러 신지(申地)를 파기(怕忌)하고 북방으로 흘러 유지(酉地)를 꺼린다.

건록(建祿)이 월지(月支)에 임하면 재관(財官)이 투천(透天)해야 길하나, 신왕운(身旺運)으로 가면 좋지 않으나 재관향(財官鄕)으로 가면 길하다.

토(土)가 두터운데 화기(火氣)를 많이 만나고, 금(金)이 왕성한데 추동월 목(木)은 부목(浮木)이 되니 명리가 모두 허무하다.

갑을일간(甲乙日干)이 묘월생(卯月生)인데 금(金)이 많으면 길상하고, 살(殺)을 거듭 만나면 좋지 않고, 화운(火運)을 만나면 의복과 식량을 얻을 것이다. 화(火)는 서방의 유지(酉地)를 꺼리고, 금(金)이 침몰하는 수운(水運)도 두려워하고, 목신(木神)은 오화(午火)를 꺼리고, 수(水)는 묘운(卯運)에 들면 상한다. 토(土)는 해지(亥地)에 들지 않아야 하고, 임관(臨官)은 사궁(巳宮)에 있으니 남방운은 근왕(根旺)하여 길하나 서북운은 불리하다.

음일조양격(陰日朝陽格)이 뿌리가 없는데 월건(月建)에 진(辰)이 임하면 좋고, 서방운에 귀(貴)가 있으나 화기(火氣)가 침범하면 꺼린다.

을목일간(乙木日干)이 유월생(酉月生)인데 사유축(巳酉丑) 금국(金局)을 이루면 흉하고, 감리궁(坎離宮)에 임하면 부귀를 이루고, 신유궁(申酉宮)에 임하면 가난하다.

살성(殺星)이 있으면 살(殺)로만 논하고, 살성(殺星)이 없으면 용(用)을 논하는데 살성(殺星)을 제거함이며 하거나 제강(提綱)이 무거우면 두려워하지 않는다.

만일 갑을일간(甲乙日干)이 신월생(申月生)이면 살인(殺印)이 암생(暗生)되고, 목(木)이 왕성하면 금(金)이 왕성할 때 관귀(官貴)를 얻는다. 이화(離火)는 화(火)를 거듭 만나는 것을 꺼리고, 북방운에 공(功)이 있고, 수운(水運)은 길하나 월지(月支)를 충(沖)하면 대흉하다.

【원 문】

八月官星旺 甲逢秋氣深 財官兼有功 名利自然亨
팔월관성왕 갑봉추기심 재관겸유공 명리자연형

曲直生春月 庚辛干上逢 南離推富貴 坎地郤爲凶
곡직생춘월 경신간상봉 남이추부귀 감지극위흉

甲乙生三月 庚辛戌未存 丑宮壬癸位 何慮見無根
갑을생삼월 경신술미존 축궁임계위 하려견무근

木茂宜金火 身衰鬼作關 時分西與北 輕重辨東南
목무의금화 신쇠귀작관 시분서여북 경중변동남

時上胞胎格 月逢印綬通 殺官行運助 職位列三公
시상포태격 월봉인수통 살관행운조 직위열삼공

二子不沖午 二寅不沖申 二午不沖子 二申不沖寅
이자불충오 이인불충신 이오불충자 이신불충인

得一分三格 財官印綬全 運中逢剋破 一命喪黃泉
득일분삼격 재관인수전 운중봉극파 일명상황천

進氣死不死 退氣生不生 終年無發旺 猶忌少年刑
진기사불사 퇴기생불생 종년무발왕 유기소년형

時上偏財格 干頭忌比肩 月生身主旺 貴氣福重添
시상편재격 간두기비견 월생신주왕 귀기복중첨

運行十載數 上下五年分 先看流年歲 深知來往旬
운행십재수 상하오년분 선간유년세 심지내왕순

時上一位貴 藏在支中是 日主要剛强 名利方有氣
시상일위귀 장재지중시 일주요강강 명리방유기

【해 설】

갑목일간(甲木日干)이 유월생(酉月生)이면 가을 기운이 깊은 때이니 재관(財官)이 모두 들면 공(功)이 있으니 명리가 자연히 형통한다.

곡직(曲直)인 갑목일간(甲木日干)이 봄철인 인묘진월생(寅卯辰月生)인데 천간(天干)에서 경신금(庚辛金)을 만나면 남이운(南離運)에 부귀를 이루나 감지운(坎地運)은 흉하다.

갑을일간(甲乙日干)이 진월생인데 경신금(庚辛金)과 술미(戌未)가 들고 축궁(丑宮)에 임계(壬癸)가 있으면 무근(無根)이 아니다. 목(木)이 무성하면 금화(金火)가 필요하고 신약(身弱)하면 귀살(鬼殺)이 되니, 서북을 분별해야 하고, 경중을 따라 동남을 분별해야 한다.

시상포태격(時上胞胎格)이 월(月)에서 인수(印綬)를 만나면 살관운

(殺官運)의 내조가 있어야 삼공(三公)에 오른다. 자수(子水) 둘이 오화(午火)를 충(沖)하지 않고, 인목(寅) 둘이 신금(申金)을 충(沖)하지 않고, 오화(午) 둘이 자수(子水)를 충(沖)하지 않고,신금(申) 둘이 인목(寅)을 충(沖)하지 않는다.

일분(一分)으로 삼격(三格)을 얻는 격이며 재관(財官)과 인수(印綬)가 모두 있고 운중(運中)에 극파(剋破)하면 황천객이 된다. 진기(進氣)는 사지(死地)에서도 죽지 않고, 퇴기(退氣)는 생지(生地)에서도 살지 못하며 종년(終年)엔 발왕(發旺)할 수 없고 소년에는 형액이 있으면 오히려 꺼린다.

시상편재격(時上偏財格)은 간두(干頭)에 비견(比肩)이 있으면 꺼리고, 신왕(身旺)하면 귀하고 복을 더한다.

대운은 10년이지만 상하를 각각 5년씩 나누어 만나고, 먼저 유년(流年)을 살피고 대운과 세운을 함께 간명해야 한다.

시상일위귀격(時上一位貴格)은 지지(地支)에 장재(藏在)해 있음이 귀하니 일간(日干)이 강해야 명리가 자연히 유기(有氣)한다.

14. 희기론(喜忌論)

【원 문】

四柱排定 三才次分 專以日上天元 配合八字干支
사주배정 삼재차분 전이일상천원 배합팔자간지

支中有見不見之形 無時不有 神殺相絆 輕重較量
지중유견불견지형 무시불유 신살상반 경중교량

若乃時逢七殺 見之未必爲凶 月制干强 七殺反爲權印
약내시봉칠살 견지미필위흉 월제간강 칠살반위권인

財官印綬全備 藏蓄於四季之中 官星財氣長生 鎭居於寅申巳亥
재관인수전비 장축어사계지중 관성재기장생 진거어인신사해

庚申時逢戊日 名食神干旺之方 歲月犯甲丙寅卯 此乃遇而不遇
경신시봉무일 명식신간왕지방 세월범갑병인묘 차내우이불우

月生日干無天財 乃印綬之名 日祿居時沒官星 號靑雲得路
월생일간무천재 내인수지명 일록거시몰관성 호청운득로

陽水疊逢辰位 是壬騎龍背之鄕 陰木獨遇子時 爲六乙鼠貴之地
양수첩봉진위 시임기용배지향 음목독우자시 위육을서귀지지

庚日全逢潤下 忌壬癸巳午之方 時遇子申 其福半減
경일전봉윤하 기임계사오지방 시우자신 기복반감

若逢傷官月建 如凶處未必皆凶 內有正倒祿飛 忌官星亦嫌羈絆
약봉상관월건 여흉처미필개흉 내유정도녹비 기관성역혐기반

【해 설】

사주를 배정하고 천인지(天人地)의 삼재(三才)를 나눈다. 일간(日
干)이 위주이니 일(日)을 천원(天元)인 주인으로 삼고, 나머지 간지(干
支)를 팔자에 배합하여 간명한다. 지지(地支)에는 정기(正氣)와 암장
(暗藏)이 있으니 무시(無時)하면 불유(不有)함이다.

또 신살(神殺)이 상반(相絆)되면 경중을 따지는데 시(時)에서 칠살
(七殺)을 만나도 반드시 흉명은 아니다. 월(月)을 제극(制剋)함이 강
하면 칠살(七殺)이 오히려 권인(權印)이 되고, 재관(財官)과 인수(印
綬)를 모두 갖추는 장축(藏蓄)의 사계에는 관성(官星)과 재기(財氣)

가 장생(長生)하고 인신사해(寅申巳亥)가 진압하여 거한다.

경신시생(庚申時生)이 무토(戊土)를 만나면 식신(食神)이 왕성한 것이니 세월에 갑병인묘(甲丙寅卯)가 들면 만나도 만나지 않은 것과 같다.

월지(月支)가 일간(日干)을 생조(生助)하면 인수격(印綬格)이니 일록(日祿)이 거시(居時)하면 관성(官星)이 몰락하고 청운에 득로(得路)한다.

양수일간(陽水日干)이 진토(辰土)를 거듭 만나면 임기용배격(壬騎龍背格)이고, 음목일간(陰木日干)이 자시생(子時)이면 육을서귀격(六乙鼠貴格)이고, 경금일간(庚金日干)이 윤하(潤下)를 모두 만나면 임계(壬癸)와 사오방(巳午方)을 꺼리고 시(時)에서 자신(子申)을 만나면 복이 반감된다.

만일 상관(傷官)을 월건(月建)에서 만나면 흉하지만 반드시 흉하지는 않다. 주중(柱中)에서 녹마(祿馬)가 도충(倒沖)하는 격이면 관성(官星)을 꺼리고 기반(羈絆)도 꺼린다.

【원 문】

六癸日時逢寅位 歲月怕戊己二方 甲子日再遇子時
육계일시봉인위 세월파무기이방 갑자일재우자시

畏庚辛申酉丑午 辛癸日多逢丑地 不喜官星 歲時逢子巳二宮
외경신신유축오 신계일다봉축지 불희관성 세시봉자사이궁

虛利虛名 拱祿拱貴 塡實則凶 時上偏財 別宮忌見
허리허명 공록공귀 전실즉흉 시상편재 별궁기견

六辛日逢戊子 嫌午未位運喜西方 五行遇月支偏官
육신일봉무자 혐오미위운희서방 오행우월지편관

歲時中亦宜制伏 類爲去官有殺 亦有去殺留官 四柱純殺有制
세시중역의제복 류위거관유살 역유거살유관 사주순살유제

安居一品之尊 略見一位正官 官殺混雜反賤 戊日午月 勿作刃看
안거일품지존 약견일위정관 관살혼잡반천 무일오월 물작인간

時歲火多 郤爲印綬 月令雖逢建祿 切忌會殺爲凶 官星七殺交差
시세화다 극위인수 월령수봉건록 절기회살위흉 관성칠살교차

郤以合殺爲貴 柱中官星太旺 天元羸弱之名
극이합살위귀 주중관성태왕 천원라약지명

【해 설】

육계일(六癸日)이 인시생(寅時生)이면 세월에서 무기방(戊己方)을 꺼리고, 갑자일생(甲子日生)이 자시생(子時)이면 경신신유축오(庚辛申酉丑午)를 두려워한다. 신계일간(辛癸日干)이 축지(丑地)를 많이 만나면 관성(官星)을 좋아하지 않고, 년시(年時)에 자사(子巳)가 들면 허리(虛利)와 허명(虛名)만 있을 뿐이다.

공록격(拱祿格)과 공귀격(拱貴格)은 전실(塡實)되면 흉하고, 시상(時上)에 편재(偏財)가 있는데 다른 곳에 편재(偏財)가 또 있으면 꺼린다.

육신일(六辛日)이 무자(戊子)가 들면 오미(午未)를 꺼리고, 서방운은 환영하고, 월지(月支)에서 편관(偏官)을 만나면 년시(年時)에서 다스려야 마땅하니 거관유살(去官有殺)하거나 거살유관(去殺留官)이 그것이다.

주중(柱中)에 살성(殺星)이 순수한데 제(制)하면 일품(一品)의 존귀를 얻고 편안하나, 정관(正官)이 하나 있어 관살혼잡(官殺混雜)이 되면 오히려 천한 명이 된다.

무토일간(戊土日干)이 오월생(午月生)이면 양인(羊刃)을 만나지 않아야 하고, 시(時)에 화(火)가 많으면 인수격(印綬格)으로 본다. 월령(月令)에 건록(建祿)이 임해도 회살(會殺)하면 흉하고, 관성(官星)과 칠살(七殺)이 교차(交差)되면 살성(殺星)을 합(合)해야 귀하고, 주중(柱中)에 관성(官星)이 매우 왕성하면 태약(太弱)한 명이 된다.

【원 문】

日干旺甚無依 若不爲僧卽道 印綬生月 歲時忌見財星 運入財鄕
일간왕심무의 약불위승즉도 인수생월 세시기견재성 운입재향

郤宜退身避位 劫財羊刃 切忌時逢 歲運倂臨 災殃立至
극의퇴신피위 겁재양인 절기시봉 세운병임 재앙입지

十干背祿 歲時見財星 運至比肩 號曰背祿逐馬 五行正貴
십간배록 세시견재성 운지비견 호왈배록축마 오행정귀

忌刑沖剋破之宮 四柱干支 喜三合六合之地 日干無氣
기형충극파지궁 사주간지 희삼합육합지지 일간무기

時逢羊刃不爲凶 官殺兩停 喜者存之 憎者棄之 地支天干合多
시봉양인불위흉 관살양정 희자존지 증자기지 지지천간합다

亦云貪合忘官 四柱殺旺運純 身旺爲官淸貴 凡見天元太弱
역운탐합망관 사주살왕운순 신왕위관청귀 범견천원태약

內有弱處復生 柱中七殺全彰 身旺極貧無救 無殺女人之命
내유약처복생 주중칠살전창 신왕극빈무구 무살여인지명

一貴可作良人 貴衆合多 正是尼師娼婢 偏官時遇制伏太過
일귀가작양인 귀중합다 정시니사창비 편관시우제복태과

乃是貧儒 四柱傷官 運入官鄕必破 五行絶處 卽是胎元
내시빈유 사주에관 운입관향필파 오행절처 즉시태원

生日逢之 名曰受氣
생일봉지 명왈수기

【해 설】

　일간(日干)이 너무 왕성해 의지할 곳이 없으면 승려나 수도인이 된다. 인수(印綬)가 월지(月支)에 임하면 년시(年時)에서 재성(財星)을 만나는 것을 꺼리고, 재성운(財星運)으로 가면 은둔생활을 해야 길하다. 겁재(劫財)와 양인(羊刃)이 절기(切忌)되면 시(時)에서 만난 것이고, 세운에도 임하면 재앙이 이른다.

　십간(十干)이 배록(背祿)되면 년시(年時)에서 재성(財星)을 만나야 길하고, 비견운(比肩)에 이르면 배록축마격(背祿逐馬格)이 된다. 오행정귀(五行正貴)는 형충파해(刑沖剋破)를 꺼리는데 사주의 간지(干支)가 삼합(三合)이나 육합(六合)을 하면 길하다. 일간(日干)이 무기(無氣)이면 시(時)에서 양인(羊刃)을 만나도 흉하지 않고, 관살(官殺)이 혼잡하면 길한 희자(喜者)는 존재(存在)시키고 흉한 증자(憎者)는 제거해야 한다.

　천간(天干)과 지지(地支)에 합(合)이 많으면 탐합망관(貪合忘官)이니 주중(柱中)에 살성(殺星)이 왕성하면 신왕운(身旺運)을 만나야 청귀한 고관이 된다.

천원(天元)이 태약(太弱)하면 약한 곳에서 복생(復生)하는 원리가 있으니 주중(柱中)에 칠살(七殺)이 뚜렷하여 신왕(身旺)하면 극빈하나 구해주는 자가 없다.

여명이 살성(殺星)이 없는데 일귀(一貴)가 있으면 귀명이 된다. 귀(貴)가 대중과 합(合)이 많으면 여승이나 창기나 노비가 된다. 편관(偏官)이 시(時)에 들고 지나치게 다스리면 가난한 선비이고, 주중(柱中)에 상관(傷官)이 들고 관운(官運)으로 가면 반드시 파괴도고, 생일(生日)이 절처(絶處)이면 수기(受氣)함이 된다.

15. 계선론(繼善論)

【원 문】

人稟天地 命屬陰陽 生居覆載之間 盡在五行之內 欲知貴賤
인품천지 명속음양 생거복재지간 진재오행지내 욕지귀천

先觀月令及提綱 次斷吉凶 專用日干爲主本 三元要成格局
선관월령급제강 차단길흉 전용일간위주본 삼원요성격국

四柱喜見財官 用神不可損傷 日主最宜健旺 年傷日干 名爲主本不和
사주희견재관 용신불가손상 일주최의건왕 년상일간 명위주본불화

歲月時中 大怕殺官混雜 作用憑於生月 當推究於淺深 發覺在於日時
세월시중 대파살관혼잡 작용빙어생월 당추구어천심 발각재어일시

要消詳於强弱 官星正氣 忌見刑沖 時上偏財 怕逢兄弟 生氣印綬
요소상어강약 관성정기 기견형충 시상편재 파봉형제 생기인수

利官運畏入財鄕 七殺偏官喜制伏 不宜太過 傷官復行官運 不測災來
이관운외입재향 칠살편관희제복 불의태과 상관복행관운 불측재래

羊刃沖合歲君 勃然禍至 富而且貴 定因財旺生官 非夭卽貧
양인충합세군 발연화지 부이차귀 정인재왕생관 비요즉빈

必是身衰遇鬼 六壬生臨午位 號曰祿馬同鄕 癸日坐巳宮
필시신쇠우귀 육임생임오위 호왈녹마동향 계일좌사궁

乃是財官雙美 財多身弱 正是富屋貧人 以殺化權 定作寒門之貴客
내시재관쌍미 재다신약 정시부옥빈인 이살화권 정작한문지귀객

登科甲第 官星臨無破之宮 納粟奏名 財庫居生旺之地 官星太旺
등과갑제 관성임무파지궁 납속주명 재고거생왕지지 관성태왕

經臨旺處必傾 印綬被傷 倘若榮華不久
경임왕처필경 인수피상 당약영화불구

【해 설】

 사람의 품성은 천지의 기운을 받아 구성되는 것이니 명에 음양(陰陽)
이 속해 있고 천복지재(天覆地載)한 가운데 생거(生居)한다. 모든 것이
오행(五行)의 원리에 있다. 귀천을 알려면 먼저 월령(月令) 제강(提綱)의
깊이를 살핀 다음 길흉을 결단해야 한다. 일간(日干)을 위주로 하는 것
이 근본이고, 삼원(三元)을 보아 격국(格局)을 결정해야 한다.

 주중(柱中)에는 무엇보다 재관(財官)이 있어야 길하고 용신(用神)
이 손상되면 불가하다. 일간(日干)은 가장 좋은 것은 건왕(健旺)함이
다. 일간(日干)이 년(年)을 상해하면 불화하고, 년월시(年月時)에 살성
(殺星)과 관살(官殺)이 혼잡되면 흉하다. 생월(生月)의 심천을 살펴
근기(根氣)를 추리하고, 일시(日時)의 강약을 소상하게 살피고, 관성
(官星)의 정기(正氣)의 형충(刑沖)하면 꺼린다.

 시상편재격(時上偏財格)은 형제인 비겁(比劫)을 만나면 꺼리고, 생

기하는 인수(印綬)는 관운(官運)이 이길(利吉)하고 재성운(財星運)은 꺼린다. 칠살(七殺) 편관(偏官)은 다스리면 길하나 지나치면 좋지 않고, 상관격(傷官格)이 관운(官運)으로 흐르면 예측할 수 없는 재앙을 만나고, 양인(羊刃)이 세운을 충합(沖合)하면 갑자기 흉화가 닥친다. 부명과 귀명은 재성(財星)이 왕성한데 관성(官星)을 생(生)하기 때문이고, 요절하거나 빈궁하면 반드시 신약(身弱)한데 귀살(鬼殺)이 왕성하기 때문이다.

육임일(六壬日)이 오화(午火)에 임하면 녹마(祿馬)가 동향(同鄕)에 있는 것이고, 계수일간(癸水日干)이 사궁(巳宮)에 임하면 재관쌍미격(財官雙美格)이 된다. 재성(財星)이 많은데 신약(身弱)하면 부잣집에 사는 가난한 사람이고, 살성(殺星)이 화(化)하여 권귀(權貴)를 이루면 한미한 집안 출신으로 성공한 사람이다. 등과갑제하면 관성(官星)을 파괴하지 않았기 때문이고, 납속주명(納粟奏名)의 고관대작이 되는 것은 재고(財庫)가 생왕지(生旺地)에 거하기 때문이고, 관성(官星)이 매우 왕성한데 다시 관왕운(官旺運)으로 들어가면 반드시 좌천이나 삭탈관직되고, 인수(印綬)가 상해되면 영화가 있어도 오래 가지 못한다.

【원 문】

有官有印 無破作廊廟之材 無印無官 有格乃作朝廷大用
유관유인 무파작낭묘지재 무인무관 유격내작조정대용

名標金榜 須還身旺逢官 得佐聖君 貴在沖官逢合 非格非局
명표금방 수환신왕봉관 득좌성군 귀재충관봉합 비격비국

見之焉得爲奇 身弱遇官 得後徒然費力 小人命內 亦有正印官星
견지언득위기 신약우관 득후도연비력 소인명내 역유정인관성

君子格中 也犯七殺羊刃 爲人好殺 羊刃必犯於偏官 素食慈心
군자격중 야범칠살양인 위인호살 양인필범어편관 소식자심

印綬遂逢於天德 生平步病 日主高强 一世安然 財命氣 官刑不犯
인수수봉어천덕 생평보병 일주고강 일세안연 재명기 관형불범

印綬天德同宮 少樂多憂 蓋因日主身弱 身强殺淺 假殺爲權
인수천덕동궁 소락다우 개인일주신약 신강살천 가살위권

殺重身輕 終身有損 衰則邊官爲鬼 旺則化鬼爲官 月生日干
살중신경 종신유손 쇠즉변관위귀 왕즉화귀위관 월생일간

運行不喜財鄉 日主無依 郤喜運行財地 時歸日祿 生平不喜官星
운행불희재향 일주무의 극희운행재지 시귀일록 생평불희관성

陰若朝陽 切忌丙丁離位 太歲乃衆殺之主 入命未必爲殃
음약조양 절기병정이위 태세내중살지주 입명미필위앙

若逢戰鬪之鄉 必主刑於本命 歲傷日干 有禍必輕 日犯歲君
약봉전투지향 필주형어본명 세상일간 유화필경 일범세군

災殃必重 五行有救 其年返必爲祥 四柱無情 故論名爲剋歲
재앙필중 오행유구 기년반필위상 사주무정 고논명위극세

庚得壬男制丙 反作長年 甲以乙妹妻庚 凶爲吉兆 天元雖旺
경득임남제병 반작장년 갑이을매처경 흉위길조 천원수왕

若無依倚是常人 日主太柔 縱遇財官爲寒士
약무의의시상인 일주태유 종우재관위한사

【해 설】

　관성(官星)과 인성(印星)이 모두 있는데 파괴되지 않으면 낭묘지재

(廊廟之材)이니 국가의 동량이 되고, 인성(印星)과 관성(官星)이 모두 없는데 격이 있으면 조정에서 크게 쓰일 사람이 된다. 등과급제하여 금방(金榜)에 이름을 올리는 것은 신왕(身旺)한데 관성을 만났기 때문이고, 성군(聖君)을 보좌하는 고관이 되는 것은 관성을 충합(沖合)하기 때문이다. 격(格)도 이루지 못하고 국(局)도 이루지 못하면 기귀격(奇貴格)이 될 수 없고 신약(身弱)한데 관성(官星)을 만나면 노력해도 공이 없다. 소인의 명에도 정인(正印)이나 관성(官星)이 있고, 군자의 격(格)에도 칠살(七殺)이나 양인(羊刃)이 있다. 살생을 좋아하면 반드시 양인(羊刃)이 편관(偏官)을 범하기 때문이고, 소식(素食)하고 마음이 자애로운 것은 인수(印綬)가 천덕(天德)을 만났기 때문이다.

평생 질병이 적으면 일간(日干)이 고강(高强)하기 때문이고, 평생 편안하면 재명(財命)이 유기(有氣)하기 때문이다. 관형(官刑)을 받지 않으면 인수(印綬)가 천덕(天德)과 동궁(同宮)하기 때문이고, 즐거움은 적고 근심은 많으면 신약(身弱)하기 때문이다.

신강(身强)한데 살성(殺星)이 얕으면 살성(殺星)이 권귀(權貴)로 변하고, 신약한데 살성(殺星)이 무거우면 평생 손상이 따른다. 일간(日干)이 쇠약하면 관귀(官貴)가 귀살(鬼殺)로 변하고, 신왕(身旺)하면 귀살(鬼殺)이 관귀(官貴)로 변한다.

월(月)의 인수(印綬)가 일간(日干)을 생조(生助)하면 인수(印綬)가 용신(用神)인데 재성운(財星運)으로 가면 좋지 않고, 신왕(身旺)되어 재관(財官)이 의지할 곳이 없으면 재성운이 길하다. 일록(日祿)이 시(時)로 돌아가면 평생 관성(官星)을 기뻐하지 않는다. 육음조양격(六陰朝陽格)은 절기(切忌)함이 병정(丙丁)의 이위(離位)이고, 태세는 중살(衆殺)의 주군(主君)이니 반드시 재앙이 따르지는 않지만 전투향(戰鬪鄕)을 만나면 반드시 형액이 따른다.

세년(歲年)이 일간(日干)을 상해하면 해가 있어도 가볍지만 일간(日干)이 세운을 범하면 반드시 재앙이 많고 무겁다. 그러나 구해주는 육신(六神)이 있으면 오히려 그 해에 길상하고, 사주가 무정하면 화액이 있다. 경금(庚金)이 갑을목(甲乙木)을 상극(相剋)하는데 병정화(丙丁火)가 화극금(火剋金)을 해주면 흉화가 없고 오히려 길함이 오래 가는 해가 된다. 갑목(甲木)이 을매(乙妹)로 경금(庚金)의 아내를 삼으면 흉이 변하여 길조가 되고, 천원(天元)인 신왕(身旺)해도 의지할 곳이 없으면 평범한 명이 되고, 일간(日干)이 매우 부드러우면 재관(財官)을 만나도 한가한 선비에 불과하다.

【원 문】

女人無殺 帶二德受國家之封 男命身强 遇三奇爲一品之貴
여인무살 대이덕수국가지봉 남명신강 우삼기위일품지귀

甲逢己而生旺 定懷中正之心 丁遇壬而太過 必犯淫訛之亂
갑봉기이생왕 정회중정지심 정우임이태과 필범음와지난

丙臨申位 逢陽水難獲延年 己入亥宮 陰木見從爲損壽 庚値寅而遇丙
병임신위 봉양수난획연년 기입해궁 음목견종위손수 경치인이우병

生旺無危 乙遇巳而見辛 身衰有禍 乙逢庚旺 長存仁義之風
생왕무위 을우사이견신 신쇠유화 을봉경왕 장존인의지풍

丙合辛生 鎭掌威權之職 木重逢火位 名爲氣散之文 獨水三犯庚辛
병합신생 진장위권지직 목중봉화위 명위기산지문 독수삼범경신

號曰體全之象 水歸冬旺 生平樂自無憂 木向春生 處世安然有壽
호왈체전지상 수귀동왕 생평낙자무우 목향춘생 처세안연유수

金弱遇火炎之地 血疾無疑 土虛逢木旺之鄉 脾傷定論 金遇艮而遇土
금약우화염지지 혈질무의 토허봉목왕지향 비상정론 금우간이우토

號曰還魂 水入巽而見金 名爲不絶 土臨卯位 未中年便作灰心
호왈환혼 수입손이견금 명위불절 토임묘위 미중년편작회심

金遇火鄉 雖少壯必然挫志 金木交差刑戰 仁義俱無 水火遞互相傷
금우화향 수소장필연좌지 금목교차형전 인의구무 수화체호상상

是非日有 木從水養 水盛而木則漂流 金賴土生 土厚而金遭埋沒
시비일유 목종수양 수성이목즉표류 금뢰토생 토후이금조매몰

是以五行不可偏格 務稟中和之氣 更能絶慮忘思 鑑命無差無訛矣
시이오행불가편격 무품중화지기 갱능절려망사 감명무차무와의

【해 설】

여명이 살성(殺星)이 없는데 이덕(二德)을 대동하면 국가에서 봉은
(封恩)을 받는 귀명이 되고, 남명이 신강(身强)한데 삼기(三奇)를 만
나면 일품(一品)의 관귀(官貴)를 이룬다.

갑목일간(甲木日干)이 기토(己土)를 만나 생왕(生旺)되면 중정지심
(中正之心)이 있고, 정화일간(丁火日干)이 지나치게 임수(壬水)를 많
이 만나면 반드시 음란하고, 병화일간(丙火日干)이 신위(申位)에 임
하면 신중(申中)의 양수(陽水)를 만나니 장수하기 어렵고, 기토일간
(己土日干)이 해궁(亥宮)에 임하여 음목(陰木)을 만나면 수명이 손
상되고, 경금일간(庚金日干)이 인목(寅木)을 만나면 인중(寅中)에 병
화(丙火)가 장생(長生)하나 생왕(生旺)되어 위태로움이 없고, 을목일
간(乙木日干)이 사화(巳火)와 신금(辛金)을 만났는데 신약(身弱)하면
흉화가 있고, 경금(庚金)을 만났는데 왕강(旺强)이면 인의지풍(仁義

之風)이 많다.

병화(丙火)가 신금(辛金)을 합하면 진장(鎭掌)함이 위권지직(威權之職)이고, 목(木)이 무거운데 화(火)를 만나면 기산지문(氣散之文)이라 하여 문장이 우수하다. 탁수(獨水)가 경신금(庚辛金)을 3번 범하면 체전지상(體全之象)이라 하여 고관대작이 된다.

수일간(水日干)이 동왕절(冬旺節)에 태어나면 평생 즐겁고, 목일간(木)이 봄철생이면 처세가 편안하며 장수한다. 금일간(金日干)이 신약(身弱)한데 화염지(火炎地)를 만나면 반드시 혈질병(血疾病)에 걸리고, 토일간(土日)이 허약한데 목왕향(木旺鄕)을 만나면 비장이나 위장이 상한다.

금일간(金日干)이 간(艮)의 축토(丑土)를 만나면 환혼(還魂)이라 하고, 수일간(水日干)이 손사방(巽巳方)의 금(金)을 만나면 명예가 단절되지는 않고, 토일간(土日干)이 묘위(卯位)에 임하면 중년에 질병이 따른다.

금일간(金日干)이 화운(火運)을 만나면 비록 어릴 때는 뼈대가 강하고 혈기가 왕성하나 반드시 그 뜻이 꺾이고, 금목(金木)이 교차되어 형전(刑戰)하면 어짐과 의로움을 갖추지 못한다. 수화(水火)가 번갈아 들면 서로 상해하고,

목(木)은 수(水)가 길러주나 수(水)가 성하면 표류하고, 금(金)은 토(土)에 의지하지만 토(土)가 두터우면 묻힌다. 이처럼 오행(五行)이 편격(偏格)이면 불가하니 중화(中和)되어야 하고, 운의 향배가 중요하다. 혼잡한 이단의 학설을 단절해야 간명에 오차가 없을 것이다.

2장. 비전묘결(秘傳妙訣)

1. 육신론(六神論)

【원 문】

五行妙用 難逃一理之中 進退存亡 要識變通之道 命之理微
오행묘용 난도일리지중 진퇴존망 요식변통지도 명지리미

聖人罕言 正官牌印 不如乘馬 七殺用財 豈宜得祿
성인한언 정관패인 불여승마 칠살용재 개의득록

印逢財而罷職 財逢印以遷官 命當夭折 食神子立逢梟 運至凶危
인봉재이파직 재봉인이천관 명당요절 식신혈입봉효 운지흉위

羊刃重逢破局 爭正官不可無傷 歸七殺最嫌有制 官居殺地
양인중봉파국 쟁정관불가무상 귀칠살최혐유제 관거살지

難守其官 殺在官鄕 豈能邊殺 貪財壞印擢高科 印分輕重
난수기관 살재관향 개능변살 탐재괴인탁고과 인분경중

運比用財纏萬貫 比得資扶 運到旺鄕身反弱 財旺劫處猶輕
운비용재전만관 비득자부 운도왕향신반약 재왕겁처유경

財逢有傷 還忌陰謀之賊 殺無明制 當尋伏敵之兵 貴人頭上戴財官
재봉유상 환기음모지적 살무명제 당심복적지병 귀인두상대재관

門充馹馬 生旺宮中藏劫殺 勇奪三軍 爲跨馬以亡身 因得祿而避位
문충사마 생왕궁중장겁살 용탈삼군 위과마이망신 인득록이피위

印解兩賢之厄 財勾六國之爭 衆殺混行 一印可化 一殺倡亂
인해양현지액 재구육국지쟁 중살혼행 일인가화 일살창난

獨方可擒 印居殺地 化之以德 殺居印地 齊之以刑 兄弟破財財得用
독방가금 인거살지 화지이덕 살거인지 제지이형 형제파재재득용

殺官欺主主須從 一馬在廄 人不敢逐 一馬在野 人共逐之
살관기주주수종 일마재구 인불감축 일마재야 인공축지

財臨生庫破生宮 兼奉兩家宗祀 身坐比肩成比局 當爲幾度新郎
재임생고파생궁 겸봉양가종사 신좌비견성비국 당위기도신랑

父母一離一合 須知印綬臨財 夫星妻隨娶傷 蓋爲比肩伏馬
부주다리일합 수지인수임재 부성처수취상 개위비견복마

子位子塡 孤嗟伯道 妻宮妻守 賢齊孟光 入庫傷官 陰生陽死
자위자전 고차백도 처궁처수 현제맹광 입고상관 음생양사

幫身陽刃 喜合嫌沖 權刃復行權刃 刀藥亡身 財官再遇財官
방신양인 희합혐충 권인복행권인 도약망신 재관재우재관

貪汚罷職 祿到長生原有印 淸任加官 馬行帝旺舊無傷 官途進爵
탐오파직 녹도장생원유인 청임가관 마행제왕구무상 관도진작

財旺身衰 逢生卽死 刃强殺薄 見殺生官
재왕신쇠 봉생즉사 인강살박 견살생관

【해 설】

　오행의 묘리는 일리지중(一理之中)에서 벗어나기 어렵고, 진퇴와 존

망이 변통(變通)에 있어 명리(命理)가 현미(玄微)한 것이지만 성인(聖人)이 상세하게 설명하지 않았다.

정관(正官)이 인성(印星)을 대동하면 출세가 빠르지 않고, 칠살격(七殺格)이 재성(財星)을 취하면 어찌 득록(得祿)이 마땅하겠는가. 인성(印星)이 재성(財星)을 만나면 탐재괴인(貪財壞印)되어 파직되고, 재성(財星)이 인성(印星)을 만나면 천관득길(遷官得吉)하고, 식신(食神)이 외로운데 효인(梟印)을 만나면 요절한다.

양인(羊刃)을 만나면 국(局)이 깨지는데 운에서 다시 양인(羊刃)을 만나면 위태로움이 따르고, 관성(官星)이 하나 있으면 정관(正官)과 다투니 상해되고, 약한 칠살(七殺)을 제극(制剋)하면 매우 흉하고, 관살(官殺)이 혼잡하면 관귀(官貴)을 지키기 어렵고, 살성(殺星)이 관성운(官星運)에 들면 변화가 있을 수 없고, 탐재괴인(貪財壞印)이 되면 고과(高科)에 발탁되니 인성의 경중에 따라 다르게 본다.

비겁(比劫)이 많은 신왕운(身旺運)에서 재성(財星)을 취하면 만관(萬貫)의 재물을 얻고, 비겁(比劫)이 매우 왕성한데 신왕운(身旺)을 만나면 부귀가 약해진다. 재성(財星)은 비겁(比劫)이 왕성하면 약해지고, 재성(財星)이 상해되면 음모지적(陰謀之賊)의 귀환(歸還)하는 것을 꺼리고, 살성(殺星)이 강왕한데 다스리지 못하면 복적지병(伏敵之兵)을 만난 것이 된다.

귀인(貴人)이 간두에 재관(財官)이 투출(透出)하면 대문 앞에 네 마리의 말이 끄는 마차가 가득하고, 생왕(生旺)하는 궁(宮) 에 겁살(劫殺)이 암장(暗藏)되어 있으면 용맹하여 삼군(三軍)을 장악한다. 과마(跨馬)는 망신이니 득록(得祿)하면 지위가 좌천되고, 인성(印星)

이 망동하면 양현(兩賢)에도 액이 있고, 양인(羊刃)과 재국(財局)이 상충(相沖)하면 육국(六國)의 전쟁이 발생하고, 중다(衆多)한 살(殺)이 혼잡되었는데 인성이 하나 있으면 관인상생(官印相生)할 수 있다.

살성(殺星)이 하나 있어 어지러우면 식신(食神)이 하나만 있어도 다스릴 수 있고, 인성이 살지(殺地)에 임하면 덕이 된다. 살성(殺星)이 인지(印地)에 임하면 제형(齊刑)을 취하고, 형제인 비겁(比劫)이 재관(財官)을 파극(破剋)하면 흉하나 관살(官殺)이 비겁(比劫)을 제극(制剋)해주면 재물이 안정된다.

일마(一馬)가 지지(地支)의 고(庫)에 있으면 감히 빼앗아갈 수 없지만 일마(一馬)가 평야에 드러나 있으면 빼앗아갈 염려가 있으니 재성(財星)은 고(庫)에 임해야 길하다. 만일 파극(破剋)하면 양자로 후사를 잇고, 양가의 종사를 모신다.

신주(身主)가 비견(比肩)에 임하여 비겁국(比劫局)을 이루면 혼인을 여러 번 하고, 부모와 한 번 이별하고 한 번 화합하는 것은 탐재괴인(貪財壞印)하기 때문이고, 부부가 결혼생활에 상해가 많은 것은 대개 매우 왕성한 비겁(比劫)이 재성(財星)을 파극(破剋)하기 때문이다.

자시생이 관성(官星)이 휴수(休囚)되면 꺼리고, 처궁(妻宮)은 일지(日支)인데 비겁(比劫)이 상극(相剋)하지 않아야 한다. 상관(傷官)이 입고(入庫)되면 음생양사(陰生陽死)하고, 양인(羊刃)이 신약(身弱)한 일간(日干)을 합으로 도와주면 길하나 상충(相沖)하면 꺼린다.

권귀(權貴)와 양인(陽刃)이 함께 권인(權刃)에 들면 영웅이 되어 명진사해하나 자객의 도검이나 정적에게 독살당할 염려가 많다. 재관(財官)이 다시 재관(財官)을 만나면 탐관오리가 되어 파직당하고, 녹

(祿)이 장생(長生)에 들고 원명에 인성(印星)이 있으면 청렴하게 관직을 수행한다.

마(馬)가 제왕(帝旺)에 임하면 상해가 없고 관도진작(官途進爵)하며 재성(財星)이 왕성하다. 그러나 신약(身弱)하면 봉생(逢生)하나 즉사(卽死)하고, 양인(刃)이 강하고 살성(殺星)이 박한데 살(殺)을 만나면 관성(官星)을 생(生)한다.

2. 기상론(氣象論)

【원 문】

乃若一陽解凍 三伏生寒 陽亢不制 亢則害也 剛而能柔
내약일양해동 삼복생한 양항불제 항즉해야 강이능유

吉之道也 柔弱偏枯 小人之象 强健中正 君子之風 過於寒薄
길지도야 유약편고 소인지상 강건중정 군자지풍 과어한박

和暖處終難奮發 過於燥烈 水激處反有凶災 過於執實 事難顯豁
화난처종난분발 과어조열 수격처반유흉재 과어집실 사난현활

過於淸冷 思有凄凉 過於有情 志無遠達 過於用力 成亦多難
과어청냉 사유처량 과어유정 지무원달 과어용력 성역다난

過於貴人 逢災自愈 過於惡殺 遇福難亨 五行絶處 祿馬扶身
과어귀인 봉재자유 과어악살 우복난형 오행절처 녹마부신

四柱奇中 比肩分福 陰陽固有剛柔 干支豈無顚倒 父無子而不獨
사주기중 비견분복 음양고유강유 간지개무전도 부무자이불독

子有父而反孤 生尙可以再生 死不可以復死 旣死亦非爲鬼
자유부이반고 생상가이재생 사불가이복사 기사역비위귀

逢生又不成人 五行各得其所者 歸衆成福 一局皆失其垣者
봉생우불성인 오행각득기소자 귀중성복 일국개실기원자

流蕩無依 大運折除成歲 小運逆順由時 六合有功 權尊六部
유탕무의 대운절제성세 소운역순유시 육합유공 권존육부

三刑得用 威震邊疆 天地包藏神得用 豁達胸襟 風雨激烈貴無虧
삼형득용 위진변강 천지포장신득용 활달흉금 풍우격열귀무휴

發揚姓字 賊地成家 賊亂家亡神必喪 樑材就斷 木多金缺用難成
발양성자 적지성가 적난가망신필상 량재취단 목다금결용난성

純陽地戶包陰 兵權顯赫 獨虎天門帶木 臺閣淸高 學堂逢驛馬
순양지호포음 병권현혁 독호천문대목 대각청고 학당봉역마

山斗文章 日主坐咸池 江湖花酒 福滿須防有禍 凶多未必無禎
산두문장 일주좌함지 강호화주 복만수방유화 흉다미필무정

馬頭帶箭 生於秦而死於楚 馬後加鞭 朝乎南而暮乎北
마두대전 생어진이사어초 마후가편 조호남이모호북

一將當關 群邪自服 衆凶剋主 孤力難勝 脫此輩忌見此輩
일장당관 군사자복 중흉극주 고력난승 탈차배기견차배

化斯神喜見斯神 驛馬無韁 南北東西之客 桃花帶殺
화사신희견사신 역마무강 남북동서지객 도화대살

娼妓隷卒之徒 母子有始終之靠 夫星妻得生死依 雙眼無瞳
창기예졸지도 모자유시종지고 부성처득생사의 쌍안무동

火土殺乾癸水 大腸有病 丙丁剋損庚金 土行濕地而傾根
화토살건계수 대장유병 병정극손경금 토행습지이경근

伯牛有恨 火值炎天而得局 顔子無憂 水泛木浮 死無棺槨
백우유한 화치염천이득국 안자무우 수범목부 사무관곽

火炎土燥 主受孤單 妻多力弱 花粉生涯 馬弱比多 形骸飄泊
화염토조 주수고단 처다력약 화분생애 마약비다 형해표박

性靈形寢 多因濁裡流淸 貌俊心蒙 蓋是淸中涵濁
성령형침 다인탁리유청 모준심몽 개시청중함탁

【해 설】

　일양(一陽)에 해동(解凍)하고 삼복(三伏)에 생한(生寒)한다. 양(陽)만 매우 왕성하고 제극(制剋)이 없으면 흉한데, 운이 화왕지(火旺地)로 가면 고독하며 가난한 명이 된다. 강양(剛陽)이 음유월(陰柔月)에 태어나면 길하나 유약하고 편고하면 소인의 상이다. 강건하여 중정(中正)을 지키면 군자의 풍모를 지니나 지나치게 빈한하고 박복하면 화난(和暖)의 길처(吉處)를 만나도 발복하기 어렵다.

　또 지나치게 조열(燥烈)하면 수왕처(水)에서 재앙을 만나고, 지나치게 집착하여 불통이면 하는 일이 현달하지 못한다. 지나치게 청냉(淸冷)하면 사고가 처량하고, 지나치게 유정하면 먼 후일을 생각하는 의지가 없고, 지나치게 용력(用力)해도 성공하는데 어려움이 많고, 지나치게 귀인(貴人)이 들면 재앙을 만나도 길하다. 지나치게 악살이 많으면 복운을 만나도 형통하기 어렵고, 절처(絶處)에 녹마(祿馬)가 부신(扶身)하며 주중(柱中)에 기재중(奇財中)에 있는데 비견(比肩)이 있으면 복이 분산된다.

　음양은 고유하게 강유(剛柔)한 것이니 간지(干支)에 어찌 전도(顚

倒)함이 없겠는가. 아버지운에 무자식 팔자라도 실상은 자식이 있어 고독하지 않고, 자식운에 아버지가 있어도 고아처럼 고독하게 살아가는 명조가 있다는 것을 알아야 한다.

장생(長生)되었는데 생왕운(生旺運)을 만나면 다시 생(生)되고, 사절(死絕)은 다시 사절(死絕)되지 않는다. 이미 사절운(死絕運)에 들었으면 사귀(死鬼)가 아니고, 주중(柱中)에서 생(生)하나 성취한 사람이 아니니 오행(五行)이 각각 득령(得令)했고 재관(財官)을 소유해야 복을 이룬다.

국(局) 하나를 모두 잃으면 방탕으로 흘러 의지할 곳이 없고, 대운은 깊이와 과다를 살피고, 소운은 시(時)를 기준으로 순행인지 역행인지에 따라 정한다.

육합(六合)이 공(功)이 있으면 육부(六部)에 권존(權尊)함이 있고, 삼형(三刑)이 득용(得用)하면 변강(邊疆)으로 명진사방(名振四方)한다. 천지가 포장(包藏)하면 신(神)의 득용(得用)으로 현달하고, 비바람이 격렬하면 실패없이 귀(貴)가 발달하여 이름을 알린다. 적지(賊地)에서 성가해도 적난(賊亂)의 집은 망신살(亡神殺)이 들어 반드시 사상(死喪)된다.

동량이 되려면 재목을 절차탁마(切磋琢磨)를 해야 하니 목다금결(木多金缺)하면 성공하기 어렵다. 순양(純陽)이 음(陰)을 포용하면 병권을 장악하여 이름을 높이 드러내고, 독호(獨虎)는 일인(一寅)인데 천문(天門)인 해지(亥地)에 들고 목(木)을 대동하면 청고한 고관대작이 되고, 학당(學堂)이 역마(驛馬)를 만나면 문장이 출중하다. 일간(日干)이 함지(咸池)에 해당하면 주색을 탐하고, 복이 많아도 화를 당한다.

흉이 많다고 해서 반드시 상서로움이 없는 것은 아니다. 마두(馬頭)가 형충(刑沖)을 대동하면 진나라에서 태어나 초나라에서 객사하고, 마후(馬後)에서 가편(加鞭)하면 아침에는 남방에서 부르고 저녁에는 북방에서 부르니 출세하는 것을 말한다. 일장(一將)이 당관(當關)하면 군사(群邪)가 자복(自服)하고, 중흉(衆凶)이 극주(剋主)하면 고력(孤力)이니 난승(難勝)이다. 탈차배(脫此輩)가 꺼림은 차배(此輩)를 만나는 것이고, 화사신(化斯神)이 좋은 것은 사신(斯神)을 만나는 것이다.

역마(驛馬)가 무강(無韁)이면 남북동서객(南北東西客)인데 도화(桃花)가 들고 살(殺)을 대동하면 창기나 예졸(隷卒)의 무리다. 모(母)가 득생(得生)하면 시종으로 기댈 자식이 있고, 부부가 득생(得生)하면 생사를 서로 의지한다. 두 눈의 동자가 없으면 화토(火土)가 계수(癸水)를 살건(殺乾)하기 때문이고, 대장에 병이 있으면 병정(丙丁)이 경금(庚金)을 극손(剋損)하기 때문이고, 토(土)가 습지로 들면 뿌리가 기울어 백우(伯牛)와 같은 한이 있다.

화일간(火日干)이 염천(炎天)에 국(局)을 얻으면 안자(顔子)와 같이 근심이 없고, 수(水)가 넘치면 목(木)이 떠다니니 죽어서 관이 없을 것이다. 화염에는 토(土)가 메마르니 고단하고, 아내인 재성(財星)이 많은데 신약(身弱)하면 아내로 인하여 득리(得利)하여 생활한다. 마재(馬財)가 약하고 비겁(比劫)이 많으면 정처없이 떠돌아다니고, 심성이 밝으면 원명이 혼탁해도 운이 청명하기 때문이고, 외모는 준수하나 마음이 몽매하면 용신(用神)은 맑으나 탁한 것이 극상(剋傷)하기 때문이다.

3. 위경론(渭涇論)

【원 문】

三奇得位 良人萬里封侯 二德歸垣 貴子九秋步月 一官一貴
삼기득위 양인만리봉후 이덕귀원 귀자구추보월 일관일귀

烏雲兩鬢擁金冠 四殺四空 皎月滿懷啼玉筋 官行官運 鏡破釵分
오운양빈옹금관 사살사공 교월만회제옥근 관행관운 경파채분

財入財鄕 夫星榮子貴 衣錦藏珍 官星有氣 堆黃積白 財庫無傷
재입재향 부성영자귀 의금장진 관성유기 퇴황적백 재고무상

大抵官多不榮 財多不富 用正印而逢梟 蘭階夜冷 用梟神而遇印
대저관다불영 재다불부 용정인이봉효 난계야냉 용효신이우인

玉樹春榮 金淸水冷 日鎖鸞臺 土燥火炎 夜寒衾帳 群陰群陽
옥수춘영 금청수냉 일쇄난대 토조화염 야한금장 군음군양

淸燈自守 重官重印 祿鬢孤眠 田園廣置 食神得位不逢官
청등자수 중관중인 녹빈고면 전원광치 식신득위불봉관

粟帛盈餘 印綬逢時還遇殺 傷官不見官星 猶爲貞潔
속백영여 인수봉시환우살 상관불견관성 유위정결

無食多逢印綬 反作刑傷 窮梟見食 坐産花枯 惡殺混官
무식다봉인수 반작형상 궁효견식 좌산화고 악살혼관

臨春葉落 遠合勾情 背夫尋主 沖官破食 棄子從人 財衰印絕
임춘엽낙 원합구정 배부심주 충관파식 기자종인 재쇠인절

幼出娘門 身强運强 早刑夫主 五殺簪花 日夜迎賓送客
유출낭문 신강운강 조형부주 오살잠화 일야영빈송객

三刑帶鬼 始終剋子傷夫 楊妃貌美 祿傍桃花 謝女才高
삼형대귀 시종극자상부 양비모미 녹방도화 사녀재고

身乘詞館 華蓋臨官 情通僧道 孤辰坐印 身作尼姑 胞胎常隨
신승사관 화개임관 정통승도 고진좌인 신작니고 포태상수

食旺身衰 鸞鳳頻分 官輕比重 姉妹剛强 乃作塡房之婦
식왕신쇠 난봉빈분 관경비중 자매강강 내작전방지부

財官死絕 當招過繼之兒 官臨財地必榮夫 身入敗鄕須剋子
재관사절 당초과계지아 관임재지필영부 신입패향수극자

【해 설】

　삼기(三奇)인 재관인(財官印)이 득위(得位)하면 선량한 남편이 만
리의 제후가 되고, 이덕(二德)이 귀원(歸垣)하면 자식이 대과에 급제
하여 구추보월(九秋步月)한다. 일관일귀(一官一貴)를 얻으면 남편이
금관옥대를 두르는 고관이 되고, 사살사공(四殺四空)이 들면 애통할
명인데 관왕운(官旺運)을 만나면 가정이 깨진다.

　재성(財星)이 재성운(財星運)으로 흐르면 부영자귀(夫榮子貴)하
고, 의금(衣錦)이 장진(藏珍)하면 관성(官星)이 유기(有氣)하기 때문이
다. 금은이 재고(財庫)에 가득하면 진술축미(辰戌丑未)의 재고(財庫)
가 다치지 않았기 때문이다.

　관성(官星)이 많으면 영화가 없고, 재성(財星)이 많으면 부가 없는
데 정인(正印)을 취하는데 효신(梟神)을 만나면 능욕을 당한다. 효신
(梟神)을 취하는데 정인(正印)을 만나면 재능이 봄을 만난듯이 발복
하고, 금청수냉(金淸水冷)하면 골육 간에 무정하고, 토조화염(土燥火
炎)하면 부부 간에 갈등이 심하여 서로 의지할 곳이 없어 고독하다.

　사주가 음(陰)으로만 구성되거나 양(陽)으로만 구성되면 청등(淸

燈)을 지킬 뿐이고, 관성(官星)과 인성이 모두 무거우면 남편이 많다다. 전원이 넓어 재록(財祿)이 풍후하면 식신(食神)이 득위(得位)하면 관성(官星)을 만나지 않았기 때문이고, 식량과 비단이 가득하면 인수(印綬)를 취하는데 살성을 만났기 때문이다.

상관(傷官)이 관성(官星)을 만나지 않으면 정결하고, 식상(食傷)이 없는데 인수(印綬)가면 를 많이 만나면 형상(刑傷)을 당하고, 효신(梟神)이 궁색한데 식상(食傷)을 만나면 산액을 당한다. 흉살이 정관(正官)과 혼잡하면 일찍 상신(傷身)하며 합(合)이 있고, 역마(驛馬)와 도화(桃花)가 모두 있으면 색정이 있고, 관성(官星)이 충극(沖剋)하고 식신(食神)을 파극(破剋)하면 자식을 버리고 외부(外夫)를 따라간다. 재성(財星)이 쇠약하고 인성이 끊기면 천박한 집안의 출신이고, 신강(身强)하고 운강(運强)하면 남편을 일찍 형(刑)하고, 5살(殺)인 함지(咸池)·홍염(紅艷)·겁살(劫殺)·파모(破耗)·도화(桃花)가 있으면 창기의 명이다.

삼형(三刑)이 귀살(鬼殺)을 대동하면 결국은 자식을 극하며 남편이 다치고, 미모가 양귀비인 것은 녹방도화(祿傍桃花)가 임하기 때문이다.

여명이 재예가 출중하면 자오묘유(子午卯酉)의 사관(詞舘)을 얻었기 때문이고, 화개(華蓋)에 관성(官星)이 임하면 불륜을 저지르는 승려가 된다. 고진(孤辰)이 인성에 앉으면 여승이나 과부의 명이고, 임신이 잘되면 식상은 왕성한데 신약(身弱)하기 때문이고, 남편과 자주 이별하면 관성(官星)은 가벼운데 비겁(比劫)이 중하기 때문이다. 여명이 자매가 강강(剛强)하면 첩이 될 명이고, 재관(財官)이 사절(死絶)

되면 후계자를 데려오는 명조이니 양자를 들이고, 관성(官星)이 재성
운(財星運)에 임하면 반드시 영화로운 남편을 만나고, 신주(身主)가
재향(敗鄉)에 임하면 자식을 극한다.

【원 문】

殺梟破祿連根 墮冰肌於水火 比劫遭刑喪局 掩玉骨於塵沙
살효파록연근 타빙기어수화 비겁조형상국 엄옥골어진사

交馳逢驛馬 母氏荒凉 差錯帶孤神 夫家零落 五馬六財
교치봉역마 모씨황량 차착대고신 부가영락 오마육재

窮敗比肩之地 八官七殺 分離刑害之鄉 刑空官殺 幾臨嫁而罷濃粧
궁패비견지지 팔관칠살 분리형해지향 형공관살 기임가이파농장

衝剋印財 縱得家難成厚福 不若藏財不露 明殺無傷 重印行財
충극인재 종득가난성후복 불약장재불노 명살무상 중인행재

財多遇印 四敗非家人之有幸 四衝豈良婦而無嫌 水聚旺鄉
재다우인 사패비가인지유행 사충개양부이무혐 수취왕향

花街之女 金成秀麗 桃洞之仙 四生馳四馬 背井離鄉 三合帶三刑
화가지녀 금성수려 도동지선 사생치사마 배정이향 삼합대삼형

傷夫敗業 暗殺逢刑 槀砧不善 明官跨馬 夫星主增榮 黃金滿贏
상부패업 암살봉형 고침불선 명관과마 부성주증영 황금만라

一財得所 紅顏失配 兩貴無家 先比後財 自貧至富 衝官合食
일재득소 홍안실배 양귀무가 선비후재 자빈지부 충관합식

靠子刑夫 死絕胞胎 花枯寂寂 長生根本 瓜瓞綿綿 合貴合財
고자형부 사절포태 화고적적 장생근본 과질면면 합귀합재

珠盈金屋 破財破食 衾冷蘭房 呂后名馳天下 只緣陰併陽剛
주영금옥 파재파식 금냉난방 여후명치천하 지연음병양강

祿珠身墜樓前 蓋是梟沖殺位 秋水通源 刎眸立節 冬金坐局
녹주신추루전 개시효충살위 추수통원 문모입절 동금좌국

斷臂流芳 姉妹同宮 未適而先有恨 命在有氣 配夫到無憂
단비유방 자매동궁 미적이선유한 명재유기 배부도무우

【해 설】

　살성(殺)과 효신(梟神)이 연이어 뿌리를 파괴하면 물과 불의 흉액을 면하기 어렵고, 비겁(比劫)이 형상(刑喪)을 많이 만나는 것은 망신살(亡神殺)과 해살(害殺)을 만났기 때문이고, 역마가 쫓아오면 어머니의 친정이 몰락한다.

　음양차착살(陰陽差錯殺)이 고신(孤神)을 대동하면 남편 집안이 시들어 떨어지고, 오마육재(五馬六財)가 궁색해지면 비견(比肩)의 왕지(旺地)를 만났기 때문이다. 팔관(八官)과 칠살(七殺)이 형해향(刑害鄕)에 들면 부부가 이별하고, 관살(官殺)이 충형(沖刑)되고 공망(空亡)되면 시집을 가자마자 부부가 이별하고, 인성(印星)과 재성(財星)이 충극되면 가정을 이루어도 복이 두텁기 어렵고, 재성(財星)이 암장(暗藏)되면 복이 많고 칠살(七殺)이 투출하면 손상이 없다.

　인성(印星)이 무거우면 재성운(財星運)이 길하고 재성(財星)이 많으면 탐재괴인(貪財壞印)이 되니 겁재(劫財)가 길하고, 사패(四敗)가 있으면 가족이 아닌 다른 사람에게서 행복을 얻고, 사충(四衝)이 있어도 불륜하니 좋은 아내일 수가 없다.

　수일간(水日干)이 수왕향(水旺鄕)을 흐르면 화류계로 나가고, 금일간(金日干)이 수려하면 도동(桃洞)의 신선이고, 사생(四生)인 인신사해(寅申巳亥)가 있으면 역마에 해당하니 고향을 등지고 타향으로 간다. 삼합(三合)이 삼형(三刑)을 대동하면 상부(傷夫)하고 패업(敗業)하고, 암살(暗殺)이 형(刑)되면 선하지 않은 명이고, 명관과마(明官跨馬)이면 남편이 출세 승진하여 영화로움이 더한다.

황금이 가득하면 재성 하나를 얻었기 때문이고, 홍안의 신부가 남편을 잃으면 천을(天乙)과 천덕(天德)이 없기 때문이다. 먼저 비겁(比劫)이 있고 후에 재성(財星)이 있으면 선빈후부(先貧後富)의 명이 되고, 관성(官星)이 충돌하고 식상(食傷)이 합(合)을 하면 남편이 형액을 당하니 자식에게 의지하고 산다.

사절포태(死絶胞胎)를 만나면 일생이 적막하고, 장생(長生)이 근본이면 자식이 발복한다. 관귀(官貴)와 합(合)을 하고 재성(財星)과 합(合)을 하면 주옥이 넘치고, 파재(破財)하고 파식(破食)하면 독수공방하는 여명이 된다.

여후(呂后)가 천하에 이름을 떨치면 음양(陰陽)이 모두 강강(剛强)하기 때문이고, 녹주(祿珠)가 떨어져 나가면 대개 효신(梟神)이 살성(殺星)과 상충(相冲)하기 때문이다. 추수(秋水)가 수원(水源)과 통하면 사방에서 방해해도 절조를 지키고, 겨울생 금일간(金日干)이 해자축(亥子丑)에 앉아 국(局)을 이루면 금백수청(金白水淸)이니 정절이 견고하다. 자매가 동궁(同宮)에 있으면 처음에는 한탄하나 명이 기(氣)가 있으면 남편을 만나니 평생 근심이 없다.

4. 정진론(定眞論)

【원 문】

夫生日爲主者 行君之令 法運四時 陰陽剛柔之情 內外否泰之道
부생일위주자 행군지령 법운사시 음양강유지정 내외부태지도

進退相傾 動靜相伐 取固亨出入之緩急 救濟復散歛之巨微
진퇴상경 동정상벌 취고형출입지완급 구제복산감지거미

釋之曰法有三要 以干爲天 以支爲地 支中所藏者人元 分四柱
석지왈법유삼요 이간위천 이지위지 지중소장자인원 분사주

以年爲根 月爲苗 日爲花 時爲實 又釋四柱之中 以年爲祖上
이년위근 월위묘 일위화 시위실 우석사주지중 이년위조상

則知世代宗派盛衰之理 月爲父母 則知親蔭名利有無之類
즉지세대종파성쇠지리 월위부모 즉지친음명리유무지류

以日爲己身 推其干 搜用八字 爲內外生剋取捨之源 干弱則求氣旺之
이일위기신 추기간 수용팔자 위내외생극취사지원 간약즉구기왕지

籍有餘以補不足之法 干同以爲兄弟 如乙以甲爲兄 忌庚重也
적유여이보부족지법 간동이위형제 여을이갑위형 기경중야

甲以乙爲弟 畏辛重也 干剋以爲妻財 財多干旺 則多稱意
갑이을위제 외신중야 간극이위처재 재다간왕 즉다칭의

若干衰則反禍矣 干與支同 損財傷妻 男取剋干爲嗣 女取干生爲子
약간쇠즉반화의 간여지동 손재상처 남취극간위사 여취간생위자

存失皆然 當推貧賤富貴之區也
존실개연 당추빈천부귀지구야

【해 설】

생일(生日)을 위주로 보고, 그 다음은 월령(月令)을 본다. 사시(四時)에 의하여 음(陰)은 유(柔)하며 양(陽)은 강(剛)하고, 암장(暗藏)된 육신(六神)과 투출(透出)한 육신(六神)에 따라 길흉이 좌우되고, 진기(進氣)와 퇴기(退氣)가 서로 기울고, 동(動)하는 육신(六神)과 정(靜)하는 육신(六神)이 서로 치고, 고정된 육신(六神)과 변하는 육신(六神)의 출입에 따라 길복의 완급이 좌우되고, 구제하기도 하고 분산하기도 하고 수렴하기도 하는 것이 거대하기도 하고 미세하기도 하다.

다시 말하면 법에는 삼요(三要)가 있는데 간(干)은 천(天)이고, 지(支)는 지(地)이고, 지지(支地)에 소장된 것은 인(人)이다.

사주를 분해하면 년(年)은 뿌리가고, 월(月)은 묘(苗)이고, 일(日)은 화(花)이고, 시(時)는 실(實)이다.

또 해석하면 년(年)은 조상을 의미하니 조상의 흥망성쇠를 알 수 있고, 월(月)은 부모이니 부모의 음덕과 명리(命理)의 유무를 알 수 있고, 일(日)은 자신이니 팔자와의 관계를 살펴 내외(內外)와 생극(生剋)과 취사(取捨)의 근본으로 삼는다. 따라서 간(干)이 약하면 왕기(旺氣)운을 만나야 길하고, 신강(身强)하면 설기(泄氣)하거나 제극(制剋)하는 운이 필요하다.

일간(日干)과 같은 오행(五行)은 형제인데 예를 들어 을일간(乙日)은 갑목(甲木)이 형이니 경금(庚金)이 무거우면 꺼리고, 갑일간(甲日)은 을목(乙木)이 아우이니 신금(辛金)이 무거우면 꺼린다. 일간(日干)이 극(剋)하는 육신(六神)이 처재(妻財)인 재성인데, 재성(財星)이 많고 신왕(身旺)하면 만사가 형통하나, 일간(日干)이 쇠약하면 흉화를 당한다. 만일 간지가 같으면 재물이나 아내가 손상되고, 남명은 일간(日干)을 극(剋)하는 관살(官殺)이 자식이고, 여명은 일간(日干)이 생(生)하는 식상(食傷)이 자식이다. 위치로 보면 시상(時上)가 자궁(子宮)이니 시상(時上)의 길흉에 따라 자식의 빈부귀천을 추리한다.

【원 문】

理愚歌云五行眞假少人知 知時須是洩天機 是也
리우가운오행진가소인지 지시수시설천기 시야

俗以甲子乙丑海中金 卽婁景之前 未知金在海中之論
속이갑자을축해중금 즉루경지전 미지금재해중지론

或以年爲主 則可知萬億富貴相同者 以甲子年生 便爲本命忌日之戒
혹이년위주 즉가지만억부귀상동자 이갑자년생 편위본명기일지계

以月爲兄弟 如火命生酉戌亥子月 言兄弟不得力之斷 或日爲妻
이월위형제 여화명생유술해자월 언형제불득력지단 혹일위처

如在空刑剋殺之地 言剋妻妾之斷 或時爲子息 臨死絶之鄕
여재공형극살지지 언극처첩지단 혹시위자식 임사절지향

言子少之斷 論命皆非人之可爲 造物陰陽之所致 後世術士
언자소지단 논명개비인지가위 조물음양지소치 후세술사

不知斯理 而僭亂於俗 故不可言傳 當考幽微之妙矣
불지사리 이참난어속 고불가언전 당고유미지묘의

【해 설】

이우가운(理愚歌云), 오행(五行)의 진가를 아는 사람이 적은데 이는 곧 천기를 누설하는 것이다.

갑자을축(甲子乙丑)을 해중금(海中金)이라고 한 지는 오래되었지만 해중(海中)에 금(金)이 있는 이유를 잘 알지 못한다. 혹은 년(年)을 위주로 간명하지만 이것은 만억(萬億)의 부귀가 동일하게 되니 년(年)을 중심으로 하는 이 법은 정확하지 않으니 경계해야 한다.

월(月)은 형제로 본다. 예를 들어 화일간(火日干)이 유술해자월생(酉戌亥子月)이면 형제덕이 없는 것으로 본다. 일지(日支)는 아내로 본다. 일지(日支)가 공망(空亡)되거나 형충(刑沖)되거나 극살(剋殺)되면 처첩을 극하는 명으로 본다. 시(時)는 자식으로 보니 시(時)에 사절(死絶)이 임하면 자식이 흉하다고 간명한다.

논하건대 이 모든 것이 사람 마음대로 할 수 없는 명조이니 음양(陰陽)의 원리로 후세의 술사들은 이러한 원리를 바르게 알지 못하여 속되게 난도(亂道)하고 있다. 그러므로 그 깊고 오묘한 원리를 말로 모두 전할 수 없는 것이니 마땅히 힘써 익혀야 한다.

5. 오행원리소식부(五行原理消息賦)

【원 문】

詳其往聖 鑒以前賢 論生死全憑鬼谷 推消息端的徐公 陽生陰死
상기왕성 감이전현 논생사전빙귀곡 추소식단적서공 양생음사

陽死陰生 循環順逆 變化見矣 蓋陽木生亥死午 存亡易見
양사음생 순환순역 변화견의 개양목생해사오 존망역견

陰水跨馬防豬 吉凶可知 丙生艮而遇雞死 丁生兌而逢虎傷
음수과마방저 길흉가지 병생간이우계사 정생태이봉호상

戊藏寅而酉地沒 己生酉而寅宮亡 庚逢蛇而崢嶸 遇子鼠則難當
무장인이유지몰 기생유이인궁망 경봉사이쟁영 우자서즉난당

辛生子死於巽地 壬生申滅於震方 癸得兎而衣祿足 運行猴地見災殃
신생자사어손지 임생신멸어진방 계득토이의록족 운행후지견재앙

十干生死同斷 造化依理推詳 又憑權刃雙顯 均停位至侯王
십간생사동단 조화의리추상 우빙권인쌍현 균정위지후왕

中途或喪或危 運扶官旺 平生爲貴爲富 身殺兩停
중도혹상혹위 운부관왕 평생위귀위부 신살양정

【해 설】

성인들이 상세하게 원리를 밝히고 선현들이 살피어 오행(五行)의 생사를 귀곡자(鬼谷子)가 분별하고, 더 자세한 소식(消息)을 서공(徐公) 자평(子平)이 밝혀 해설하니 양생음사(陽生陰死)하고 양사음생(陽死陰生)하여 순역으로 변하여 순환하지 않은 원리가 더 분명하게 드러났다.

대개 양목(陽木)은 해월(亥月)에서 생(生)하고 오월(午月)에서 사(死)한다는 존망이 쉽게 보이는데, 음수(陰水)는 마오(馬午)에서 절(絶)이 되고 저해(豬亥)에 제왕(帝旺)이 되니 길흉을 가히 알 것이다.

병일간(丙日干)이 간인월생(艮寅月生)인데 계유(雞酉)를 만나면 사(死)하고, 정일간(丁日干)이 태유월생(兌酉月生)인데 호인(虎寅)을 만나면 상해를 당하니 무토(戊土)는 인중(寅中)에 무토(戊土)가 암장되어 유지(酉地)는 사라진다. 기토일간(己土日干)이 유월생(酉月生)이면 인궁(寅宮)에 죽고, 경금일간(庚金日干)이 사사월생(蛇巳月生)인데 장생(長生)하여 쟁영(崢嶸)거리며 또 자수서(子水鼠)를 만나면

사(死)하는 어려움을 당한다. 신금일간(辛金日干)이 자월생(子月生)이면 사(死)는 손사지(巽巳地)이고, 임수일간(壬水日干)이 신월생(申月生)이면 사멸하는 곳이 진묘방(震卯方)이고,계수일간(癸水日干)이 토묘월생(兎卯月生)이면 의록(衣祿)이 만족하나 후신지(猴申地)에 사(死)의 재앙을 본다.

십간(十干)의 출생월(出生月)이 사(死)와 동일하게 간명하는데 조화에 의지하여 원리를 상세하게 추리한다. 또 권관(權官)과 양인(羊刃)이 모두 나타나 균정하면 그 지위가 군왕에 이른다. 중도 죽거나 위험한 것 같지만 운이 신주(身主)를 도와주고 관성(官星)이 왕성하면 평생 부귀를 누리는데, 이것은 신주(身主)와 칠살(七殺)이 모두 머무르기 때문이다.

【원 문】

大貴者 用財而不用官 當權者 用殺而不用印 印賴殺生
대귀자 용재이불용관 당권자 용살이불용인 인뢰살생

官因財旺 食居先 殺居後 功名兩全 酉破卯 卯破午 財名雙美
관인재왕 식거선 살거후 공명양전 유파묘 묘파오 재명쌍미

福享五行歸祿 壽稱八字相停 晦火無光稼穡 盜木絶氣於丙丁
복향오행귀록 수칭팔자상정 회화무광가색 도목절기어병정

火虛有焰 金實無聲 水泛木浮者活木 土重金埋者陽金 水盛則危
화허유염 금실무성 수범목부자활목 토중금매자양금 수성즉위

火明則滅 陽金得煉太過 變革奔波 陰木歸垣失令 終爲身弱
화명즉멸 양금득련태과 변혁분파 음목귀원실령 종위신약

土重而掩火無光 逢木反爲有用 水盛則漂木無定 若行土運方榮
토중이엄화무광 봉목반위유용 수성즉표목무정 약행토운방영

五行不可太盛 八字須要中和 土止水流全福壽 土虛木盛必傷殘
오행불가태성 팔자수요중화 토지수류전복수 토허목성필상잔

運會元辰 須當夭折 木盛多仁
운회원진 수당요절 목성다인

【해 설】

대귀(大貴)한 자는 재성(財星)을 취하고 관성(官星)을 불용(不用)
한다. 당권(當權)을 장악한 자는 살성을 취하고 인성(印星)을 불용
(不用)한다. 인성(印星)은 살성(殺星)이 생조(生助)에 의지하고, 관성
(官星)은 재성(財星)에게 생왕(生旺)된다.

식신(食神)이 먼저 있고 살(殺)이 나중에 있으면 공명을 모두 이루
고, 유금(酉金)이 묘목(卯木)을 파(破)하고 묘목(卯木)은 오화(午火)
를 파(破)하면 재명(財名)이 모두 아름답다.

복이 형통하면 오행(五行)이 귀록(歸祿)하기 때문이고, 수명이 장
수하면 오행(五行)이 상정(相停)하기 때문이다.

화일간(火日干)이 토(土)가 많으면 화(火)가 희미해지니 불길하고,
목(木)이 도설(盜泄)하는데 병정(丙丁)을 만나면 재가 된다. 화일간
(火日干)이 허약한데 화염을 만나면 길하고, 금일간(金日干)이 단련
되지 않고 굳으면 소리를 내지 못하니 무용지물이 된다. 수(水)가 범
람하면 목(木)은 떠다니니 활목(活木)이 길하고, 토(土)가 무거우면
금(金)이 묻히니 양금(陽金)도 그렇다. 수(水)가 왕성하면 위태롭고,

화(火)가 밝으면 사멸하는 원리가 있고, 양금(陽金)이 지나치게 단련되면 변혁이 많고 이익없이 분주하다. 음목(陰木)이 실령(失令)하면 결국은 신약(身弱)해진다. 토(土)가 무거우면 화(火)가 가려져 빛을 내지 못하나 목(木)을 만나면 유용해진다. 수(水)가 성하면 떠다니는 목(木)을 안정시킬 수가 없는데 토운(土運)을 만나면 영화를 얻는다.

오행(五行)은 지나치게 성하지 않아야 하고, 팔자는 중화되어야 한다. 토(土)는 물을 정지시켜 안전하게 복수를 만들고, 토(土)가 허한데 목(木)이 성하면 반드시 흉악하다. 운이 원진(元辰)에 모이면 요절하고, 목(木)이 성하면 어질다.

【원 문】

土薄寡信 水旺居垣須有智 金堅主義卻能爲 金水聰明而好色
토박과신 수왕거원수유지 금견주의극능위 금수총명이호색

水土混雜必多憂 遐齡得於中和 夭折喪於偏枯 辰戌剋制幷沖
수토혼잡필다우 하령득어중화 요절상어편고 진술극제병충

犯刑名 子卯相刑門戶 全無禮德 棄印就財審偏正 棄干就殺論剛柔
범형명 자묘상형문호 전무예덕 기인취재심편정 기간취살논강유

食神制殺逢梟 不貧則夭 男多羊刃必重婚 女犯傷官須再嫁 貧敗者
식신제살봉효 불빈즉요 남다양인필중혼 여범상관수재가 빈패자

皆因旺處遭刑 孤寡者 只爲財神被劫 去殺留官方論福
개인왕처조형 고과자 지위재신피겁 거살유관방론복

去官有殺方威權 逢傷官反得夫星 乃爲財命有氣 遇梟神而喪子息
거관유살방위권 봉상관반득부성 내위재명유기 우효신이상자식

定因福薄無嗣 二戌沖辰不淺 陽干不雜名利齊 丙子辛卯相逢
정인복박무사 이술충진불천 양간불잡명리제 병자신묘상봉

荒淫滾浪 子午卯酉全備 酒色荒迷 天干殺顯 無制者賤 地支財伏
황음곤낭 자오묘유전비 주색황미 천간살현 무제자천 지지재복

暗生者奇 因財致禍 羊刃與歲君倂臨 貪食乖疑 命帶梟神應有禍
암생자기 인재치화 양인여세군병임 탐식괴의 명대효신응유화

日時相逢卯酉 始生必主遷移
일시상봉묘유 시생필주천이

【해 설】

　토(土)가 박하면 신용이 부족하고, 수(水)가 왕성해 거원(居垣)하면 지혜가 출중하고, 금(金)이 견고하면 정의가 많다. 금수(金水)는 총명하나 호색적이고, 수토(水土)가 혼잡하면 반드시 근심이 많다. 중화되면 장수하고 편고하면 요절한다.

　진술(辰戌)이 극제(剋制)되고 형충(刑沖)되면 반드시 형벌을 범하고, 자묘(子卯)가 상형(相刑)하면 무례하여 덕이 없고, 인성(印星)을 버리고 재성(財星)을 취할 때는 편정(偏正)을 살펴야 한다.

　일간(日干)을 버리고 살(殺)을 취할 때는 강유(剛柔)를 논해야 한다. 식신(食神)이 제살(制殺)을 하는데 효신(梟神)을 만나면 빈한하거나 요절한다. 남명에 양인(羊刃)이 많으면 반드시 중혼하고, 여명에 상관(傷官)이 많으면 반드시 재가한다. 가난하거나 실패하는 것은 모두 왕형(旺刑)을 만났기 때문이고, 고독한 것은 겁재(劫財)가 재신(財神)을 겁탈했기 때문이다.

　거살유관(去殺留官)하는 명은 복이 많고, 거관유살(去官有殺)하는 명은 권위가 있으나 상관(傷官)을 만나면 부성(夫星)을 얻는데 이것

은 재명(財命)이 유기(有氣)하기 때문이다. 효신(梟神)을 만나면 자식이 사상되어 후사가 없어진다. 술토 둘이 진토 하나를 충(沖)하면 천하지 않고, 양간(陽干)이 혼잡하지 않으면 명리를 얻는다.

병자(丙子)와 신묘(辛卯)가 만나면 황음한 호색인이 된다. 자오묘유(子午卯酉)가 모두 들면 주색에 빠지고, 천간(天干)에 살성(殺星)이 있는데 다스리지 못하면 천하고, 지지(地支)에 재복(財伏)과 암생(暗生)이 있으면 기귀격(奇貴格)이 된다. 재성(財星) 때문에 화액을 당하면 양인(羊刃)과 세운이 병림(併臨)하기 때문이다. 식상을 탐하는 명에 효신(梟神)을 대동하면 당연히 화가 따르고, 일시(日時)에 묘유(卯酉)가 들면 태어날 때부터 주거지가 불안정하니 반드시 이동이 많다.

【원 문】

造化因逢戌亥 平生敬信神祇 陰剋陰 陽剋陽 財神有用 官化殺
조화인봉술해 평생경신신기 음극음 양극양 재신유용 관화살

官太旺 太過傾危 殺多無殺 反不爲害 財多逢財 運逢化殺生災
관태왕 태과경위 살다무살 반불위해 재다봉재 운봉화살생재

印多無印 運忌比劫旺地 八字得局失垣 平生不遇 四柱歸垣得局
인다무인 운기비겁왕지 팔자득국실원 평생불우 사주귀원득국

早歲軒昂 木逢類象 榮貴高遷 命用梟神 富家營造 財官俱敗者死
조세헌앙 목봉류상 영귀고천 명용효신 부가영조 재관구패자사

食神逢梟者凶 歸祿有財而獲福 無財歸祿必須貧 太歲忌逢戰鬪
식신봉효자흉 귀록유재이획복 무재귀록필수빈 태세기봉전투

羊刃不喜刑沖 豈知遇正官 郤無俸祿 蓋祿逢七殺 乃有聲名
양인불희형충 개지우정관 극무봉록 개록봉칠살 내유성명

不從不化 淹留仕路之人 得從得化 顯達功名之士 化成祿旺者生
불종불화 엄류사로지인 득종득화 현달공명지사 화성록왕자생

化成祿絕者死 處僧道之首 用殺反輕 受憲台之職 偏官得地
화성녹절자사 처승도지수 용살반경 수헌태지직 편관득지

生地相逢 壯年不祿 時歸敗絕 老後無終 財逢旺地人多富
생지상봉 장년불록 시귀패절 노후무종 재봉왕지인다부

官遇長生命必榮 丁生酉境 丙辛遇之絕嗣 財臨殺地 父死而不歸家
관우장생명필영 정생유경 병신우지절사 재임살지 부사이불귀가

若能觀覽 熟讀詳玩 貴賤萬無一失
약능관람 숙독상완 귀천만무일실

【해 설】

술해(戌亥)는 천문(天門)이니 명에 들면 평생 신을 모시는 도사나 승려가 된다. 음(陰)이 음(陰)을 극(剋)하고 양(陽)이 양(陽)을 극(剋)하면 편성(偏星)인데 재신(財神)을 유용하면 길하다. 정관(正官)이 매우 왕성해지면 흉한데 어느 오행(五行)이나 지나치면 기울어 위험하고, 살성(殺星)이 지나치게 많아 종살격(從殺格)이 되면 살운(殺運)은 길하나 식상운(食傷運)이 흉하다. 재성(財星)이 많은데 다시 재성(財星)을 만나면 살이 되니 재앙이 따르고, 인성이 많은데 근기(根氣)가 없으면 비겁왕지(比劫旺地)가 불리하다. 주중(柱中)에 국(局)을 이루었으나 실원(失垣)하면 평생 불우하고, 주중(柱中)에 귀원(歸垣)하고 국(局)을 얻으면 일찍 헌앙(軒昂)하여 부귀격(富貴格)이 된다.

목(木)이 유상(類象)을 만나면 영귀(榮貴)하며 높이 오르고, 효신

(梟神)을 취하면 부격(富格)이 된다. 재관(財官)을 취하는데 모두 실패하면 죽고, 식신(食神)을 취하는데 효인(梟印)을 만나면 흉하다. 귀록격(歸祿格)이 재성(財星)이 있으면 복을 얻으나 재성(財星)이 없으면 반드시 가난하다. 태세와 일간(日干)이 싸우면 흉하고, 양인(羊刃)이 형충(刑沖)되면 흉하다.

정관(正官)을 만나도 녹(祿)이 없을 수 있다. 녹(祿)이 칠살(七殺)을 만나면 명성이 있고, 불종(不從) 불화(不化)하는 명은 일간(日干)이 상하면 벼슬길이 막히고, 종격(從格)이나 화격(化格)을 얻으면 공명이 현달한다. 화격(化格)을 이루고 녹왕(祿旺)하면 살고, 화격(化格)을 이루었으나 녹(祿)이 끊어지면 사망한다.

신왕한데 살성(殺星)이 가벼우면 승도의 수장이 되고, 살성을 취하면 헌태(憲台)의 고관이 된다. 편관(偏官)이 득지(得地)하면 백관을 다스리는 고관이 된다. 생지(生地)를 만나도 장년에 녹(祿)이 없고 시귀지(時歸地)에 패절(敗絶)이 임하면 노후에 무종(無終)이다. 재성(財星)이 왕지(旺地)를 만나면 큰 부자가 되고, 관성(官星)이 장생(長生)을 만나면 반드시 영화롭다.

정일간(丁日干)이 유월생(酉月生)이면 장생(長生)인데 병신합수(丙辛合水)하면 후사가 끊어지고, 재성(財星)이 살지(殺地)에 임하면 아버지가 객사하여 돌아오지 못한다.

만일 숙독하여 상세하게 살피면 귀천을 분별함에 있어 만무일실(萬無一失)한다.

6. 오행생극부(五行生剋賦)

【원문】

大哉干支 生物之始 本乎天地 萬象宗焉 有陰陽變化之機
대재간지 생물지시 본호천지 만상종언 유음양변화지기

時候淺深之用 故金木水火土原無主形 生剋制化 理致不一
시후천심지용 고금목수화토원무주형 생극제화 이치불일

假如死木 便宜活木長濡 譬若頑金 最喜紅爐火煆 太陽火
가여사목 편의활목장유 비약완금 최희홍로화하 태양화

忌林木爲仇 梁棟材 求斧斤爲友 水隔火不能鎔金 金沉水豈能剋木
기림목위구 양동재 구부근위우 수격화불능용금 금침수개능극목

活木忌埋根之鐵 死金嫌蓋項之泥 甲乙欲成一塊 須知穿鑿之功
활목기매근지철 사금혐개항지니 갑을욕성일괴 수지천착지공

壬癸能達五湖 蓋有倂流之性 樗木不禁利斧 眞珠最怕明爐 弱柳喬松
임계능달오호 개유병유지성 저목불금이부 진주최파명로 약유교송

時分衰旺 寸金丈鐵 氣用剛柔 隴頭之土 少木難疎 爐內之金
시분쇠왕 촌금장철 기용강유 롱두지토 소목난소 로내지금

溫泥反蔽 雨露安滋朽木 城牆不産珍金 劍戟功成 遇火鄕而反壞
온니반폐 우로안자후목 성장불산진금 검극공성 우화향이반괴

城牆積就 至木地而生愁 癸雨春生 不雨不晴之象 乙丁冬産
성장적취 지목지이생수 계우춘생 불우불청지상 을정동산

非寒非煗之天 極鋒抱水之金
비한비난지천 극봉포수지금

【해 설】

위대하도다! 간지(干支)여 생물의 시본(始本)이며 근본이 천지이니 만상(萬象)의 종(宗)이며 음양변화의 기미가 있고 시후천심(時候淺深)의 용법(用法)이다.

그러므로 금목수화토(金木水火土)의 오행(五行)은 상생상극(相生相剋)하여 고정되어 변하지 않는 형상이 없고, 생극제화(生剋制化)의 원리는 같지 않다. 예를 들면 사목(死木)은 발전이나 변화가 없고, 활목(活木)은 변하고 발전한다. 완금(頑金)이 가장 좋은 것은 홍로(紅爐)의 화하(火煆)다. 태양인 화(火)는 꺼리는 것이 임목(林木)의 그늘이고, 양동(梁棟)의 재목은 부근(斧斤)을 구하여 친구로 삼는다. 수(水)와 화(火)에 사이가 있으면 용금(鎔金)이 불능(不能)하고, 금(金)이 침수(沉水)하면 어찌 극목(剋木)하겠는가.

활목(活木)은 매근(埋根)의 금철(金鐵)을 꺼리고, 사금(死金)은 진흙에 묻히는 것을 꺼리고, 갑을목(甲乙木)이 일괴(一塊)를 이루었으면 천착지공(穿鑿之功)이니 대귀격(大貴格)이 된다. 임계(壬癸)가 능달(能達)하면 오호(五湖)이며 함께 흐르는 성품을 얻는 것이고, 저목(樗木)은 부근(斧斤)을 필요로 하지 않는다. 진주(眞珠)는 가장 두려워하는 것이 명로(明爐)이고, 약류목(弱柳木)은 교송(喬松)이니 쇠왕여부를 분별해야 한다.

촌금(寸金)과 장철(丈鐵)은 기(氣)의 강유(剛柔)를 취해야 하고, 농두토(隴頭土)는 소목(少木)으로 소토(疎土)하기 어렵다. 노내(爐內)의 금(金)은 온니(溫泥)가 있어도 엄폐(掩蔽)되고, 우로가 어떻게 고목(枯木)을 자윤(滋潤)하겠는가.

성장토(城牆土)는 진금(珍金)을 생산할 수 없고, 검극(劍戟)을 이루어 공명을 얻었으면 화운(火運)에 괴멸된다. 성장토(城牆土)에 목기(木氣)가 다적(多積)되면 목지(木地)에 근심이 생기고, 계우(癸雨)가 봄철에 태어났으면 불우불청지상(不雨不晴之象)이다. 을정(乙丁)이 겨울철생이면 비한비난지천(非寒非煖之天)이고, 극봉(極鋒)의 금(金)은 수기(水氣)를 내포한 금(金)이다.

【원 문】

最鈍離爐之鐵 甲乙遇金强 魂歸西兌 庚辛逢火旺 氣散南離
최둔이로지철 갑을우금강 혼귀서태 경신봉화왕 기산남이

土燥火炎 金無所賴 木浮水泛 火不能生 九夏鎔金 安制堅剛之木
토조화염 금무소뢰 목부수범 화불능생 구하용금 안제견강지목

三冬濕土 難堰泛濫之波 輕塵撮土 終非活木之基 廢鐵銷金
삼동습토 난언범람지파 경진촬토 종비활목지기 폐철소금

豈能滋流之本 木盛能令金自缺 土虛反被水相欺 火無木則終其光
개능자류지본 목성능령금자결 토허반피수상기 화무목즉종기광

木無火則晦其質 乙木秋生 拉枯摧朽之易也 庚金冬死
목무화즉회기질 을목추생 납고최후지역야 경금동사

沉沙墜海豈難乎 凝霜之草 不能剋土 出土之金 不能勝木
침사추해개난호 응상지초 불능극토 출토지금 불능승목

火未焰而先煙 水旣往而猶濕 大抵水寒不流 木寒不發 土寒不生
화미염이선연 수기왕이유습 대저수한불류 목한불발 토한불생

火寒不烈 金寒不鎔 皆非天地之正氣也 然萬物初生未成 成久則滅
화한불열 금한불용 개비천지지정기야 연만물초생미성 성구즉멸

其超凡入聖之機 起死回生之妙 不象而成 不形而化 固用不如固本
기초범입성지기 기사회생지묘 불상이성 불형이화 고용불여고본

花繁豈若根深 且如北金戀水而沉形 南木飛灰而脫體
화번개약근심 차여북금연수이침형 남목비회이탈체

東水旺木以枯源 西土實金而虛己
동수왕목이고원 서토실금이허기

【해 설】

  가장 무딘 금(金)은 용광로를 떠난 강철이다. 갑을목(甲乙木)이 강한 금(金)을 만나면 서방 금왕운(金旺運)에 사망한다. 경신금(庚辛金)이 왕성한 화(火)를 만나면 남리(南離)에 흩어진다. 토(土)가 메마르고 화염하면 금(金)은 의뢰할 수가 없다. 목(木)은 수(水)가 넘치면 부목(浮木)이 되어 화(火)를 생조(生助)할 수 없다. 구하(九夏)의 용금(鎔金)이 어찌 건강한 목(木)을 억제할 수 있겠는가.

  겨울 습토(濕土)는 범람하는 수(水)를 막을 힘이 없고, 가벼운 촬토(撮土)는 활목(活木)의 기반이 될 수 없다. 폐철의 소금(銷金)이 어찌 수류(水流)를 이롭게 할 수 있겠는가. 목기(木氣)가 왕성하면 금(金)은 스스로 이지러진다.

  토일간(土日干)이 허약하면 부귀를 이룰 수 없다. 화일간(火日干)이 목(木)이 없어 목생화(木生火)하지 못하면 광명이 없다. 목일간(木日干)은 화(火)가 없으면 능력을 발휘하지 못한다.

  을목일간(乙木日干)이 가을생이면 근기(根氣)가 꺾이지 않는다. 경금일간(庚金)은 겨울철인 자수(子水)에 사(死)하고 금생수(金生水)

하여 설기(泄氣)하니 골육이 의지할 곳이 없다. 응상(凝霜)의 초목(草木)은 목극토(木剋土)가 불능하고, 출토(出土)의 금(金)은 승목(勝木)이 불능이다. 화(火)가 미염(未焰)이면 먼저 연기가 나고, 수(水)가 지나간 후에는 습하다.

대저 수(水)가 얼면 흐르지 못하고, 목(木)이 얼면 발전하지 못하고, 토(土)가 얼면 생하지 못하고, 화(火)가 얼면 밝히지 못하고, 금(金)이 얼면 주조하지 못한다. 이 모든 것이 천지의 정기(正氣)가 아니다.

그러나 만물이 초생(初生)에는 미성(未成)됨이 있고 성장함이 오래되면 사멸하게 되는데 그 초범입성(超凡入聖)의 기미와 그 사지(死地)를 벗어나 회생하는 묘(妙)는 불상(不象)한 것으로 이루고 불형(不形)한 것으로 화(化)하니 견고한 것은 근본이 견고한 것만 못하다. 꽃만 번성한 것은 뿌리가 튼튼한 것만 못하기 때문이다.

금일간(金日干)이 수왕절(水旺節)에 태어나면 가라앉고, 목일간(木日干)이 화왕절(火旺節)에 태어나면 재가 되고, 수일간(水日干)이 목왕절(木旺節)에 태어나면 메마르고, 토일간(土日)이 금왕절(金旺節)에 태어나면 허하다.

3장. 제부비결(諸賦秘訣)

1. 일행선사천원부(一行禪師天元賦)

【원 문】

三才旣定 五氣混同 分之順逆 賢者皆通 甲得癸而滋榮
삼재기정 오기혼동 분지순역 현자개통 갑득계이자영

衣食自然豊足 乙伴壬而獲福 天賜祿位高崇 丙天乙友會
의식자연풍족 을반임이획복 천사녹위고숭 병천을우회

平生福壽超群 出世深茂才擧 戊印丁兮 似虎居山谷之威
평생복수초군 출세심무재거 무인정혜 사호거산곡지위

己交丙兮 象龍得風雲之勢 庚逢己丑 官祿有餘 辛到戊鄕
기교병혜 상용득풍운지세 경봉기축 관록유여 신도무향

衣食自足 壬辛得會 福壽無疆 癸庚相逢 偏饒僕馬 淸高符印
의식자족 임신득회 복수무강 계경상봉 편요복마 청고부인

須知冠晚以乘軒 沖破祿星 應顯威權而解綬 陽木甲逢庚敗
수지관만이승헌 충파녹성 응현위권이해수 양목갑봉경패

枝幹不能無傷 陰木乙遇辛金 莖葉自然有損 炎炎丙火
지간불능무상 음목을우신금 경엽자연유손 염염병화

遇壬而赫赫無光 爍爍陰丁 逢癸而明輝自暗 戊守甲位 惟賴庚方能吉
우임이혁혁무광 삭삭음정 봉계이명휘자암 무수갑위 유뢰경방능길

己坐乙鄉 知是干頭有鬼 庚逢丙戰 勢自傾危 辛被丁侵 剋伐成害
기좌을향 지시간두유귀 경봉병전 세자경위 신피정침 극벌성해

壬憂戊至 蹇澀難通 癸怕己臨 迍暗驚惶
임우무지 건삽난통 계파기임 둔암경황

【해 설】

삼재(三才)는 이미 정해져 있으나 오기(五氣)가 혼동되어 순역으로 나누어 현자들은 모두 통하게 되었다.

갑목일간(甲木日干)이 계수(癸水)를 얻으면 의식이 자연히 풍족하고, 을목일간(乙木日干)이 임수(壬水)를 만나면 하늘이 준 녹(祿)이 높고, 병화일간(丙火日干)이 을목(乙木)을 만나면 무리에서 출세할 준재로 평생 복수를 누리고, 무토일간(戊土日干)이 인정(印丁)을 얻으면 산에서 사는 맹호처럼 위엄을 지니고, 기토일간(己土日干)이 병화(丙火)를 만나면 용이 바람과 구름을 얻은 형세이고, 경금일간(庚金日干)이 기축(己丑)을 얻으면 관록(官祿)이 넉넉하고, 신금일간(辛金日干)이 무향(戊鄉)에 이르면 의식이 족하고, 임수일간(壬水日干)이 신금(辛金)을 얻으면 복수가 끝이 없고, 계수일간(癸水日干)이 경금(庚金)을 만나면 노복과 마차가 풍족하다.

관인(官印)이 청고하면 고관대작이 되고, 녹(祿)이 충파(沖破)되면 관직을 빼앗기고, 양목(陽木)인 갑목일간(甲木日干)이 경금(庚金)을

만나 심하게 손상되면 신체에 상해를 당한다. 음목(陰木)인 을목일
간(乙木日干)이 신금(辛金)을 만나면 줄기와 잎이 손상되고, 염염(炎
炎)한 병화일간(丙火日干)이 임수(壬水)를 만나면 빛을 잃고, 음화일
간(陰火)가 계수(癸水)를 만나면 어두워지고, 무토일간(戊土日干)이
갑목(甲木)을 만나면 경금(庚金)으로 갑목(甲木)을 다스려야 길하다.

기토일간(己土日干)이 을향(乙鄕)에 임하고 간두(干頭)에 을목(乙
木)이 있고 신약(身弱)하면 유귀(有鬼)하고, 경금일간(庚金日干)이 병
화(丙火)를 만나면 위태롭고, 신금일간(辛金日干)이 정화(丁火)를 만
나면 벌을 받고, 임수일간(壬水日干)이 무토(戊土)를 만나면 막히고,
계수일간(癸水日干)이 기토를 만나면 지체되어 당황한다.

【원 문】

干鬼帶祿旺 扶持更破 支神無吉神 禍皆難免 尊堂福壽崇高
간귀대녹왕 부지갱파 지신무길신 화개난면 존당복수숭고

皆言甲到丙鄕 朝省權貴優陞 蓋爲乙居丁舍 官祿併疊 丙食戊而成功
개언갑도병향 조성권귀우승 개위을거정사 관록병첩 병식무이성공

穀麥盈倉 丁啖己而有旺 要得豊足 無過戊得逢庚 欲問高遷
곡맥영창 정담기이유왕 요득풍족 무과무득봉경 욕문고천

全賴己加辛地 滿堂金玉 庚祿有壬 廣置田園 辛能食癸
전뢰기가신지 만당금옥 경록유임 광치전원 신능식계

壬食甲而有旺 衆福如麻 癸向乙而生成 入食列鼎 五行休廢
임식갑이유왕 중복여마 계향을이생성 입식열정 오행휴폐

得救助以災輕 四柱官印 無損壞而祿重 甲逢丁而成焰 資財累歲多虧
득구조이재경 사주관인 무손괴이녹중 갑봉정이성염 자재누세다휴

乙遇丙而化灰 金玉自消難衆 天元正財 丙見己而傷殘 干祿全輕
을우병이화회 금옥자소난중 천원정재 병견기이상잔 간록전경

丁值戊而衰弱 戊若逢辛 須仗吉殺以扶持 己宜輸庚 實賴五行之救助
정치무이쇠약 무약봉신 수장길살이부지 기의수경 실뢰오행지구조

庚申見癸 蕩散資金 辛祿遇壬 銷鎔福祿 年少逢災 壬傷乙運
경신견계 탕산자금 신록우임 소용복록 년소봉재 임상을운

祖財隨廢 癸被甲侵 衣食難求 幼歲常逢五鬼 遁悶休囚
조재수폐 계피갑침 의식난구 유세상봉오귀 둔민휴수

長年元値三刑
장년원치삼형

【해 설】

간귀(干鬼)가 녹(祿)이 왕성하면 부지(扶持)하여 복명(福命)이다. 지지(地支)에 길신(吉神)이 없으면 화액을 모두 면하기 어렵다.

복수(福壽)가 높으면 모두 갑목(甲木)이 병향(丙鄕)을 만났기 때문이고, 을목(乙木)이 정화(丁火)를 생(生)하면 고귀격(貴格)이고, 관록(官祿)이 중후하면 병화(丙火)가 식신(食神)인 무토(戊土)를 만났기 때문이고, 곡물이 가득하면 정화(丁火)가 기토(己土)를 만났기 때문이고, 모든 것이 풍족하면 무토(戊土)가 경금(庚金)을 만났기 때문이다.

높이 발복하면 기토(己土)가 신금을 만났기 때문이고, 금옥이 만당하면 경금(庚金)이 임록(壬祿)를 얻기 때문이고, 전원이 넓으면 신금(辛金)이 식신(食神)인 계수(癸水)를 만났기 때문이고, 임수(壬水)가 식신(食神)인 갑목(甲木)을 만나면 복을 얻고, 계수(癸水)가 을목(乙木)을 만나면 부귀격(富貴格)이 된다.

오행(五行)이 휴폐(休廢)되어도 구해주는 운을 만나면 재앙이 가볍고, 주중(柱中)에 관인(官印)이 들면 손상이나 파괴가 없고 복록이 중후하다.

갑목일간(甲木日干)이 신약(身弱)한데 정화(丁火)가 왕성하면 자재(資財)가 없어지고, 을목일간(乙木日干)이 신약(身弱)한데 병화(丙火)를 만나면 타버리니 금옥이 저절로 사라져 빈한하고, 천원(天元)에 정재(正財)가 있고 병화일간(丙火日干)이 신약(身弱)한데 기토(己土)가 심하게 설기(泄氣)하면 흉하게 손상되고, 정화일간(丁火日干)이 신약(身弱)한데 무토(戊土)를 만나면 쇠약하고, 무토일간(戊土日干)이 신약한데 신금(辛金)을 만나면 길살(吉殺)인 화(火)를 부지(扶持)해야 하고, 기토일간(己土日干)이 신약(身弱)한데 경금(庚金)을 만나면 화(火)가 구해주어야 하고, 경신일생(庚申)이 계수(癸水)를 만나면 재물이 흩어지고, 신금일간(辛金日干)이 녹임(祿壬)을 만나면 복록이 녹아 사라지고, 임수일간(壬水日干)이 신약(身弱)한데 을운(乙運)을 만나면 조상의 재물이 쇠퇴하고, 계수일간(癸水日干)이 신약(身弱)한데 갑목(甲木)이 침범하면 의식이 어렵고, 어릴 때 오귀(五鬼)를 만나면 번민이 휴수(休囚)하고 장년에는 삼형(三刑)을 당한다.

【원 문】

禍本難免 祿本逢衰 若遇敗神 玆生休咎 況乎甲憎乙向
화본난면 녹본봉쇠 약우패신 자생휴구 황호갑증을향

逢之自己多災 乙被甲臨 反與他人爲助 壬行癸厄 丙最輸丁
봉지자기다재 을피갑임 반여타인위조 임행계액 병최수정

辛忌庚方 丁嫌暗丙 戊同己兮 多生脾胃之疾 己同戊兮
신기경방 정혐암병 무동기혜 다생비위지질 기동무혜

反有奔波之事 柔能制剛 多因辛與庚期 太重之餘 乃是辛居庚地
반유분파지사 유능제강 다인신여경기 태중지여 내시신거경지

癸中隱丙 壬午遇之多傷 壬內藏丁 癸水飜然自敗 陽者若爲暗損
계중은병 임오우지다상 임내장정 계수번연자패 양자약위암손

平生僞惡輕生 陰位卽日敗神 處世憂賤抑塞 甲見辛而化官
평생위악경생 음위즉왈패신 처세우천억색 갑견신이화관

剛柔相濟 乙見庚而爲福 兄弟同鄕 水火旣濟 郤言丙對癸鄕
강유상제 을견경이위복 형제동향 수화기제 극언병대계향

意氣相承 乃是丁歸壬舍 戊臨乙位 土得木而生成 己向甲鄕
의기상승 내시정귀임사 무임을위 토득목이생성 기향갑향

陰遇陽而可貴 白虎通道 庚加丁臨 太陰得路 辛歸丙舍 壬憐己兮
음우양이가귀 백호통도 경가정임 태음득로 신귀병사 임연기혜

遠泛洪波 癸喜戊兮 澄瀾漂渺 陽遇陰而化合 陰得陽而成器
원범홍파 계희무혜 징란표묘 양우음이화합 음득양이성기

又有甲己相逢 火土爲福 則夫婦遐昌
우유갑기상봉 화토위복 즉부부하창

【해 설】

원명에 있는 화액은 면하기 어렵고, 녹(祿) 쇠약해도 발복하기 어렵다. 만일 패신(敗神)을 만나면 성장 발전에 화복이 있는데 갑목일간(甲木日干)이 을목(乙木)을 만나면 질투하니 스스로 재앙이 많고, 을목일간(乙木日干)이 갑목(甲木)이 침범해 형제 간에 싸우면 타인에게는 이롭고, 임수일간(壬水日干)이 계수(癸水)를 만나면 액이 있다.

병화일간(丙火日干)이 정화(丁火)를 만나거나 신금일간(辛金日干)이 경금(庚金)을 만나거나 정화일간(丁火日干)이 병화(丙火)를 만나거나 무토일간(戊土日干)이 기토(己土)를 만나면 비장이나 위장에 질병이 많다.

기토일간(己土日干)이 동기(同氣)인 무토(戊土)를 만나면 분파되는 일이 있고, 유(柔)가 능히 강(剛)을 제압하고 신금일간(辛金日干)이 경금(庚金)을 만나면 태중(太重)하고, 계수일간(癸水日干)이 병화(丙火)를 재성(財星)으로 삼는데 임오(壬午)를 만나면 임수(壬水)가 정화(丁火)에 암장(暗藏)되어 있어 처재(妻財)를 빼앗기니 저절로 무너진다.

양일간(陽日干)이 암손(暗損)되면 평생 자포자기로 위악경생(僞惡輕生)하고, 음일간(陰日干)이 패신(敗神)이 임하면 처세가 얕지만 인내하며 억눌러 막힌다. 갑목일간(甲木日干)이 신금(辛金)을 만나면 관성(官星)이 되니 강유(剛柔)가 상제(相濟)된 것이고, 을목일간(乙木日干)이 경금(庚金)을 만나면 복이 된다. 형제가 동향(同鄕)에 있으면 화합하니 수화기제(水火旣濟)됨은 병화일간(丙火日干)이 계수(癸水)를 만나는 것을 말하고, 의기상승(意氣相承)하면 정화일간(丁火日干)이 임사(壬舍)에서 상합동락(相合同樂)하는 것을 말한다. 무토일간(戊土日干)이 을목을 만나면 토(土)와 목(木)이 서로 생성되고, 기토일간(己土日干)이 갑목을 만나면 음양(陰陽)이 상합(相合)하니 귀격(貴格)이며 백호(白虎)가 통도(通道)를 얻은 것이고, 경금일간(庚金日干)이 정화(丁火)를 만나면 태음(太陰)이 득로(得路)한 것이며 병신합수(丙辛合水)하는 것도 같다.

임수일간(壬水日干)이 기토(己土)를 만나면 기토(己土)는 음토(陰土)가니 홍수를 막기 어렵고, 계수일간(癸水日干)이 무토(戊土)와 합(合)하면 파도가 없다. 양(陽)이 음(陰)을 만나면 화합(化合)하고, 음(陰)이 양(陽)을 만나면 성기(成器)하는데 갑기(甲己)가 만나면 화토운(火土運)에 부부가 화창(和暢)하니 더 길하다.

【원 문】

乙庚化合 成金得位 則東西類化 丙辛化水 智顯則必主文章
을경화합 성금득위 즉동서유화 병신화수 지현즉필주문장

丁壬爲木 聰明則近善多仁 戊癸得化 祿位崇高 二者相逢
정임위목 총명즉근선다인 무계득화 녹위숭고 이자상봉

三才可立 陰遇陽而化官 到旺方官崇位顯 陽得陰而成配
삼재가입 음우양이화관 도왕방관숭위현 양득음이성배

臨有氣財旺妻賢 是以平生不足 甲爲壬傷 處世多迍 乙囚癸剋
임유기재왕처현 시이평생부족 갑위임상 처세다둔 을수계극

陽自敗兮 丙爲甲傷 陰不明兮 丁緣乙制 上之凌下兮 戊遭丙食
양자패혜 병위갑상 음불명혜 정연을제 상지능하혜 무조병식

卑恐欺尊兮 己傷丁炎 陽庚暸暎兮 戊土晦之 辛祿卑薄兮
비공기존혜 기상정염 양경료려혜 무토회지 신록비박혜

己陰破之 失之於智 皆因庚禍於丙 喪之於權 每遇辛傷於丁
기음파지 실지어지 개인경화어병 상지어권 매우신상어정

甲乙常欣戊己 乃爲身內之財 丙丁尤喜庚辛 實是生成之福
갑을상흔무기 내위신내지재 병정우희경신 실시생성지복

勾陳得地 戊歸壬鄕 陰土逢財 己加癸位
구진득지 무귀임향 음토봉재 기가계위

庚辛寅卯自然而福壽壬癸丙丁喜樂以無虞 當知我害彼吉
경신인묘자연이복수임계병정희락이무우 당지아해피길

彼害我凶 以直而言之 消詳爲可矣
피해아흉 이직이언지 소상위가의

【해 설】

  을경(乙庚)이 합금(合金)하면 동서(東西)로 유화(類化)하니 길하
고, 병신(丙辛)이 화수(化水)하면 문장이 출중하고, 정임(丁壬)이 합
목(合木)하면 총명하며 근선(近善)과 다인(多仁)하고, 무계(戊癸)가
得化하면 녹(祿)이 숭고하다.

  이자(二者)가 천간합을 이루면 삼재(三才)를 가히 성립한다. 음(陰)
이 양(陽)을 만나 관성(官星)이 되었는데 왕(旺)方에 이르면 관위(官
位)가 높고, 양(陽)이 음(陰)을 만나 성배(成配)하는데 일간(日干)이
유기(有氣)하고 재성(財星)이 왕성하면 아내가 현숙하다.

  평생 부족하면 갑목(甲木)이 임수(壬水)에게 상해되었기 때문이
고, 처세가 둔하면 을목일간(乙木日干)이 계수(癸水)에 극수(剋囚)
된 때문이고, 양(陽)이 자패(自敗)하면 병화(丙火)를 생(生)하는 갑목
(甲木)이 상했기 때문이고, 음(陰)이 불명(不明)하면 정화(丁火)를 생
(生)하는 을목(乙木)이 제복(制伏)되었기 때문인데 상(上)이 하(下)
를 능멸한 것이다.

  무토일간(戊土日干)이 병화(丙火) 식신(食神)을 만나거나 기토일간
(己土日干)이 정화(丁火)가 상하면 흉하다. 경금일간(金日干)이 무토
(戊土)를 만나면 발복할 수 없고, 신금일간(金日干)이 기토(己土)가

많으면 파격(破格)이니 비천한 명이다.

경금일간(金日干)이 병화(丙火)를 만나면 지혜를 잃고, 신금일간 (辛金日干)이 정화(丁火)를 만나면 권(權)을 상(喪)한다. 갑목일간(甲木日干)이 무기토(戊己土)를 만나면 재성(財星)이 되고, 병정일간(丙丁日干)이 경신금(庚辛金)을 만나면 복을 생성한다.

구진(勾陳)의 무토일간(戊土日干)이 진술축미월생(辰戌丑未)이면 임향(壬鄕)을 만나야 길하고, 음토(陰土)인 기토일간(己土日干)이 계수를 만나면 발달하고, 경신일간(庚辛日干)이 인묘(寅卯)를 만나면 자연히 복수를 누리고, 임계일간(壬癸日干)이 병정(丙丁)을 만나면 즐거움이 없다.

마땅히 알아야 할 것은 아신(我身)이 해로우면 다른 사람에게 길하고 다른 사람에게 해로우면 아신(我身)에게 흉한 것이니 스스로 깊이 통하고 소상하게 밝혀야 한다.

2. 첩치천리마부(捷馳千里馬賦)

【원 문】

榮枯得失 盡在生剋之中 富貴榮華 不越中和之外 太過無制伏者貧賤
영고득실 진재생극지중 부귀영화 불월중화지외 태과무제복자빈천

不及失生扶者刑夭 蓋夫木盛逢金 高作棟樑之具 水多遇土
불급실생부자형요 개부목성봉금 고작동량지구 수다우토

修防堤岸之功 火煉堅金 鑄出鋒刃之器 木疏土旺 培成稼穡之禾
수방제안지공 화련견금 주출봉인지기 목소토왕 배성가색지화

火炎有水 名爲旣濟之功 水淺金多 號曰體全之象 削之剝之爲奇
화염유수 명위기제지공 수천금다 호왈체전지상 삭지박지위기

生我扶我爲忌 丙丁生於冬月 貴於戊己當頭 庚辛出於夏間
생아부아위기 병정생어동월 귀어무기당두 경신출어하간

妙乎壬癸得所 甲乙秋生妙玄武 庚辛夏長貴勾陳 丙丁水多僧北地
묘호임계득소 갑을추생묘현무 경신하장귀구진 병정수다승북지

逢巳反作貴推 庚寅火盛怕東南 遇戊飜爲榮斷 秋生甲乙透丙丁
봉사반작귀추 경인화성파동남 우무번위영단 추생갑을투병정

莫作傷看 夏榮戊己露庚辛 當爲貴論 火値水多 貴逢木運 土逢木旺
막작상간 하영무기노경신 당위귀론 화치수다 귀봉목운 토봉목왕

榮入火鄕 庚逢子重水金寒 最宜炎照 戊遇酉多金脫局 偏愛熒煌
영입화향 경봉자중수금한 최의염조 무우유다금탈국 편애형황

金生秋月土重重 貧無寸鐵 火長夏天金疊疊 富有千鍾
금생추월토중중 빈무촌철 화장하천금첩첩 부유천종

甲乙夏榮土氣厚 功名半許足田莊 丙丁冬旺水源淸 爵祿雙全榮錦繡
갑을하영토기후 공명반허족전장 병정동왕수원청 작록쌍전영금수

壬趨艮甲趨乾 淸名之士 六陰朝陽 乙鼠貴 文學之官 破局以貧而斷
임추간갑추건 청명지사 육음조양 을서귀 문학지관 파국이빈이단

入格以貴而推 後學君子 母忽於斯
입격이귀이추 후학군자 모홀어사

【해 설】

영고득실(榮枯得失)은 모두 생극(生剋)에 있고, 부귀영화는 중화에 있다. 태과(太過)한데 다스리지 못하면 빈천하고, 부족한데 생부(生扶)하지 못하면 요절한다.

만일 목(木)이 성하면 금(金)을 만나야 동량이 되고, 수(水)가 많은데 토(土)를 만나면 방제할 수 있고, 금(金)이 단단한데 화(火)를 만나면 단련해주니 기물을 이룬다.

토(土)가 왕성한데 목(木)을 만나면 소통시켜주니 가색지화(稼穡之禾)를 이루고, 화염에 수(水)를 만나면 기제지공(旣濟之功)이 되어 명성을 얻고, 수(水)가 얕은데 금(金)이 많으면 체전지상(體全之象)이 된다.

삭박(削剝)함에 기명(奇命)일 때가 있고 아신(我身)을 생(生)함에 부아(扶我)하면 혐기(嫌忌)하게 되며

병정일간(丙丁日干)이 겨울생인데 머리에 무기토(戊己土)가 임하면 귀격(貴格)이 되고, 경신일간(庚辛日干)이 여름생인데 임계(壬癸)를 만나면 묘함이 있고, 갑목일간(甲木日干)이 가을생이면 묘하고, 경신일간(庚辛日干)이 여름생인데 무기토(戊己土)를 만나면 귀격(貴格)이 된다.

병정일간(丙丁日干)이 수(水)가 많으면 북방운을 싫어하나 사화(巳火)를 만나면 귀격을 이룬다. 경인일생(庚寅日生)이 화(火)가 성하면 동남운을 꺼리나 무토(戊土)를 만나면 영달한다. 갑목일간(甲木日干)이 가을생인데 병정(丙丁)이 투출(透出)하면 상해한 명조가 아니고, 무기일간(戊己日干)이 하왕절(夏旺節)에 태어났는데 경신금(庚辛金)이 투출(透出)하면 귀격(貴格)이 된다.

화일간(火日干)이 수(水)가 많으면 목운(木運)을 만나야 귀격(貴格)이 되고, 토일간(土日干)이 목(木)이 왕성하면 화운(火運)을 만나야 영화롭고, 경금일간(庚金日干)이 자수(子水)가 중중하여 수금(水

金)이 한냉하면 가장 좋은 것은 화염의 조사(照射)이고, 무토일간(戊土日干)이 유금이 많으면 금(金)이 탈국(脫局)되고 화인(火印)을 편애한다.

금일간(金日干)이 가을생인데 토기(土氣)가 무거우면 빈한하여 촌철(寸鐵)도 없고, 화일간(火日干)이 여름철에 생왕(生旺)되었는데 금(金)이 첩첩하면 거부가 된다. 갑을일간(甲乙日干)이 여름생인데 토기(土氣)가 많으면 공명이 반허(半許)에 전장(田莊)이 족하고, 병정일간(丙丁日干)이 겨울철의 수(水)가 왕성에 원청(源淸)하면 작록(爵祿)을 쌍전하고 영화가 금수(錦繡)이다.

육임추간격(六壬趨艮格)과 육갑추건격(六甲趨乾格)은 청명지사(淸名之士)이고, 육음조양격(六陰朝陽格)과 육을서귀격(六乙鼠貴格)은 문학으로 관직을 얻으나 국(局)이 깨지면 빈한하지만 입격(入格)하면 귀격(貴格)이니 후학의 군자는 간명함에 경솔하지 말것이다.

3. 낙역부(洛繹賦)

【원 문】

參天地之奧妙 測造化之幽微 別人生之貴賤 取法則於干支
참천지지오묘 측조화지유미 별인생지귀천 취법칙어간지

決生死之吉凶 推得失之玄妙 甲乙之木 最喜春生 壬癸之水
결생사지길흉 추득실지현묘 갑을지목 최희춘생 임계지수

偏宜冬旺 丙丁火而夏明 庚辛金而秋銳 戊己兩干之土 要旺四季之期
편의동왕 병정화이하명 경신금이추예 무기양간지토 요왕사계지기

日乃自身 須究强弱 年爲本主 宜細推詳 年干父兮支母
일내자신 수구강약 년위본주 의세추상 년간부혜지모

日干己兮支妻 月干兄兮支弟 時支女兮干兒 後殺剋年 父母早喪
일간기혜지처 월간형혜지제 시지여혜간아 후살극년 부모조상

前殺剋後 子息必虧 馬入妻宮 必得能家之婦 殺臨子位
전살극후 자식필휴 마입처궁 필득능가지부 살임자위

必招悖逆之兒 祿入妻宮 食妻之祿
필초패역지아 녹입처궁 식처지록

【해 설】

천지의 오묘한 도리에 참여하고 천지조화의 유미(幽微)를 측량하며 별도로 인생의 귀천은 간지(干支)의 조화법칙(調和法則)을 취해야 하며 생사의 길흉을 결정하는데 득실(得失)의 현묘하면 추리해야 하는 것이다.

갑목일간(甲木日干)이 봄철 인묘진월생(寅卯辰)이면 길하고, 임계일간(壬癸日干)이 겨울 해자축월생(亥子丑月)이면 한쪽으로 기울고, 병정일간(丙丁火)이 여름 사오미월생(巳午未月生)이면 광명하고, 경신일간(庚辛金)이 가을 신유술월생(申酉戌月生)이면 예리하고, 무기일간(日干)이 사계 진술축미월생(辰戌丑未月生)이면 길하다.

일간(日干)은 나 자신이니 먼저 강약을 살펴야 한다. 년간(年干)은 아버지이고, 년지(年支)는 어머니이고, 일지는 아내이고, 월간(月干)은 형이고, 월지(月支)는 아우이고, 시간(時干)은 아들이고, 시지(時支)는 딸이다. 이것은 위치로 육친(六親)을 간명하는 방법이다.

후살(後殺)이 년(年)을 파극(破剋)하면 부모가 일찍 죽고, 전살(前

殺)이 후를 파극(破剋)하면 자식이 반드시 실패한다. 역마가 처궁(妻宮)에 임하면 아내가 살림을 잘 하고, 칠살(七殺)이 자궁(子宮)에 임하면 자식이 불효하고, 건록(建祿)이 처궁(妻宮)에 임하면 식복과 아내복이 많다.

【원 문】

印臨子位 受子之榮 梟居子位 破祖之基 財官月旺 得父資財
인임자위 수자지영 효거자위 파조지기 재관월왕 득부자재

所忌財傷祿薄 最嫌鬼旺身衰 原其剋彼爲財 生我爲印 食神暗見
소기재상록박 최혐귀왕신쇠 원기극피위재 생아위인 식신암견

人物豊肥 梟印重生 祖財漂蕩 咸池財露主淫奢 凶殺合年防自刃
인물풍비 효인중생 조재표탕 함지재로주음사 흉살합년방자인

土剋水而成腹臟之疾 火鍛金以患癆瘵之災 桃花會祿 酒色亡身
토극수이성복장지질 화단금이환로채지재 도화회록 주색망신

財旺身衰 因財喪命 觀乎財生官者 用賄求官 財壞印者
재왕신쇠 인재상명 관호재생관자 용회구관 재괴인자

貪財卸職 財旺生官 自身榮顯 財生殺黨 夭折童年 獨殺沖破廢開人
탐재사직 재왕생관 자신영현 재생살당 요절동년 독살충파폐한인

諸殺逢刑兇狠輩 天干多兮 見干年須當夭折 地支多兮
제살봉형흉한배 천간다혜 견간년수당요절 지지다혜

見支年必見凶災
견지년필견흉재

【해 설】

자궁(子宮)에 인성(印星)이 임하면 자식덕으로 부귀영화를 누리고,

효신살(梟神殺)이 임하면 조상의 업을 파괴한다.

월(月)에 왕성한 재관(財官)이 임하면 부모의 유산을 많이 받는데 재성(財星)이 상해되거나 녹(祿)이 박하면 꺼린다. 가장 흉한 것은 귀살(鬼殺)이 왕강(旺强)하고 일간(日干)이 쇠약한 것이다. 원래 아신(我身)이 파극(破剋)하는 것은 재성(財星)이고, 아신(我身)을 돕는 것은 인성(印星)이다.

식신(食神)을 몰래 만나면 비만하고, 효신(梟神)과 인수(印綬)가 중생(重生)하면 조상의 유산을 탕진한다. 함지(咸池)가 들고 재성(財星)이 투출(透出)하면 음탕하며 사치한다. 흉살이 년(年)과 합(合)을 하면 자살할 위험이 있고, 토극수(土剋水)하면 복부와 장기에 질병이 따르고, 화극금(火剋金)하면 폐병으로 노채(癆瘵)의 재앙이 있고, 도화살(桃花殺)이 회록(會祿)하면 주색으로 패가망신한다.

재성(財星)이 왕성한데 신약(身弱)하면 재물 때문에 죽는다. 재생관(財生官)하면 재성(財星)을 취하니 등과하며 영현한다. 재성(財星)이 괴인(壞印)하면 탐재(貪財)로 직장에서 박탈당하고, 재성(財星)이 왕성해 관성(官星)을 생(生)하면 자신의 노력으로 영화롭고 현달한다.

재성(財星)이 당살(黨殺)을 생조(生助)하면 어릴 때 요절한다. 독살(獨殺)이 충파(沖破)를 당하면 한가한 사람이 된다. 제살(諸殺)이 형(刑)되면 간사하며 사나운 무리가 된다. 천간(天干)에 여러 가지 살(殺)이 임하면 반드시 그 해에 요절하고, 지지(地支)에 많이 임하면 반드시 그 해에 재앙을 당한다.

【원 문】

財生官 官生印 印生身 富貴雙全 干黨財 財黨殺 殺攻身 凶窮兩逼
재생관 관생인 인생신 부귀쌍전 간당재 재당살 살공신 흉궁양핍

酉寅刑害繼傷婚 丑卯風雷多性急 殺官混雜 乃技藝之流 財祿生馬
유인형해계상혼 축묘풍뇌다성급 살관혼잡 내기예지류 재록생마

爲經商之客 馬落空亡 遷居飄流 祿遭沖破別土離鄉 陰多利於女人
위경상지객 마낙공망 천거표류 녹조충파별토이향 음다이어여인

陽盛宜於男子 陰盛於陽 主女興家 陽盛於陰 男當建府
양성의어남자 음성어양 주녀흥가 양성어음 남당건부

純陽則男必孤寒 純陰則女當寡困 官貴生年 伏凶煞而名垂萬古
순양즉남필고한 순음즉여당과곤 관귀생년 복흉살이명수만고

貴宜乎多 絕慮忘思 無差無誤
귀의호다 절려망사 무차무오

【해 설】

　재성(財星)이 관성(官星)을 돕고, 관성(官星)이 인성(印星)을 돕고, 인성(印星)이 일간(日干)을 생조(生助)하면 부귀가 쌍전한다. 천간(天干)에 재성(財星)의 무리가 들고 그 재성(財星)이 관살(官殺)의 무리를 돕고, 관살(官殺)이 일간(日干)을 공격하면 궁색하여 핍박을 당한다.

　유인(酉寅)이 형해(刑害)되면 혼인이 상해되고, 축묘(丑卯)가 풍뇌(風雷)가 많으면 성급하다. 관살(官殺)이 혼잡하면 기예 계통으로 흐르고, 재록(財祿)이 역마를 생조(生助)하면 상업에 종사하고, 역마가 공망(空亡)되면 거주지를 자주 옮기거나 떠돌이가 되고, 건록(建祿)이 충파(沖破)되면 고향을 떠난다.

여명이 음기(陰氣)가 많으면 이롭고, 남명이 양기(陽氣)가 왕성하면 길하다. 음일간(陰日干)이 양기(陽氣)가 왕성하면 여자덕으로 집안이 일어나고, 양일간(陽日干)이 음기(陰氣)가 왕성하면 남자덕으로 가문을 세운다.

남명이 사주가 양(陽)으로만 구성되면 반드시 쓸쓸하며 가난하고, 여명이 사주가 음(陰)으로만 구성되면 과부가 되며 곤고하다. 관귀(官貴)가 년(年)에 있는데 흉살(凶煞)을 다스리면 만고에 명성을 전하고, 주중(柱中)에 귀인성(貴人星)이 많으면 많을수록 길복이 많다. 잡념을 잊어버리고 간명하면 오차가 없을 것이다.

4. 현기부(玄機賦)

【원 문】

太極判爲天地 一氣分有陰陽日干爲主 專論財官 月支取格
태극판위천지 일기분유음양일간위주 전론재관 월지취격

乃分貴賤 有格不正者敗 無格有用者成 有官莫尋格局 有格局喜官星
내분귀천 유격부정자패 무격유용자성 유관막심격국 유격국희관성

官印財食無破淸高 殺傷梟刃 用之爲吉 善惡相交 喜去殺而從善
관인재식무파청고 살상효인 용지위길 선악상교 희거살이종선

吉凶混雜 忌害吉以化凶 有官有殺 宜身旺 制殺爲奇 有官有印
길흉혼잡 기해길이화흉 유관유살 의신왕 제살위기 유관유인

畏財興 助財爲禍 身强殺淺 殺運無妨 殺重身輕 制鄕爲福
외재흥 조재위화 신강살천 살운무방 살중신경 제향위복

【해 설】

태극(太極)이 천지를 만들고 우주를 창조함에 일기(一氣)가 분리 (分離)하여 음양(陰陽)이 되었다. 음양에서 다시 오행(五行)이 나왔고, 오행(五行)에서 만물이 나왔다. 따라서 사주팔자는 일간(日干)을 위주로 간명한다. 오직 논하는 것은 재관(財官)이고, 월지(月支)로 격을 정하여 귀천을 분별한다.

격을 이루어도 오행(五行)이 부정하면 패퇴하고, 격국(格局)을 이루지 않아도 용신(用神)이 있으면 성공할 수 있다.

관성(官星)이 있으면 구태여 격국(格局)을 찾지 말고, 격국(格局)을 이루면 길하는 것은 관성(官星)이다. 즉 주중(柱中)에 관성(官星)과 인성(印星)과 재성(財星)과 식신(食神)이 들면 길한데 파극(破剋)되지 않아야 청고한 명이 된다.

칠살(七殺)과 상관(傷官)과 효신(梟神)과 양인(羊刃)을 취하면 길하고, 길성(吉星)과 흉살이 혼잡하면 흉살은 제거하고 길성(吉星)을 따라가야 길하다. 만일 길성(吉星)이 상해를 당하고 흉살을 따라가면 흉하다.

관성(官星)이 있는데 살성(殺星)이 있으면 신왕(身旺)하여 살성(殺星)을 다스려야 기묘격(妙格)이 된다. 관성(官星)과 재성(財星)이 모두 있는데 재성(財星)이 흥왕하여 인성(印星)을 파극(破剋)하면 흉화가 따른다. 신강(身强)한데 칠살(七殺)이 약하면 칠살운(七殺運)을 만나도 무방하고, 칠살(七殺)이 많은데 신약(身弱)하면 칠살(七殺)을 다스리는 인성운(印星)이나 비겁운(比劫運)을 만나면 발복한다.

【원 문】

身旺印多 喜行財地 財多身弱 畏入財鄕 男逢比劫傷官
신왕인다 희행재지 재다신약 외입재향 남봉비겁상관

剋妻害子 女犯傷官 偏印喪子刑夫 幼失雙親 財星太重
극처해자 여범상관 편인상자형부 유실쌍친 재성태중

爲人孤剋 身旺無依 年沖月令 離祖成家 日破提沖 弦斷再續
위인고극 신왕무의 년충월령 이조성가 일파제충 현단재속

時日對沖 傷妻剋子 日通月令 得祖安身 木遇春長
시일대충 상처극자 일통월령 득조안신 목우춘장

遇庚辛反假爲權 火歸夏生 見壬癸能爲福厚 土逢辰戌丑未
우경신반가위권 화귀하생 견임계능위복후 토봉진술축미

木重成名 金坐申酉之中 火鄕發福 水居亥子 戊己難侵
목중성명 금좌신유지중 화향발복 수거해자 무기난침

【해 설】

신왕(身旺)한데 인성(印星)이 많으면 재성운(財星運)으로 가야 좋
다. 그러나 신약한데 재성(財星)이 많으면 재성운(財星運)이 흉하다.

남명이 비겁(比劫)과 상관(傷官)이 왕성해 기신(忌神)에 해당하면
아내를 극(剋)하고 자식을 상해하고, 여명이 상관(傷官)이나 편인(偏
印)이 왕성해 기신(忌神)에 해당하면 자식을 사상(死喪)하고 남편을
형극(刑剋)한다.

어려서 양친을 잃는 것은 재성(財星)이 태중(太重)하여 기신(忌神)
에 해당하기 때문이다. 고한(孤寒)하고 파극(破剋)을 당하는 것은 신
왕(身旺)한데 용신(用神)이 의지할 곳이 없기 때문이다.

년(年)이 월령(月令)을 충(相沖)하면 고향을 떠나 객지에서 성가한다. 일(日)이 월(月)과 충파(沖破)되면 부자 사이가 단절되고, 다시 운에서 들고 시(時)와 일(日)이 상충(相沖)하면 아내가 다치고 자식을 극한다. 일(日)과 통하는 것이 월령(月令)이면 조상의 업을 상속받으니 일신이 평안하다.

목일간(木日干)이 봄철인 인묘진월생(寅卯辰月生)이면 창성하는데 경신금(庚辛金)을 만나면 권세를 얻는다. 화일간(火日干)이 여름 사오미월생(巳午未月生)인데 임계(壬癸)를 만나면 복이 많다. 토일간(土日干)이 진술축미월생(辰戌丑未月生)이면 왕강(旺强)한데 목(木)이 많으면 관직과 명예를 이룬다. 금일간(金日干)이 가을 신유술월생(申酉戌月生)이면 왕강(旺强)한데 화운(火運)을 만나면 발복한다. 수일간(水日干)이 겨울 해자축월생(亥子丑月)이면 왕강(旺强)하니 무기토(戊己土)가 침범하기 어렵다.

【원문】

身坐休囚 平生未濟 身旺喜逢祿馬 身弱忌見財官 得時俱爲旺論
신좌휴수 평생미제 신왕희봉녹마 신약기견재관 득시구위왕론

失令便作衰看 四柱無根 得時爲旺 日干無氣 遇劫爲强 身弱喜印
실령편작쇠간 사주무근 득시위왕 일간무기 우겁위강 신약희인

主旺宜官 財官印綬 破則無功 殺傷梟劫 去之爲福 甲乙秋生金透露
주왕의관 재관인수 파즉무공 살상효겁 거지위복 갑을추생금투노

水木火運榮昌 丙丁冬降水汪洋 火土木方貴顯 戊己春生 西南方有救
수목화운영창 병정동강수왕양 화토목방귀현 무기춘생 서남방유구

庚辛夏長 水土運無傷 壬癸逢於土旺 金木宜榮
경신하장 수토운무상 임계봉어토왕 금목의영

【해 설】

일지(日支)에 휴수(休囚)가 들면 평생 발복할 수 없다. 신왕(身旺)한데 녹마(祿馬)를 만나면 길하고, 신약(身弱)한데 재관(財官)을 만나면 꺼린다. 월령(月令)을 얻으면 신왕(身旺)한 명으로 보고, 월령(月令)이 잃으면 신약(身弱)한 명으로 본다.

주중(柱中)에서 일간(日干)이 실령(失令)하여 뿌리가 없으면 인비운(印比運)을 만나야 왕강(旺强)해지고, 일간(日干)이 무기(無氣)이면 비견(比肩)과 겁재(劫財)를 만나야 강하다.

신약(身弱)하면 인수(印綬)를 만나야 길하고, 신강(身强)하면 관성(官星)을 만나 다스려야 길하다.

재관(財官)과 인수(印綬)는 파극(破剋)되면 공이 없고, 칠살(七殺)과 상관(傷官)과 효신(梟神)과 겁재(劫財)는 제거되어야 복이 따른다.

갑을일간(甲乙日干)이 가을철 신유술월생인데 금기(金氣)가 투로(透露)하면 수목운(水木運)이나 화운(火運)에 영창한다. 병정일간(丙丁日干)이 겨울철 해자축월생인데 수기(水氣)가 왕양(汪洋)하면 화토운(火土運)이나 목운(木運)을 만나면 귀현(貴顯)한다. 무기일간(戊己日干)이 봄철 인묘진월생(寅卯辰月生)인데 서남방 신유운(申酉運)이나 사오운(巳午運)을 만나면 구제된다. 경신일간(庚辛日干)이 여름철 사오미월생인데 해자(亥子) 수운(水運)이나 진술축미월(辰戌丑未月) 토운(土運)을 만나면 상해를 당하지 않는다. 임계일간(壬癸

日干)이 토왕절(土旺節)인 진술축미월생(辰戌丑未月生)이면 신유(申酉) 금운(金運)이나 인묘(寅卯) 목운(木運)을 만나면 부귀영화를 누린다.

【원 문】

身弱有印 殺旺無傷 忌行財地 傷官傷盡 行官運以無妨
신약유인 살왕무상 기행재지 상관상진 행관운이무방

傷官用印宜去財 傷官用財宜去印 是或傷官財印俱彰 將何發福
상관용인의거재 상관용재의거인 시혹상관재인구창 장하발복

身旺者用財 身弱者用印 用財去印 用印去財 方發彌福
신왕자용재 신약자용인 용재거인 용인거재 방발미복

正所謂喜者存之 憎者去之 財多身弱 身旺以爲榮 身旺財衰
정소위희자존지 증자거지 재다신약 신왕이위영 신왕재쇠

財旺鄉而發福 重犯官星 只宜制伏 食神疊見 須忌官鄉 頑金無火
재왕향이발복 중범관성 지의제복 식신첩견 수기관향 완금무화

大用不成 强木無金 淸名難著 水多得土財多蓄 火焰逢波祿位高
대용불성 강목무금 청명난저 수다득토재다축 화염봉파녹위고

有官有印 無破無榮 無印無官 有格取貴
유관유인 무파무영 무인무관 유격취귀

【해 설】

신약(身弱)해도 인수(印綬)가 있으면 칠살(七殺)이 왕강(旺强)해도 상해를 입지 않는다. 인수(印綬)가 용신(用神)이면 재성운(財星運)을 꺼린다. 상관(傷官)이 상진(傷盡)해도 관성운(官運)을 만나면 무방하다. 상관(傷官)이 왕강(旺强)하여 인수(印綬)를 취할 때는 재성(財星)

을 제거해야 길하다. 상관(傷官)이 왕강(旺强)하여 재성(財星)을 취할 때는 인수(印綬)를 제거해야 길하다. 상관(傷官)과 재성(財星)과 인수(印綬)가 모두 강왕하면 신왕(身旺) 사주는 재성(財星)을 취하고, 신약(身弱) 사주는 인수(印綬)를 취한다.

아무튼 재성(財星)을 취할 때는 인수(印綬)를 제거해야 하고, 인수(印綬)를 취해야 하면 재성(財星)을 제거해야 재앙이 사라지고 길복이 따른다. 이것은 용신(用神)을 생존하게 해야 정도이고, 기신(忌神)은 제거해야 하는 것이다.

그리고 재성(財星)이 많은데 신약(身弱)하면 인성(印星)이나 비겁(比劫)을 만나 신왕(身旺)해져야 부귀영화가 따르고, 재성(財星)이 약한데 신왕(身旺)하면 재왕운으로 가야 발복한다. 중범(重犯)한 것이 관성(官星)이면 제복(制伏)시켜야 하고, 식신(食神)이 첩첩하면 관성운(官星運)을 꺼린다.

완고한 금(金)이 화(火)가 없으면 대용(大用)하나 명성이 불성하다. 강한 목(木)이 금(金)이 없으면 청귀는 하지만 명성을 이루기 어렵다. 수(水)가 많은데 토(土)를 얻으면 재물을 많이 모으고, 화염이 수파(水波)를 만나면 녹(祿)이 높고, 관성(官星)과 인성이 모두 있는데 파괴하지 않으면 부귀영화도 없고, 인성과 관성(官星)이 모두 없어도 격을 이루면 부귀영화를 누릴 수 있다.

【원 문】

羊刃格喜偏官 金神最宜制伏 雜氣財官 刑沖則發 官貴太盛
양인격희편관 금신최의제복 잡기재관 형충즉발 관귀태성

旺處必傾 身太旺喜見財官 主太柔不宜祿馬 旺官旺印與旺財
왕처필경 신태왕희견재관 주태유불의녹마 왕관왕인여왕재

入墓有禍 傷官食神并身旺 遇庫與災 運貴在於支取 歲重向乎干求
입묘유화 상관식신병신왕 우고여재 운귀재어지취 세중향호간구

印多者行財而發 財旺者遇比何妨 格淸局正 富貴榮華 印旺官旺
인다자행재이발 재왕자우비하방 격청국정 부귀영화 인왕관왕

名聲特達 合官非爲貴取 合殺莫作凶推 桃花帶殺喜淫奔
성명특달 합관비위귀취 합살막작흉추 도화대살희음분

華蓋逢空多刻薄 平生不發 八字休囚 一世無權 身衰遇鬼
화개봉공다각박 평생불발 팔자휴수 일세무권 신쇠우귀

身旺者則宜泄宜傷 身衰者則喜扶喜助 禀中和莫令太過不及
신왕자즉의설의상 신쇠자즉희부희조 품중화막령태과불급

若遵此法推詳 禍福驗如影響
약준차법추상 화복험여영향

【해 설】

　양인격(羊刃格)은 편관(偏官)을 만나면 길하고, 금신격(金神格)은
다스려야 길하고, 잡기재관격(雜氣財官格)은 형충(刑沖)되어야 발복
하고, 관귀(官貴)가 지나치게 왕성하면 반드시 왕처(旺處)에서 형세
가 기울어 패한다.

　일간(日干)이 매우 왕성하면 재관(財官)을 만나야 길하고, 태유(太
柔)하면 녹마(祿馬)를 만나면 것이 흉하다. 관성(官星)과 인성(印星)
과 재성(財星)이 왕성한데 용신(用神)이 입묘(入墓)되면 재화가 따른
다. 상관(傷官)과 식신(食神)이 들었는데 신왕(身旺)하면 고(庫)를 만

날 때 재화가 따른다.

대운을 볼 때는 천간(天干)은 가볍게 보고 지지(地支)를 중점으로 본다. 대운은 10년인데 천간(天干)을 4년으로 보고, 지지(地支)를 6년으로 보는 학자들이 많다. 그리고 세운은 년운(年運)을 말하는데 천간(天干)을 중요하게 본다.

인성(印星)이 많으면 신강(身强) 사주이며 재성운(財星運)에서 발복하고, 재성(財成)이 왕강하면 신약(身弱) 사주이며 비겁운(比劫運)을 만나면 발복한다. 격(格)이 청귀하고 국(局)이 정당하면 부귀영화가 따르고, 인성(印星)과 관성(官星)이 모두 왕성하면 특히 명성이 발달한다.

그리고 관성(官星)이 합(合)하면 영귀(榮貴)하지 않고, 살성(殺星)을 합(合)하면 흉하지 않다고 추리한다. 그리고 도화(桃花)가 칠살(七殺)을 대동하면 음란하며 광분하고, 화개(華蓋)가 공망(空亡)을 만나면 각박하다. 그리고 평생 발달하지 못하면 팔자가 휴수(休囚)되었기 때문이고, 평생 권세가 없으면 신약(身弱)한데 관살(官殺)이 기신(忌神)이기 때문이다.

신왕(身旺)하면 설기(泄氣)하는 식상운(食傷運)을 만나야 길하다. 그러나 신약(身弱)하면 부조(扶助)해야 좋으니 인성운(印星)이나 비겁운(比劫運)을 만나야 길하다. 이처럼 사주는 중화되어야 가장 길하고, 지나치거나 부족하면 대흉하다. 만일 이 법을 존무겁고 준수하면서 상세하게 추리하면 그림자가 물체를 따라 다니는 것과 같이 화복을 추리할 수 있을 것이다.

5. 애증부(愛憎賦)

【원 문】

富莫富於純粹 貧莫貧於戰爭 貴莫貴於秀實 賤莫賤於反傷 文辭稱辨
부막부어순수 빈막빈어전쟁 귀막귀어수실 천막천어반상 문사칭변

貴馬會於學堂 錦繡文章 火木合於性情 木火通明有文章之家
귀마회어학당 금수문장 화목합어성정 목화통명유문장지가

深謨遠慮 德性居沉靜之宮 術業精微 帝座守文章之館 吉福生旺祿馬
심모원려 덕성거침정지궁 술업정미 제좌수문장지관 길복생왕녹마

魁罡有靈變之機 離坎乃聰明之戶 貴人祿馬 宜逢劫刃 空亡奇遠
괴강유영변지기 이감내총명지호 귀인녹마 의봉겁인 공망기원

長生招君子可愛 衰敗遇小人之憎嫌 四柱鬪亂兮 不仁不義
장생초군자가애 쇠패우소인지증혐 사주투난혜 불인불의

五行相生兮 爲孝爲忠 印綬在刑沖之內 心亂身忘 日時居墓庫之中
오행상생혜 위효위충 인수재형충지내 심난신망 일시거묘고지중

憂多樂少 日干旺而災咎寡 財命衰而惆脹多 衣食奔波 旺處遭刑
우다낙소 일간왕이재구과 재명쇠이추창다 의식분파 왕처조형

利名成敗 貴地逢傷 平生禍福 賴於一時 一世吉凶 憑於氣運
이명성패 귀지봉상 평생화복 뢰어일시 일세길흉 빙어기운

【해 설】

　사주가 순수하면 부유하고, 사주가 싸우면 빈한하고, 사주가 수려
하고 충실하면 영귀(榮貴)를 이루고, 사주가 상해되면 하천한 명이
된다.

　학문과 문장이 있는 것은 귀마(貴馬)인 재관(財官)이 학당(學堂)에

모였기 때문이고, 금수(錦繡)같이 문장이 출중하면 목화(木火)가 화합하여 목화통명(木火通明)의 성정을 지녔기 때문이고, 모사와 계략이 깊고 사려가 원대하면 덕성이 침정(沉靜)한 궁(宮)에 거했기 때문이고, 기술업이 정밀하면 제좌(帝座)가 문장을 수호하기 때문이다.

길복을 누리려면 녹마(祿馬)인 재관(財官)이 생왕(生旺)되어야 하고, 괴강(魁罡)이 있으면 신령한 변화의 기미가 있고, 이감(離坎)인 수화(水火)가 기제(旣濟)되면 총명하고, 귀인(貴人)이 녹마(祿馬)를 만나면 길하고, 겁재(劫財)나 양인(羊刃)이나 공망(空亡)은 만나지 않아야 길하다.

장생(長生)은 군자가 좋아하는 것이고, 쇠패(衰敗)를 만나면 매우 꺼리고, 사주가 싸우거나 난잡하면 인의가 없고, 오행(五行)이 상생(相生)하면 효자이며 충신이다.

인수(印綬)가 형충(刑沖)되면 마음과 생각이 난잡하고, 신주(身主)를 망각하고 일시(日時)에 묘고(墓庫)가 임하면 근심은 많고 즐거움은 적고, 일간(日干)이 왕강(旺强)하면 재앙이 적다.

재명(財命)이 쇠약하면 슬퍼할 일이 많고, 의식이 분파되면 왕강(旺强)한데 형살(刑殺)을 만났기 때문이다. 이익이나 명예가 실패하면 귀지(貴地)가 상해되었기 때문이고, 평생 화복이 반복되면 일시적인 길흉 때문이고, 평생 길흉이 있으면 좌우로 기운이 변하기 때문이다.

【원 문】

福有氣而變通陞遷 歲剋運凶 無氣而人離散 大運凶而生百禍
복유기이변통승천 세극운흉 무기이인이산 대운흉이생백화

流年吉而除千殃 無絕至絕 財命危傾 本主得生 利名稱遂
유년길이제천앙 무절지절 재명위경 본주득생 이명칭수

三合六合逢之吉重禍輕 七殺四凶 遇之禍深福淺 加官進職
삼합육합봉지길중화경 칠살사흉 우지화심복천 가관진직

定因祿會之年 廣置根基 必是合財之地 歲君沖壓主凶災
정인녹회지년 광치근기 반드시합재지지 세군충압주흉재

大運受傷殊少吉 歲宜生運 運喜生身 三位相生 一年稱意 財官俱旺
대운수상수소길 세의생운 운희생신 삼위상생 일년칭의 재관구왕

應顯達於仕途 財食均榮 豈淹留於白屋 祿入聚生之地 富貴可知
응현달어사도 재식균영 개엄류어백옥 녹입취생지지 부귀가지

馬奔祿旺之鄕 榮華可斷 欲取交關利息 須尋六合相扶 財官帶祿朝元
마분녹왕지향 영화가단 욕취교관이식 수심육합상부 재관대록조원

定主安然獲福 月衰時旺 早歲豊肥 木重土輕 終身漂蕩
정주안연획복 월쇠시왕 조세풍비 목중토경 종신표탕

慣取市塵之利 必因旺處逢財
관취시진지리 필인왕처봉재

【해 설】

복이 기(氣)가 있으면 통변(通變)하여 올라가고, 세운이 대운을 파극(破剋)하면 흉한데 무기(無氣)하면 이별이 따르고, 대운이 흉하면 백 가지 흉이 생기고, 유년(流年)이 길하면 천 가지 재앙이 사라진다.

원명에 절(絕)이 없는데 운에서 만나면 재물이 위태하니 실패하고, 본주(本主)가 득생(得生)하면 명리가 모두 따르고, 삼합(三合)이나 육합(六合)이 들면 좋은 것은 중후해지고 흉화는 가벼워진다.

칠살(七殺)이 사흉(四凶)을 만나면 흉화는 많으며 깊고 길복은 적

고 가볍다. 관성(官星)이 가등(加登)하고 직위가 승진하면 관록(官祿)이 회국(會局)하는 년운(年運)을 만났기 때문이다. 기업을 확장하는 것은 재성(財星)이 합(合)을 하기 때문이다.

년운(年運)이 일간(日干)을 충압(沖壓)하면 재앙이 따르고, 대운이 년운(年運)을 상해하면 소길(少吉)하고, 세운은 마땅히 대운을 생(生)해야 길하고, 대운은 일간(日干)을 생조(生助)해야 길하다.

3위가 상생(相生)하면 일년(一年)에 칭의(稱意)됨이니 재관(財官)이 왕성하면 출사하여 관직으로 나가면 현달하고, 재식(財食)이 균형을 이루면 부귀영화를 누릴 것이니 어찌 백옥(白屋)에서 무의미하게 허송세월을 보내며 엄류(淹留)할 것인가.

건록(建祿)이 생(生)하는 운에 들면 부귀영화를 가히 알 것이고, 마(馬)인 재성(財星)이 분주하고 건록왕지(建祿旺地)에 들면 부귀영화가 따른다. 교관(交關)의 이식(利息)을 얻으려면 육합(六合)이 상부(相扶)해야 하고, 재관(財官)이 년월(年月)에 대록(帶祿)하면 편안하게 발복한다.

월(月)은 쇠약한데 시(時)는 왕성하면 일찍 뚱뚱해지고, 목(木)은 많은데 토(土)는 미약하면 평생 방탕하게 떠돌고, 재성(財星)이 왕처(旺處)를 만나면 상업으로 재물을 모은다.

【원 문】

忽然顯達成家 定是刑沖見貴 主本當時 得女以扶持 貴祿有情
홀연현달성가 정시형충견귀 주본당시 득녀이부지 귀록유정

因男子而升吉 南商北旅 定因馬道之通 東販西馳 必是車運之利
인남자이승길 남상북여 정인마도지통 동판서치 필시차운지리

日干困弱 伯牛敢怨蒼穹 祿馬衰微 顔子難逃短命 凶莫凶於劫刃
일간곤약 백우감원창궁 녹마쇠미 안자난도단명 흉막흉어겁인

吉莫吉於剛强 官微馬劣 男逃女走 天羅地網 非橫之災 脫命夭亡
길막길어강강 관미마열 남도여주 천라지망 비횡지재 탈명요망

遇之必不得而死 窮途逢劫 殆疑必犯於自刑 絕處逢財 妻子應難偕老
우지필불득이사 궁도봉겁 태의필범어자형 절처봉재 처자응난해로

大耗小耗 多因博戲亡家 官符死符 必主獄訟時有 或行四柱遇絕
대모소모 다인박희망가 관부사부 필주옥송시유 혹행사주우절

三命刑傷 未免徒絞之刑 難逃黥面之苦
삼명형상 미면도교지형 난도경면지고

【해 설】

형충(刑沖)하는데 관귀(官貴)를 만나면 갑자기 현달하여 성가하고, 본주(本主)가 시절을 만나면 여자덕으로 부지하고, 여명이 귀록(貴祿)이 유정하면 남자덕으로 좋아진다.

역마가 통행하면 남방에서 행상하고 북방에서 여행하고, 역마가 길하면 동방에서 판매하고 서방에서 출장이 많다.

일간(日干)이 허약하면 백우(伯牛)가 푸른 하늘을 원망하는 형상이고, 녹마(祿馬)가 쇠약하면 안자(顔子)가 단명을 피할 수 없는 것과 같다.

겁살(劫殺)이나 양인(羊刃)보다 더 흉한 것은 없고, 강강(剛强)함보다 더 좋은 것은 없다. 관성(官星)이 미약한데 마(馬)가 용렬하면 남자는 도망가고 여자는 달아나며, 천라지망살(天羅地網殺)이 들면 비명횡사하거나 단명한다. 곤궁한데 겁살(劫殺)을 만나면 반드시 공명

을 이루지 못하고 죽는다.

자형(自刑)을 침범하면 위태로움을 근심하며 살고, 절처(絕處)에서 재성(財星)을 만나면 처자와 백년해로하기 어렵다. 대모살(大耗殺)이나 소모살(小耗殺)이 들면 도박이나 주색잡기로 패가망신하고, 시(時)에 옥송(獄訟)의 형액이 들면 관재로 사형을 당하고, 절지(絕地)를 만나고 삼형살(三刑殺)이 들고 명조가 상해되면 감옥에서 교수형을 면하기 어렵거나 경면형(黥面刑)을 피하기 어렵다.

【원 문】

若逢五鬼 雷傷虎咬無疑 更値羣凶 惡殃橫死定斷 女多淫賤
약봉오귀 뇌상호교무의 갱치군흉 악앙횡사정단 여다음천

男必猖狂 或問人之情性 賢愚善惡 先推貴賤旺相之由
남필창광 혹문인지정성 현우선악 선추귀천왕상지유

衰敗方究機巧靈變 心高者魁罡爲禍 性順者六合爲祥
쇠패방구기교영변 심고자괴강위화 성순자육합위상

觀幽閒瀟灑之人 遇華蓋孤虛之位 好恃勢倚覇之輩
관유한소쇄지인 우화개고허지위 호시세의패지배

犯偏官劫刃之權 劫刃生鄙吝之慳 更出機關之險
범편관겁인지권 겁인생비인지간 갱출기관지험

【해 설】

오귀(五鬼)를 만나면 벼락을 맞거나 맹호에게 물려가고, 다시 흉이 무리로 모이면 비명횡사하고, 여자는 음천해지고 남자는 반드시 미쳐 날뛴다. 만일 성정과 현우선악(賢愚善惡)에 대해 묻거든 먼저 귀천을 추리하고, 다음은 왕상(旺相)과 쇠패(衰敗)를 살피고, 기교(機巧)한 영변(靈變)을 구명(究明)한다.

괴강(魁罡)이 흉화가 되면 마음이 고상하고, 육합(六合)이 길상하면 성품이 순하다. 화개(華蓋)와 고신(孤神)을 만나면 성품이 그윽하며 심오하고 한가하며 맑고 고상하며 수양과 도학을 즐긴다. 편관(偏官)과 겁재(劫財)와 양인(羊刃)의 권신(權神)이 들면 세력에 의지하거나 적을 이기는 좋아하고, 겁재(劫財)와 양인(羊刃)이 들면 인색하며 처자와 재물을 파극한다.

【원 문】

謀略大因於壬癸 威風氣猛於丙丁 孤囚遇之無精神 破敗遇之多疎坦
모략대인어임계 위풍기맹어병정 고수우지무정신 파패우지다소탄

甲乙順而仁慈大量 庚辛虓而果斷氣剛 燥敗火盛須疑 隱忍金多定論
갑을순이인자대량 경신휴이과단기강 조패화성수의 은인금다정론

刑戰者愚頑 安靜者賢俊 金木司令而相生 火土逢時而相助
형전자우완 안정자현준 금목사령이상생 화토봉시이상조

不勞心而衣食自足 不費力而家自成 更若得神扶持 定是權尊鄕里
불노심이의식자족 불비역이가자성 갱약득신부지 정시권존향리

祿貴拱位者 臺省揚名
녹귀공위자 대성양명

【해 설】

임계수(壬癸水)가 투출(透出)하면 모략을 잘 하고, 병정화(丙丁火)가 투출(透出)하면 위풍이 당당하며 맹호와 같은 기상이 있다. 용신

(用神)이 무용지물이 되면 고독하며 죄수처럼 되고, 파극(破剋)을 당하거나 패지(敗地)를 만나면 조용하며 평탄하다.

갑을일간(甲乙日干)이 순하면 매우 인자하고, 경신일간(庚辛日干)이 태과(太過)하여 결휴(缺虧)하면 과단한 강기(剛氣)가 있다.

열조(熱燥)한 화기(火氣)가 지나치게 왕성하면 금기(金氣)는 숨어서 인내해야 길복이 많다는 것이 정론이다. 형액이나 전쟁이 있으면 어리석으며 완고하고, 안정(安靜)한 자는 현명하며 준수하다.

금(金)과 목(木)이 사령(司令)할 때 수(水)가 있어 상생(相生)하면 길하고, 화토(火土)가 시절을 만나 상조(相助)하면 불로소득으로 의식주가 족하고 노력하지 않아도 저절로 성가한다. 다시 부지(扶持)하는 용신운(用神運)을 만나면 향리에서 권세를 얻어존경받고, 녹귀(祿貴)가 공위(拱位)하면 고관대작이 되어 입신양명한다.

【원 문】

其所憂者福不福 其所慮者成不成 福不福者 吉處遭凶 成不成者
기소우자복불복 기소려자성불성 복불복자 길처조흉 성불성자

格局見破 傷其格者則傷 破其格者則禍 譬若苗逢秋旱 而冬廩空虛
격국견파 상기격자즉상 파기격자즉화 비약묘봉추한 이동름공허

花被春霜 而夏果無成 智謀思慮 措用無成 縱有回天轉軸之機
화피춘상 이하과무성 지모사려 조용무성 종유회천전축지기

而無建功立業之遂 豈不見酈生烹鼎 范生甑塵 淵明東歸 子美西去
이무건공입업지수 개불견력생팽정 범생증진 연명동귀 자미서거

孟軻不遇憑衍空回
맹가불우빙연공회

【해 설】

　근심이 있으면 복운(福運)도 복이 아니고, 성취해도 성취가 아니다. 복인데 불복(不福)인 자는 길처(吉處)를 만나도 흉하게 되며 성취인데 불성 자는 격국(格局)이 파상(破傷)했음이니 상(傷)한 자는 그 격을 상(傷)한 것이고 파한 자는 그 격을 파한 것이니 즉 흉화가 된 것이다.

　예를 들어 싹이 가을 가뭄을 만나 결실에 장해가 들면 겨울이 되어 창고가 공허하게 된다. 봄철의 화초가 서리의 해를 당하면 여름철 과실은 성숙하지 못한다. 따라서 지모와 사려를 많이 하지만 조용(措用)된 것이 성취함이 없을 것이며 비록 천기(天氣)를 회전시키고 기축(基軸)을 자전(自轉)하는 기능과 재능이 있어도 공로가 없고 건립(建立)함이 없으니 파격(破格)된 자의 안타까운 형세이다.

　예를 들어 역생(酈生)이 덕망은 높았으나 팽살형(烹殺刑)을 당했고, 청빈한 학자인 범생(范生)은 혼탁한 세속에서 증진(甑塵)할 수 없어 안빈낙도를 할 수밖에 없었고, 시인이며 학자인 연명(淵明)은 동방으로 귀향할 수밖에 없었고, 당나라 때 시인인 자미(子美)는 서방에서 은거할 수밖에 없었고, 맹자(孟子)는 알아주는 군왕을 만나지 못해 불우한 생활을 했고, 후한 때의 기재(奇才)인 빙연(憑衍)은 뜻을 얻지 못하고 공허하게 허송회전할 수밖에 없었다. 즉 타고난 재능이 아무리 많아도 운이 따라주지 않으면 불행하게 살 수밖에 없다.

【원 문】

買臣負薪而行歌 江革苦寒坐泣 蓋苗而不秀者有之 秀而不實者有之
매신부신이행가 강혁고한좌읍 개묘이불수자유지 수이불실자유지

更値傷敗太過 一福不過芻蕘 縱有百藝多能 難免飢寒苦疾 困於溝壑
갱치상패태과 일복불과추요 종유백예다능 난면기한고질 곤어구학

命使其然爾 淹滯無成 何勞嘆嗟 欲問富貴 全伏財官 朕何由得之
명사기연이 엄체무성 하노탄차 욕문부귀 전장재관 짐하유득지

大莫大於鎡基 奇莫奇於秀異 達聖達賢者 無時不有 至富至貴者
대막대어자기 기막기어수이 달성달현자 무시불유 지부지귀자

自古皆然 或生申月之中 文高武顯 或居冠帶之下 業大財奇
자고개연 혹생신월지중 문고무현 혹거관대지하 업대재기

若此玄妙 何如推測
약차현묘 하여추측

【해 설】

　매신(買臣)은 전한(前漢) 무제(武帝) 때의 문신이었는데, 초년에는
빈한하여 목재상을 하며 연명했는데 본처가 참지 못하고 달아나자
강가에 앉아 눈물을 흘리는 고통을 당했다.

　대개 묘(苗)가 있으나 준수하지 못한 자가 있고, 준수하기는 하지만
결실하지 못한 자가 있는데 다시 상해되고 패지(敗地)가 태과(太過)
하면 한가지 복도 얻지 못하기도 한다. 추요(芻蕘)의 천한 명을 타고
난 자가 비록 백 가지 재예가 있어도 기한(飢寒)과 고질(苦疾)은 면하
기는 어려우며 곤고하게 살다가 죽으면 그 시체가 도랑이나 계곡이나
하수구에 버려진다. 명조가 이러하면 만사가 불성이며 지체되어 성취
함이 없을 것이며 어느 누구를 원망하며 한탄하겠는가.

　부귀영화를 알려면 반드시 재관(財官)의 유기(有氣) 여부를 살펴야
한다. 크기는 농기구인 자기(鎡基)보다 더 큰 것이 없고, 기이하면 특

수하게 다른 것보다 더 기묘한 것이 없다.

성인에 이르고 현인에 이르는 것이 시절에 있지 않음이 없고, 지매우 부유하거나 영귀(榮貴)하게 되는 것은 팔자에 있는 것이다. 혹 신월(申月)에 태어나 문장이 고급이고 무장(武將)의 권세로 현양(顯揚)하기도 하며 혹은 임함이 관대(冠帶)의 하위(下位)에 있어 대업을 이루고 재물을 축적하는 기이하면 이 현묘한 원리를 어떻게 추측할 것인가 이것이 명리학(命理學)의 핵심이다.

【원 문】

先論學堂之內 三奇四福 次察格局之外 一吉二宜 若己未見甲午爲祥
선론학당지내 삼기사복 차찰격국지외 일길이의 약기미견갑오위상

壬申見丁巳爲瑞 壬子丙午 主光風儒雅之人 辛酉丙申
임신견정사위서 임자병오 주광풍유아지인 신유병신

長俊秀榮華之士 陰陽全憑純美 造化最喜相生 難辨者日精月華
장준수영화지사 음양전빙순미 조화최희상생 난변자일정월화

莫測者金堂玉匱 得之者榮 遇之者貴 若遇賢愚顯晦 非造化鈞陶
막측자금당옥궤 득지자영 우지자귀 약우현우현회 비조화균도

物旣榮枯 爲人豈無成敗
물기영고 위인개무성패

【해 설】

먼저 학당(學堂)을 살펴 삼기(三奇)와 사복(四福)을 분별하고, 다음으로 심찰할 것은 격국(格局)을 정하여 일길(一吉)과 이의(二宜)를 파악해야 한다.

만일 기미일생(己未日生)이 갑오(甲午)를 만나면 길상하고, 임신일
생(壬申日生)이 정사(丁巳)를 만나면 상서로운 경사가 있고, 임자일생
(壬子日生)이 병오(丙午)를 만나면 의리가 바른 광풍유아(光風儒雅)
의 선비이고, 신유일생(辛酉日生)이 병신(丙申)을 만나면 준수하며 부
귀영화가 오래 가는 선비가 된다.

음양은 모두 순수하고 미화(美和)하며 천지의 조화는 최희(最喜)
함이 바로 음양의 상생(相生)이다. 분변(分辨)하기 어려운 자는 일정
(日精)과 월화(月華)의 관계이며 예측하기 어려운 자는 금당(金堂)과
옥궤(玉匱)이니 얻으면 부귀영화가 있고, 또 만나면 영귀(榮貴)하게
된다. 만일 현우(賢愚)와 현회(顯晦)함을 함께 만나면 만물의 조화와
영고성쇠가 동시에 있는 것이니 어찌 성패가 없겠는가.

【원 문】

假若鳳生於雉 蛇化爲龍 芳蘭不斷蓬蒿 枯木猶生於山野 少貴老賤
가약봉생어치 사화위용 방난불단봉호 고목유생어산야 소귀노천

初迍後亨 蓋由大運之衰旺 以致富貴之更變 格局純而反雜 惆悵殘春
초둔후형 개유대운지쇠왕 이치부귀지갱변 격국순이반잡 추창잔춘

運行老而得時 優游晩景 防不測運之艱危 是以時有春秋 月圓有缺
운행노이득시 우유만경 방불측운지간위 시이시유춘추 월원유결

嘗觀資廕之子 親一喪定無聊 復見畊釣之人
상관자음지자 친일상정무료 복견경조지인

【해 설】

봉황은 노치(老雉)에게 생(生)하여 변화되고, 뱀이 변하여 용이 되

고, 방난(芳蘭)도 봉호(蓬蒿)와 섞여 있고, 고목은 오히려 산야에서 생존한다.

소년에는 영귀(榮貴)하고 노년에는 하천하거나 초기에는 둔곤하나 후기에는 형통하면 모두 대운의 왕쇠(旺衰) 때문이다. 부귀영화에 이르렀다가 다시 빈천하게 되는 것은 격국(格局)이 순수한 가운데 혼잡하기 때문이고, 처참한 추창(惆悵)가운데 다시 노희(老喜)의 잔춘(殘春)이 있는 것은 운이 초년에는 곤고했으나 노년에는 득시(得時)하기 때문이니 만경(晚景)이 넉넉하고 즐거운 것이다.

운에서 간난(艱難)과 위태하면 예방을 측량할 수 없는 것은 춘하추동으로 사시(四時)가 변화하는 시절이 있고, 또 월(月)이 원만하다가 결휴(缺虧)할 때도 있는 것과 같기 때문이다. 조상의 음덕으로 자음(資蔭)을 맛만나는 부귀영화를 누릴 자손도 있고 부모를 잃고 우수와 곤고하게 살거나 다시 밭 갈고 낚시하는 빈천한 야인의 형세를 알 것이다.

【원 문】

運一通殊顯 多年爵祿 一日俱休 時運至者 片時相遇 値生旺者
운일통수현 다년작록 일일구휴 시운지자 편시상우 치생왕자

未必爲凶 有情者通 無情者滯 有合者吉 有沖者凶 官印歲臨
미필위흉 유정자통 무정자체 유합자길 유충자흉 관인세임

仕途定知進擢 食財運遇 庶民亦喜榮昌 或有少依祖父之榮
사도정지진탁 식재운우 서민역희영창 혹유소의조부지영

長借兒孫之貴 又有垂髫難苦 至老無依 蓋因四柱之旺衰
장차아손지귀 우유수초난고 지노무의 개인사주지왕쇠

所由大運之亨否 豈不見枯槁之木 縱逢春而不榮 茂盛之標
소유대운지형부 개불견고고지목 종봉춘이불영 무성지표

雖凌霜而不敗 論日更虧年月 定無下稍 生時旺氣朝元 必有晚福
수능상이불패 논일갱휴년월 정무하초 생시왕기조원 필유만복

古有琢磨之玉 値價連城 世有正直之人 自成家計 如烹煉之餘而不朽
고유탁마지옥 치가연성 세유정직지인 자성가계 여팽연지여이불후

如歲寒之後而不凋 消息妙在變通 禍福當察衰旺 庶幾君子 共鑒是幸
여세한지후이불조 소식묘재변통 화복당찰쇠왕 서기군자 공감시행

【해 설】

운로가 일통(一通)하여 현달함이 있으면 다년간 작록(爵祿)을 할
수 있고, 일시적으로 운이 막혀 정지해도 시운(時運)이 도래(到來)하
면 편시(片時)를 만나고, 생왕(生旺)한 자는 반드시 흉한 것은 아니
다. 유정하면 형통하나 무정하면 지체되고, 합(合)하면 길하나 충(沖)
하면 흉하다.

관인(官印)이 세운에 임하면 벼슬길에 올라 승진하고, 식재운(食財
運)을 만나면 평범한 사람도 영창하고, 소년에 조상의 부귀영화를 얻
거나 장성한 후에 자식이 영귀(榮貴)하다. 또 어릴 때 난고(難苦)하거
나 노년에 의지할 곳이 없으면 대개 사주의 왕쇠(旺衰)로 인함이며
대운의 형통과 불우는 매우 중요한 것이다.

고목이 다시 회춘하여 부귀할 수는 없을 것이고, 무성한 표상(標
象)의 삼림도 상강(霜降)을 만나면 어찌 패쇠(敗衰)하지 않겠는가. 논
할 것은 일간(日干)이 년월(年月)에서 손실되어도 결코 불초(不肖)하
지 않는 것은 생시(生時)에서 왕기(旺氣)의 조원(朝元)을 얻었기 때문

이니 반드시 만년에는 발복한다.

    고래(古來)로 절차탁마(切磋琢磨)한 옥이라야 고귀한 것과 같이 사람도 고진감래를 통하여 정직하고 참된 진인(眞人)이 되고, 자수성가하는 것이다. 예를 들어 삶고 단련한 후에야 불후의 진품이 나오는 것과 같고, 세월이 한냉한 후에도 시들지 않아야 진품이니 이러한 소식(消息)의 기묘하면 통변(通變)에 있다. 화복은 당연히 왕쇠(旺衰)를 심찰함에 있으니 도통한 군자라면 이러한 도리에 성실하고 사리에 총명하여 감통(鑑通)하여 행복하다.

6. 만금부(萬金賦)

【원 문】

欲識五行生死訣 容易豈與凡人說 星中但以限爲憑
욕식오행생사결 용이개여범인설 성중단이한위빙

子平但以運爲訣 運行先布十二宮 看來何格墮時節
자평단이운위결 운행선포십이궁 간래하격타시절

財官印綬與食神 當知輕重審分明 官星怕行七殺運
재관인수여식신 당지경중심분명 관성파행칠살운

七殺猶畏官星臨 官殺混雜當壽夭 去官有殺仔細尋
칠살유외관성임 관살혼잡당수요 거관유살자세심

留官去殺莫逢殺 留殺去官莫逢官 官殺受傷必夭
유관거살막봉살 유살거관막봉관 관살수상필요

【해 설】

알아야 하는 것은 오행(五行)의 생사결(生死訣)인데 어찌 범인들의 속설에 취하여 간단하게 한마디로 할 수 있겠는가. 당나라 명리학(命理學)의 대가인 성중(星中)은 수평적인 공간의 한계로 빙의(憑依)하여 논했고, 자평(子平)은 수직적인 시간의 운으로 더욱 발전시켜 비결을 삼았다.

운행함에는 먼저 십이궁(十二宮)을 포교하고, 간명함에는 대운과 년운(年運)의 왕래와 또 어떤 격국(格局)인가와 또 어떤 시절에 출생했는가를 보며 또 재관(財官)과 인수(印綬)와 식신(食神)이 어떠한지를 살펴 경중을 분명하게 심찰하는 것이다.

관성(官星)이 두려워하는 것은 칠살운(七殺運)이고, 칠살(七殺)이 두려워하는 것은 관성운(官星運)이다. 관살(官殺)이 혼잡하면 당연히 수명이 짧고, 거관유살(去官有殺)하는지 자세하게 살펴야 하고 유관거살(留官去殺)되면 다시 칠살(七殺)을 만나지 말 것이며 유살거관(留殺去官)이면 다시 정관(正官)을 말 것인데 만일 정관(正官)과 칠살(七殺)을 모두 만나면 반드시 요절한다.

【원 문】

更宜財格定前程 日時偏正問何財 生怕干頭帶殺來
갱의재격정전정 일시편정문하재 생파간두대살래

劫若逢人夭壽 孰知偏正甚爲災 有財官運須榮發
겁약봉인요수 숙지편정심위재 유재관운수영발

財地官鄉是福胎 只怕日干元自弱 財多生殺趕身衰
재지관향시복태 지파일간원자약 재다생살간신쇠

財多身弱 行方財運 此處方知下九台 官不逢傷財不劫
재다신약 행방재운 차처방지하구태 관불봉상재불겁

壽山高聳豈能摧 第一限逢印綬鄉 運生生旺必榮昌
수산고용개능최 제일한봉인수향 운생(生)왕필영창

官鄉會合遷官職 死絕當頭是禍殃 若是逢財來害印
관향회합천관직 사절당두시화앙 약시봉재내해인

墮崖落水惡中亡 爲官在任他鄉死 作客逢之死路傍
타애낙수악중망 위관재임타향사 작객봉지사로방

印不逢財人不死 如前逐一細推詳
인불봉재인불사 여전축일세추상

【해 설】

　재격(財格)이 정당하면 앞길이 유망하나 일시(日時)에서 혼잡하면 재물복은 물을 것이 없다. 천간(天干)의 정두(頂頭)는 칠살(七殺)이 투출(透出)하는 것을 매우 꺼리는데 겁재(劫財)를 만나면 요절한다. 편재(偏財)와 정재(正財)가 혼잡하면 그 재앙을 누가 짐작하겠는가. 재관운(財官運)에는 영발(榮發)함이 있고, 재성운(財星運)와 관성운(官星運)은 복근(福根)의 태동이고, 다만 일간(日干)이 원명에서 스스로 신약(身弱)하면 크게 꺼린다.

　재성(財星)이 많아 살성(殺星)을 생(生)하면 신약(身弱)하게 되는 것이며 재다신약(財多身弱)한데 운이 재성운(財星運)이면 차처(此處)의 방위(方位)은 구태(九台)의 곤고하면 알 것이다. 관성(官星)은 만나 상해하지 말 것이며 재성(財星)은 겁탈하지 말 것이다.

또 수명은 산처럼 높음을 누가 능히 추리하여 알 것인가. 제일은 인수운(印綬運)을 만날 것이 요결(要訣)이며 운이 생왕(生旺)하면 반드시 영창하고, 관성운(官星運)이 회합(會合)하면 관직을 이동한다. 그러나 사절운(死絕運)에 이르면 재앙을 당한다. 만일 재성운(財星運)을 만나면 인성(印星)에 해로움이 있는데 벼랑에서 떨어져 익사하고, 관성운(官星運)을 만나면 타향에서 객사하고, 산적이나 강도같은 검객을 만나면 길에서 죽는다. 그러나 인성(印星)이 재성(財星)을 만나지 않으면 시련은 있어도 죽지는 않으니 자세하게 관찰해야 한다.

【원 문】

財官印綬分明說 莫道食神非易訣 食神有氣勝財官
재관인수분명설 막도식신비이결 식신유기승재관

只怕傷殘前外截 却分輕重細推詳 大忌財官爲死絕
지파상잔전외절 각분경중세추상 대기재관위사절

傷官命運莫逢官 斬絞徒流禍百端 月德日貴逢剋戰
상관명운막봉관 참교도류화백단 월덕일귀봉극전

此命危亡立馬看 飛天拱祿嫌塡實 最怕絆神來犯干
차명위망입마간 비천공록혐전실 최파반신내범간

子運行方年來甲子 壬寅申地見丙申 巳丙一同推禍福
자운행방년내갑자 임인신지견병신 사병일동추화복

卯宮乙木怕相逢 巳宮戊庚丙辛會 午丁年上午戌凶
묘궁을목파상봉 사궁무경병신회 오정년상오술흉

丑未年中須是禍
축미년중수시화

【해 설】

재관(財官)과 인수(印綬)가 분명해야 한다는 설이 있고 식신(食神)은 역결(易訣)이 아니므로 도(道)라고 하지 말라고 하지만 식신(食神)이 기(氣)가 있으면 재관(財官)을 승(勝)하는 것이다. 그러나 상잔(傷殘)과 외절(外截)을 크게 꺼리니 경중을 잘 따지는 것이 중요하다. 매우 꺼리는 것은 재관(財官)이 사절(死絕)에 드는 것이고, 상관격(傷官格)은 운에서 관성(官星)을 만나지 않아야 한다. 만일 관성(官星)을 만나면 참형이나 교수형이나 귀양을 가는 등의 화액이 백단으로 따른다.

월덕격(月德格)이나 일귀격(日貴格)이 전극(戰剋)을 만나면 위태하여 패망하니 충파(沖破)되는 것을 꺼리고, 비천녹마격(飛天祿馬格)이나 공록격(拱祿格)은 전실(塡實)되는 것을 혐오(嫌惡)하며 최고로 매우 꺼리는 것은 길신(吉神)이 기반(羈絆)되거나 일간(日干)이 침범을 당하는 것이다.

자운(子運)으로 가고 년운(年運)에 갑자(甲子)가 임하거나 임인(壬寅)이 신지(申地)에서 병신(丙申)을 만나거나 사화(巳火)와 병화(丙火)는 같은 것이니 화복을 추리한다.

을목일간(乙木日干)이 묘궁(卯宮)을 만나면 매우 꺼리고, 사궁(巳宮)에 무경병신(戊庚丙辛)이 모이고 오정화(午丁火)의 년상(年上)에 오술(午戌)이 흉하고 축미(丑未)의 년중(年中)이 모름지기 흉화가 된다.

【원 문】

但宜遷運而搜尋 同官同運如逢祿 逢祿刑禍來相侵
단의천운이수심 동관동운여봉록 봉록형화내상침

外逢仍還逢內敵 其餘官分外方尋 外逢內敵爲禍重
외봉잉환봉내적 기여관분외방심 외봉내적위화중

內逢外敵禍微侵 戊己土皆分四季 雜氣之中難又易
내봉외적화미침 무기토개분사계 잡기지중난우이

逐一依定數中推 受制受刑隨運氣 只定其凶此運中
축일의정수중추 수제수형수운기 지정기흉차운중

何年月日災刑重 此是石金玉匣訣 只此泄漏與君知
하년월일재형중 차시석금옥갑결 지차설누여군지

【해 설】

　바뀌는 운로는 다시 연구해야 되고, 동관(同官)에 동운(同運)이 함께 만나고 녹(祿)을 만났는데 형화(刑禍)가 상침(相侵)하여 오며 외부를 만나면하나 내부로 적을 환봉(還逢)되면 그 격이 분외(分外)에서 모름지기 심구(尋求)한다. 외부를 만나면 내부의 적이면 흉화가 많고 내부를 만나면 외부의 적이면 흉화가 미약하게 침범한다.

　무기토(戊己土)는 모두 분산한 사계이며 잡기(雜氣)의 중에 난해하고 또 쉬운 것이니 잡기(雜氣)가 투출(透出)하고 개문(開門)해야 여의하니 정수(定數)에 한번 의지하여 추리한다.

　수제(受制)되고 수형(受刑)되면 운기가 따르는데 운이 여차하면 흉화가 있다. 어느 년월일(年月日)에 재형(災刑)이 중다(重多)할 것인가. 이것이 금석옥갑결(金石玉匣訣)이니 이에 설루(泄漏)한다.를 제군들은 잘 해지(解知)해야 한다.

7. 상심부(想心賦)

【원 문】

人居六合 心相五行 欲曉一生 辯形察性 官星愷悌 貴氣軒昂
인거육합 심상오행 욕효일생 변형찰성 관성개제 귀기헌앙

性優游而仁慈寬大 懷豁達而和暢聲音 丰姿美而秀麗 性格敏而聰明
성우유이인자관대 회활달이화창성음 봉자미이수려 성격민이총명

印綬主多智慧 豊身自在心慈 食神善能飮食 體厚而喜謳歌 偏官七殺
인수주다지혜 풍신자재심자 식신선능음식 체후이희구가 편관칠살

勢壓三公 喜酒色而偏爭好鬪 愛軒昂而扶弱欺强 性情如虎 急躁如風
세압삼공 희주색이편쟁호투 애헌앙이부약기강 성정여호 급조여풍

梟印當權 使心機而始勤終惰 好學藝而多學少成 偏印劫印 出祖離家
효인당권 사심기이시근종타 호학예이다학소성 편인겁인 출조이가

外象謙和尙義 內實狠毒無知 有刻剝之意 無慈惠之心
외상겸화상의 내실한독무지 유각박지의 무자혜지심

【해 설】

　인(人)이 임함이 동서남북의 상하 육방(六方)의 화합(和合)이며 심
상(心相)은 오행(五行)에 의해서 발생하니 인간의 일생을 밝게 알고
자 하면 외적인 형상을 구분하고 내적인 성품을 살필 것이다.

　관성(官星)이 용신(用神)에 해당하면 공경을 즐겁게 하고, 귀기(貴
氣)가 높고, 성격이 우아하며 인자하고 관대하다. 사고가 활달하고
음성은 화창하고 손발의 자태는 아름답고 수려하며 성격은 민첩하고
총명하다.

인수(印綬)가 용신(用神)에 해당하면 지혜가 많으며 풍부한 신체와 심성이 인자하다.

식신(食神)이 용신(用神)에 해당하면 음식을 잘 먹으며 신체가 풍후하며 음악과 가무를 좋아하며 따라서 예능에 소질이 있다.

편관칠살(偏官七殺)이 용신(用神)에 해당하면 삼공(三公)의 지위를 얻어 권세를 압도하여 나가며 길하는 것은 주색이 많으며 성격이 편쟁(偏爭)이며 호투(好鬪)하는 경향이 있고 헌앙(軒昻)을 사랑하며 약자를 부조(扶助)하고 강자를 기만한다. 성정은 맹호와 같으며 성격의 조급하면 바람과 같다.

효신(梟神)과 인수(印綬)가 당권(當權)하면 권세를 잡아서 일을 추진시키는 것이 처음은 부지런하지만 끝은 게으르며 학문과 예술을 좋아하며 다학소성(多學少成)한다.

편인(偏印)과 겁재(劫財)가 기신(忌神)이면 조상이 살던 땅을 버리고 이가(離家)한다. 그리고 겉으로는 겸손하고 온화하고 정의감이 있어 보이지만 속은 한독(狠毒)이 있어 흉악한 악독심(惡毒心)을 가지고 있으니 그 검은 속을 알 수가 없고 각박한 뜻이 숨어 있으며 자혜심(慈惠心)이 없다.

【원 문】

偏正財露 輕財好義 愛人趨奉 好說是非 嗜酒貪花 亦係如此
편정재로 경재호의 애인추봉 호설시비 기주탐화 역계여차

傷官傷盡 多藝多能 使心機而傲物氣高 多譎詐而侮人志大
상관상진 다예다능 사심기이오물기고 다휼사이모인지대

官高骨俊 眼大眉粗 日德心善穩厚 而作事慈祥 魁罡性嚴有操持
관고골준 안대미조 일덕심선온후 이작사자상 괴강성엄유조지

而爲人聰敏 日貴夜貴 朝榮暮榮 爲人純粹 而有姿色
이위인총민 일귀야귀 조령모영 위인순수 이유자색

作人德而不驕奢 金神貴格 火地奇哉 有剛斷明敏之才
작인덕이불교사 금신귀격 화지기재 유강단명민지재

無刻薄欺瞞之心 乙巳鼠貴 遇午沖貧如顔子 壬騎龍背
무각박기만지심 을사서귀 우오충빈여안자 임기용배

逢丁破慾比申根 井欄飛天 其心傲物 刑合趨艮 智足多仁
봉정파욕비신정 정란비천 기심오물 형합추간 지족다인

六甲趨乾 主仁慈而剛介心平
육갑추건 주인자이강개심평

【해 설】

　편재(偏財)와 정재(正財)가 투출하면 재물 욕심이 없고 정의를 좋아하고 사람을 사랑하며 존경하고 시비를 가리기 좋아하고 술을 좋아하고 여색을 탐한다.

　상관(傷官)이 상진(傷盡)해도 마찬가지다. 즉 다예(多藝)하고 다능(多能)하고 오만하며 기고만장하고 간사한 꾀가 많고 사람을 업신여기며 자신의 뜻은 높고 크다. 관직에서 권세가 높고 골격이 준수하며 눈이 크고 눈썹이 거칠다.

　일덕격(日德格)은 심성이 착하며 온후하고 자상하다.

　괴강격(魁罡格)은 성격이 엄격하며 지조가 있고 총명하며 민첩하다.

　일귀격(日貴格)은 야귀(夜貴)하며 영화롭고 순수하고 얼굴이 곱고

인덕이 있고 교만하거나 사치하지 않는다.

금신격(金神格)은 귀격(貴格)이고 화운(火運)을 만나면 기묘함이 있고 강단(剛斷)하고 명민(明敏)한 재능이 있으며 각박하거나 기만하는 마음이 없다.

을사서귀격(乙巳鼠貴格)은 오화(午火)를 만나 충(沖)되면 가난하나 공자(孔子)의 수제자인 안자(顔子)와 같이 청빈하게 산다.

임기용배격(壬騎龍背格)은 정화(丁火)를 만나면 파격(破格)이 되고, 크게 펼치려고 과욕을 부린다.

정란차격(井欄叉格)과 비천녹마격(飛天祿馬格)은 마음과 이상이 높아 현실적인 것들을 무시한다.

형합격(刑合格)과 추간격(趨艮格)은 지혜와 인자함이 많다.

육갑추건격(六甲趨乾格)은 인자하며 강개하고 마음이 평온하다.

【원 문】

五陰會局 爲人佛口蛇心 二德印生 作事施恩布德 五行有化
오음회국 위인불구사심 이덕인생 작사시은포덕 오행유화

看何氣而推 四柱無情 取元干而論也 且火炎土燥 必聲洪而好禮
간하기이추 사주무정 취원간이논야 차화염토조 필성홍이호례

水淸潤下 主言悟而施仁 金白水淸 質黑肥圓 土氣厚重 信在四時
수청윤하 주언오이시인 금백수청 질흑비원 토기후중 신재사시

彙合如然 失時反此 事則擧其大略 須要察其細微 欲識情理
휘합여연 실시반차 사즉거기대략 수요찰기세미 욕식정리

學者用心於此
학자용심어차

【해설】

5음(陰)이 모여 국(局)을 이루면 말은 부처처럼 하나 속은 독사처럼 사악하다.

이덕(二德)이 있는데 인수(印綬)가 아신(我身)을 생조(生助)하면 은혜와 덕을 베푼다.

오행(五行)이 변하면 유정해지고, 오행(五行)이 싸우면 무정해지는데 원명의 천간(天干)을 보고 논해야 한다.

화염토조(火炎土燥)하면 반드시 목소리가 크고 예의를 좋아한다.

수청윤하(水清潤下)하면 말을 잘 하며 인덕을 베푼다.

금백수청(金白水清)하면 얼굴이 검고 비만하며 원만하다.

토기(土氣)가 넉넉하면 믿음과 신의가 있는데 무리가 회합(會合)하면 더 그렇다. 그러나 실시(失時)하면 이와 반대다. 모름지기 중요하게 관찰할 것은 그 세미(細微)하게 살피며 그 정리(情理)를 알고자 하면 학자는 이와 같이 용심(用心)한다.

8. 금옥부(金玉賦)

【원문】

數體洪範 法遵子平 命天地之奧妙 廳空谷之傳聲 一氣流行
수체홍범 법준자평 명천지지오묘 청공곡지전성 일기유행

則冬寒而夏暑 三陽生發 自春長以秋成 竊聞旣生有滅 若虧則盈
즉동한이하서 삼양생발 자춘장이추성 절문기생유멸 약휴즉영

造化歸源盡返 寅申巳亥五行歲蓄 各居四季丘陵 生長有時
조화귀원진반 인신사해오행세축 각거사계구능 생장유시

春夏秋冬之屬 旺衰有數 察貧賤富貴之機 搜尋八字 專論財官
춘하추동지속 왕쇠유수 찰빈천부귀지기 수심팔자 전론재관

次究五行 須詳氣候 論財官之輕重 察氣候之淺深 推向背財官之得失
차구오행 수상기후 논재관지경중 찰기후지천심 추향배재관지득실

論當生格局之高低 他來剋我爲官鬼 身旺當權 我去剋他爲妻財
논당생격국지고저 타래극아위관귀 신왕당권 아거극타위처재

身强則富
신강즉부

【해 설】

수리와 체형의 규범을 자평(子平)이 준행하였다. 명리(命理)는 천지
의 오묘한 원리를 비밀리에 허공인 천곡(天谷)으로부터 전성청수(傳
聲廳受)한 것이다. 일기(一氣)가 유행(流行)하여 즉 겨울철은 한냉하
고 여름철에는 서열(暑熱)한 것과 삼양(三陽)이 발생하므로 봄철이
면 스스로 생장하여 양육하고, 가을철에는 여문다. 만사가 태어나면
죽고 기울어 쇠할 때가 있으면 충만할 때가 있다. 일체의 조화는 마침
내 근원으로 돌아가니 즉 원시반본(原始返本)이다.

인신사해(寅申巳亥)는 사계절의 초이니 출발하는 생지(生地)에 해
당하고, 자오묘유(子午卯酉)는 사계절의 중앙이니 관장하는 왕지(旺
地)에 해당하고, 진술축미(辰戌丑未)는 사계절을 수장하는 고지(庫
地)에 해당한다. 따라서 춘하추동의 절기 원리는 모든 사물을 전개
하는 것에 적용되고, 왕쇠(旺衰)의 유수(有數)나 빈천부귀의 기틀도

이것을 근본으로 해서 살펴야 한다.

　사주팔자에서 제일 먼저 깊이 찾을 것은 재관(財官)이고, 다음은 오행(五行)이고, 상세하게 관찰해야 하는 것은 기후다. 즉 재관(財官)의 경중을 구분하고 기후의 깊이를 살펴 재관(財官)의 향배와 득실을 추리한다.

　그리고 격국(格局)의 고귀함과 저속 여부를 판단하는 것이다. 그리고 재관식(財官食)이 아신(我身)을 극(剋)하는 것이 관귀(官鬼)이니 신왕(身旺)해야 권세를 잡고 부자가 된다.

【원 문】

年傷身主 乃父與子而不親 時剋日辰 是子不遵於父命
년상신주 내부여자이불친 시극일진 시자불준어부명

年剋日兮 上能陵下 日剋年兮 下去犯上 若得有物制日干
년극일혜 상능능하 일극년혜 하거범상 약득유물제일간

則可化惡爲祥 更要本主逢喜神 則將凶而變吉 喜神慶會
즉가화악위상 갱요본주봉희신 즉장흉이변길 희신경회

當知資産豊隆 四柱無情 定見禍端並作 或見本主相沖 三刑重疊
당지자산풍융 사주무정 정견화단병작 혹견본주상충 삼형중첩

歲運欺陵 必招橫事 純粹五行入格 臺閣風淸 身强七殺降伏
세운기능 필초횡사 순수오행입격 대각풍청 신강칠살항복

藩垣鎭守 無財官而有格局 靑雲得路 無格局而有財官 黃門成名
번원진수 무재관이유격국 청운득로 무격국이유재관 황문성명

財官格局俱損 不貧寒而功名蹭蹬之人 日干月令俱强
재관격국구손 불빈한이공명층등지인 일간월령구강

非窮困必草茅永逸之士
비궁곤필초모영일지사

【해 설】

년주(年柱)가 신주(身主)인 일간(日干)을 상해하면 부자가 불친(不親)하여 부모덕이 약하고, 시(時)가 일진(日辰)인 아신(我身)을 파극(破剋)하면 자식이 부모의 말을 잘 따르지 않으니 자식 때문에 마음고생을 많이 하고, 년주(年柱)가 일간(日干)을 극상(剋傷)하면 윗사람이 아신(我身)을 파극(破剋)하고, 일간(日干)이 년주(年柱)를 극상(剋傷)하면 윗사람에게 반항한다.

그러나 구해주는 오행(五行)이 있으면 흉이 변하여 길이 된다. 일간(日干)이 희신(喜神)을 만나면 흉화가 변하여 길복이 된다. 따라서 희신(喜神)이 회합(會合)하면 경사가 생기고 자산이 많아진다. 사주가 무정하면 화근을 만나는 것은 당연하고, 본주(本主)가 상충(相沖)되거나 삼형(三刑)이 중첩하는데 세운이 불리하면 반드시 일이 막힌다. 그러나 오행(五行)이 순수하여 격(格)을 이루면 청귀한 고관의 명이니 부귀영화를 누리고, 신강(身强)한데 칠살(七殺)을 다스리면 무관의 수장이 된다.

재관(財官)은 없지만 격국(格局)을 이루면 청운의 꿈을 품고 고관대작이 되고, 격국(格局)은 없지만 재관(財官)이 있으면 등과하여 이름을 얻는다. 그러나 재관(財官)도 없고 격국(格局)도 이루지 못하면 빈한하거나 공명이 없다. 만일 일간(日干)과 월령(月令)이 모두 왕강(旺强)하면 곤궁하지는 않으나 초야에 묻혀 무명으로 살아간다.

【원 문】

兩丁坐南離而無制 是不遵禮法兇暴之徒 壬癸遇戊己之相應
양정좌남이이무제 시불준례법흉폭지도 임계우무기지상응

乃懷德抱才聰慧之士 辛逢乙木於南墓 雖富而不仁 丙逢辛金於北鎭
내회덕포재총혜지사 신봉을목어남묘 수부이불인 병봉신금어북진

縱貧於有德 年時月令有偏印 凶吉未明 大運歲君逢壽星 災殃立至
종빈어유덕 년시월령유편인 흉길미명 대운세군봉수성 재앙입지

幼年乏乳 食神遭刑剋之宮 壯歲崢嶸 乃財官居純粹之位
유년핍유 식신조형극지궁 장세쟁영 내재관거순수지위

陽日食神得地無沖損 則暗合官星 陰日食神無破虧 雖契合則自觀
양일식신득지무충손 즉암합관성 음일식신무파휴 수계합즉자관

【해 설】

  병정일간(丙丁火)이 남이(南離) 사오미운(巳午未運)을 만났는데 다스리지 못하면 예법을 무시하는 흉폭한 무리고, 임계일간(壬癸日干)이 무기토(戊己土)를 만나 상응하면 지혜가 총명한 선비고, 신금일간(辛金)이 을목(乙木)을 만났는데 남방 화운(火運)에서 묘(墓)에 들면 부자가 되어도 불인(不仁)하고, 병화일간(丙火日干)이 신금(辛金)을 만났는데 북방 수운(水運)에 임하면 가난해도 덕이 있다.

  년주(年柱)나 시상(時上)나 월령(月令)에 편인(偏印)이 있는데 길흉이 분명하지 않고, 대운과 세운에서 수성(壽星)인 인성(印星)을 만나면 재앙이 따른다. 만일 어릴 때 어머니의 젖이 부족하면 식신(食神)이 형극(刑剋)되었기 때문이고, 장년에 발달하면 재관(財官)이 순수한 곳에 임했기 때문이다.

만일 양일간(陽日干)이 식신(食神)이 득지(得地)하고 충손(沖損)이 없으면 길하고, 관성(官星)이 암합(暗合)하면 손상된다. 만일 음일간(陰日干)이 식신(食神)이 파휴(破虧)되지 않으면 계합(契合)을 해도 저절로 길하다.

【원 문】

印綬偏財 能益壽延年 羊刃七殺 善奪財化鬼 財星有破
인수편재 능익수연년 양인칠살 선탈재화귀 재성유파

費祖風別入他鄕 印綬被傷 失宗業抛離故里 人命以貴神爲福
비조풍별입타향 인수피상 실종업포이고리 인명이귀신위복

遭剋陷則凶禍不祥 五行會凶曜爲災 喜合殺幷食神爲貴 命虧殺旺
조극함즉흉화불상 오행회흉요위재 희합살병식신위귀 명휴살왕

要天赦二德呈祥 身弱財豊 喜羊刃兄弟爲助 月令値食神健旺
요천사이덕정상 신약재풍 희양인형제위조 월령치식신건왕

善飮食而姿質豊滿
선음식이자질풍만

【해 설】

인수(印綬)와 편재(偏財)가 들면 수명이 늘고, 양인(羊刃)과 칠살(七殺)이 들면 탈겁(奪劫)하는 것을 재성(財星)이 변하여 귀살(鬼殺)이 되니 안전하다. 만일 재성(財星)이 파극(破剋)되면 타향으로 떠나고, 인수(印綬)가 상해되어도 조상의 업을 버리고 타향으로 간다.

만일 귀한 신(神)이 들면 복이 되고, 파극(破剋)의 함정을 만나면 흉화가 많다. 만일 오행(五行)에 흉화가 많으면 합(合)을 좋아하고, 칠

살(七殺)과 식신(食神)이 합(合)하면 영귀(榮貴)하고, 신약(身弱)하고 칠살(七殺)이 왕강(旺强)한데 천사(天赦)와 이덕(二德)이 있으면 상서롭다.

만일 신약(身弱)한데 재성(財星)이 많을 때는 양인(羊刃)이나 비겁(比劫)이 도와주면 길하고, 식신(食神)이 월령(月令)에 임했는데 건왕(健旺)하면 음식을 잘 먹고 체구도 풍만하다.

【원 문】

四柱有吉曜相扶 推金積玉 五行無凶殺侵犯 名顯聲揚 寅申巳亥疊犯
사주유길요상부 추금적옥 오행무흉살침범 명현성양 인신사해첩범

有聰明生殺之心 子午卯酉重逢 害酒色荒淫之志 女人無殺 一貴何妨
유총명생살지심 자오묘유중봉 해주색황음지지 여인무살 일귀하방

喜逢天月德神 忌見官殺混雜 貴衆則舞裙歌扇 合多則暗約偸期
희봉천월덕신 기견관살혼잡 귀중즉무군가선 합다즉암약투기

五行健旺 不遵禮法而行 官殺互逢 定是風聲之配 迴睞倒揷
오행건왕 불준예법이행 관살호봉 정시풍성지배 회순도삽

泛水桃花 沐浴裸形 螟蛉重見 多爲奴妾娼妓 少有三貞九烈
범수도화 목욕나형 명령중견 다위노첩창기 소유삼정구열

雙女號淫星 不宜多犯
쌍여호음성 불의다범

【해 설】

관성(官星)이 상부상조하면 금옥이 가득하고, 오행(五行)에 흉살이 침범하지 않으면 명성이 높고, 인신사해(寅申巳亥)가 첩첩하게 범하면 총명하고, 살성(殺星)을 생(生)하는데 자오묘유(子午卯酉)를 만나

면 주색과 황음에 빠지고,

여명이 칠살(七殺)이 없는데 일귀(一貴)가 있으면 길하고, 천월덕신(天月德神)의 만나면 길하고, 관살(官殺)이 혼잡하면 매우 흉하고, 영귀(榮貴)가 많으면 무용가나 가수가 되고, 합(合)이 많으면 부정한 거래를 한다. 오행(五行)이 건왕(健旺)하면 예법을 무시하고, 관살(官殺)을 많이 만나면 풍류를 즐기고, 도화(桃花)나 목욕(沐浴)이나 함지(咸池)가 무거우면 노예나 첩이나 창녀나 음난한 여자가 되고, 삼정구열(三貞九烈)이 소유(少有)하면 쌍여(雙女)는 음란성(淫亂星)이니 관살(官殺)이 많이 침범하면 흉하다.

【원 문】

官星七殺日夫主 忌見重逢 寅申互見性荒淫 巳亥相逢心不已
관성칠살왈부주 기견중봉 인신호견성황음 사해상봉심불이

或有傷官之位 不遠嫁定主剋夫 臨沖梟印之神 非孤離終須死別
혹유상관지위 불원가정주극부 임충효인지신 비고이종수사별

四柱有官鬼入墓 使夫星久入黃泉 歲運臨夭絶之宮 俾鴛配分飛異路
사주유관귀입묘 사부성구입황천 세운임요절지궁 비원배분비이로

要知女命難婚 運入背夫之位 欲識男兒娶 定是運合財鄕 子剋重重
요지여명난혼 운입배부지위 욕식남아취 정시운합재향 자극중중

殺沒官衰傷食重 喪妻疊疊 財經身旺兄弟多
살몰관쇠상식중 상처첩첩 재경신왕형제다

【해 설】

관성(官星) 칠살(七殺)은 부성(夫星)인데 거듭 만나면 꺼린다. 인신

(寅申)이 만나면 황음하고, 사해(巳亥)가 만나도 마음이 부정한데 상관(傷官)이 있으면 갑자기 출가한다. 만일 효신(梟神)과 인수(印綬)가 상충(相沖)한 자리에 임하면 결국은 사별한다.

만일 관귀(官鬼)가 이 입묘(入墓)되면 남편이 죽고, 요절(夭絶)하는 세운에 임하면 남편과 이별한 후 재혼하려고 하나 어려움이 많다. 그러나 남명이 재성운(財星運)으로 가면 이혼한 후 바로 재혼한다. 살성(殺星)이 식상(食傷)을 파극(破剋)하면 자식을 극하고, 재성(財星)이 약한데 신강(身强)하고 형제인 비겁(比劫)이 많이 만나면 아내 상을 많이 당한다.

【원 문】

若不如斯 正是刑沖妻妾位 暗合財星妻妾衆 虛朝財位主妻多
약불여사 정시형충처첩위 암합재성처첩중 허조재위주처다

財星入墓 必定刑妻 支下伏神 偏房寵妾 妻星明朗 喬木相求
재성입묘 필정형처 지하복신 편방총첩 처성명랑 교목상구

大運流年 三合財鄕 必主紅鸞吉兆 或臨財敗之宮 家貲凌替
대운유년 삼합재향 필주홍난길조 혹임재패지궁 가자능체

傷妻損妾 婚配難成 妻星失位在何宮 要求端的
상처손첩 혼배난성 처성실위재하궁 요구단적

【해 설】

처첩궁(妻妾宮)에 형충(刑沖)이 심하거나, 처첩성(妻妾星)이 많은데 재성(財星)이 암합(暗合)하거나, 본처성(本妻星)이 많은데 재성(財星)이 허망하거나 입묘(入墓)되면 반드시 처궁(妻宮)에 형액이 따른다. 만일 지지(地支)에 재성(財星)이 암장(暗藏)되어 복신(伏神)하면 외첩을 둔다.

만일 본처성(本妻星)이 명랑하면 재성(財星)이 용신(用神)에 해당하고 대운과 유년(流年)에 삼합(三合)이 재성(財星) 고향인 때문이니 반드시 홍란(紅鸞)의 길조가 있다. 만일 재성(財星)이 사절지(死絕地)에 임하면 자산이 손실되거나 아내가 다치고, 본처성(本妻星)이 어디에 있든 실위(失位)하면 관성(官星)이 재성(財星)을 보호해야 한다.

【원 문】

官祿天廚 居甚位察根源 有格局混雜 忽遇惡物相沖 亦主死亡
관록천주 거심위찰근원 유격국혼잡 홀우악물상충 역주사망

無財祿或逢財旺相 亦當驟發 日求升合 食神旺處劫財多
무재록혹봉재왕상 역당취발 일구승합 식신왕처겁재다

或逢偏印食神 非貧夭壽 須知乞化 要審榮枯得失 當究輕重深淺
혹봉편인식신 비빈요수 수지걸화 요심영고득실 당구경중심천

官祿殺强 無制則夭 日衰財重 當殺則窮 更看歲運何凶何吉
관록살강 무제즉요 일쇠재중 당살즉궁 갱간세운하흉하길

身宮沖破無依倚 不離祖必出他鄉 乾坤艮巽互換朝
신궁충파무의의 불리조필출타향 건곤간손호환조

好馳騁則心無定主 柱中若逢華蓋 犯二德淸貴之人
호치빙즉심무정주 주중약봉화개 범이덕청귀지인

【해 설】

관록(官祿)이 천주(天廚)에 임하면 관직으로 나가는데 근원을 살

펴야 한다. 만일 격국(格局)이 혼잡한데 갑자기 기신(忌神)을 만나 상충(相沖)하면 죽고, 재록(財祿)이 없거나 재왕운을 만나면 갑자기 발복하고, 일간(日干)이 식신(食神)과 합(合)하고 식신(食神)이 왕처(旺處)에 들고 겁재(劫財)가 많은데 편인(偏印)과 식신(食神)이 많나 상충(相沖)하면 가난하거나 요절한다.

간명할 때는 영고득실(榮枯得失)을 살피고, 경중과 심천을 살펴야 한다. 만일 관록(官祿)이 있는데 왕강한 칠살(七殺)을 다스리지 못하면 요절하고, 신약(身弱)한데 재성(財星)이 무겁고 칠살(七殺)을 만나면 가난하고, 다시 세운에서 재관(財官)을 만나면 길흉을 말할 수 없이 많다.

만일 일간(日干)이 충파(沖破)되면 조상과 이별하거나 고향을 떠나 의지할 곳이 없고, 건곤간손(乾坤艮巽)은 인신사해(寅申巳亥)를 말하는데 상교(相交)하면 안정되지 못하니 마음이 분주하고, 주중(柱中)에 화개(華蓋)와 천덕이나 월덕귀인(天月貴人)이 있으면 청귀한 사람이다.

【원 문】

官星七殺落空亡 在九流任虛閒之職 五行剋戰 非傷日主不爲災
관성칠살낙공망 재구류임허한지직 오행극전 비상일주불위재

歲運併臨 若損用神皆有禍 木逢金剋 定主腰脇之災 火被水傷
세운병임 약손용신개유화 목봉금극 정주요협지재 화피수상

必是眼目之疾 三合火神旺盛剋庚辛 損頭而及膿血之疾
필시안목지질 삼합화신왕성극경신 손두이급농혈지질

如傷日干及財官太盛 折肢體有眷戀之災 心肺喘滿 亦本金火相刑
여상일간급재관태성 절지체유권연지재 심폐천만 역본금화상형

脾胃損傷 蓋因土木戰剋 支水干頭有火遭水剋 必主腹胚心朦
비위손상 개인토목전극 지수간두유화조수극 필주복배심몽

支火干頭有水遇火旺 則內障睛盲 火土焦蒸四曜 則髮禿眼昏
지화간두유수우화왕 즉내장정맹 화토초증사요 즉발독안혼

【해 설】

관성(官星)과 칠살(七殺)이 공망(空亡)되면 한직으로 떨어지고, 오행(五行)이 싸워도 일간(日干)이 상해되지 않으면 재앙이 생기지 않는다. 세운에 기신(忌神)이 나란히 임하여 용신(用神)이 손상되면 모든 재화가 따른다.

만일 금(金)이 목(木)을 파극(破剋)하면 허리와 옆구리에 질병이 따르고, 수(水)가 화(火)를 상해하면 반드시 눈병이 따르고, 삼합(三合)하여 왕성해진 화(火)가 경신금(庚辛金)을 파극(破剋)하면 머리가 손상이나 피고름이 나는 농혈이 따른다.

만일 매우 성한 재관(財官)이 일간(日干)을 상해하면 팔다리가 잘리거나 사모하는 권연애정(眷戀愛情)의 재앙이 따른다. 만일 금화(金火)가 상형(相刑)하면 심장질환·폐질환·천식이 따르고, 토목(土木)이 싸우면 비장·위장이 손상되고, 지지(地支)의수(水)와 간두(干頭)의 화(火)가 수극화(水剋火)를 이루면 반드시 복부·심장에 병이 생기고, 지지(地支)에 화(火)가 들고 천간(天干)에 수(水)가 들었는데 화왕운(火旺運)을 만나면 눈이 멀고, 화토(火土)가 조열(燥熱)한데

수기(水氣)가 부족하면 대머리가 되거나 눈이 흐려진다.

【원 문】

潤下純潤充氣 返神淸骨秀 熒惑乘旺臨離巽 風中失音
윤하순윤충기 반신청골수 형혹승왕임이손 풍중실음

太白堅利合兌坤 兵箭落魄 財星入墓 少許刑沖必發 傷官傷盡
태백견리합태곤 병전낙백 재성입묘 소허형충필발 상관상진

或見官星則凶 十有八格 當從善惡推求 總繫五行 各取旺衰消息
혹견관성즉흉 십유팔격 당종선악추구 총계오행 각취왕쇠소식

身旺何勞印綬 身衰不喜財官 中和爲福 偏黨爲禍 但見貴神朝拱
신왕하노인수 신쇠불희재관 중화위복 편당위화 단견귀신조공

祿馬飛天 遙合虛邀 不得沖格 逢合皆忌 七殺官星 各嫌羈絆
녹마비천 요합허요 불득충격 봉합개기 칠살관성 각혐기반

塡實則凶 忽然運到官鄕 當以退身避職 馬瘦官破 困守窮途
전실즉흉 홀연운도관향 당이퇴신피직 마수관파 곤수궁도

祿旺財豐 崢嶸仕路 如臨喜處以得禍 是三合而隱凶星
녹왕재풍 쟁영사로 여임희처이득화 시삼합이은흉성

或逢凶處而返祥 乃九宮而露吉曜
혹봉흉처이반상 내구궁이노길요

【해 설】

  윤하격(潤下格)이 순수하며 기(氣)가 충만하면 정신이 청명하며 골
격이 준수하나, 왕강(旺强)한 화기(火氣)를 만나 수화(水火)가 상충
(相沖)하면 중풍에 걸려 음성을 잃으니 귀먹은 벙어리가 된다.

태백(太白)이 강금(强金)이며 견고하면 병권(兵權)을 얻는데, 태곤(兌坤)인 미신유(未申酉)와 합(合)하면 무기 앞에서 떨어지고, 재성(財星)이 입묘(入墓)되면 반드시 형충(刑沖)되어야 창고의 문이 열려 발복하고, 상관상진격(傷官傷盡格)이 관성(官星)을 만나면 흉하다.

십팔격(十八格)으로 선악을 추구하고, 총론하여 오행(五行)에 매여 있다. 따라서 왕쇠(旺衰)의 소식(消息)을 취해야 한다. 만일 신왕(身旺)하면 인수(印綬)의 생조(生助)가 필요하지 않고, 신약한데 재관(財官)을 만나면 사주가 중화되어 길복이 따르고, 오행(五行)이 편중되면 재화가 따르나 주중(柱中)에 귀한 신(神)이 들면 길하다.

만일 녹마(祿馬)를 공래(拱來)하거나, 천간(天干)에서 요합(遙合)이나 상충(相沖)하여 격을 얻지 못하거나, 합(合)하여 기신(忌神)으로 변하면 모두 흉하다. 만일 칠살(七殺)과 관성(官星)을 얽어매거나 전실(塡實)하면 흉한데, 관성운(官星運)에 이르면 지위에서 물러난다. 만일 재성(財星)의 녹마(祿馬)가 마르고 관성(官星)이 파극(破剋)되면 곤궁하다.

만일 관록(官祿)이 왕성하고 재성(財星)이 풍성하면 벼슬길이 유리하고, 희신(喜神)이 합(合)하여 기신(忌神)으로 변하면 희신운(喜神運)에 재화를 당하고, 합(合)하여 기신(忌神)이 희신(喜神)으로 변하면 흉운을 만나도 길복이 따른다.

【원 문】

要知識品高低 當求運神向背 淸奇則早歲成名 玷缺則晩年得地
요지식품고저 당구운신향배 청기즉조세성명 점결즉만년득지

運行則一宮十載 流年乃逐歲推移 津路通亨 權高爵顯 程途偃蹇
운행즉일궁십재 유년내축세추이 진로통형 권고작현 정도언건

祿薄官卑 推尋子位 先看妻宮 死絶者嫡庶難存 太旺者別門求覓
녹박관비 추심자위 선간처궁 사절자적서난존 태왕자별문구멱

妻星顯露 子息必多 刑害嗣宮 男女罕得 若間兄弟多寡
처성현로 자식필다 형해사궁 남녀한득 약간형제다과

細檢四柱干支 月令雖强 更間運神向背 死絶刑傷 雁行失序
세검사주간지 월령수강 갱간운신향배 사절형상 안행실서

相生喜慶 棣萼聯榮 兄弟身旺 父命有虧 財帛旺多 母年早剋
상생희경 체악연영 형제신왕 부명유휴 재백왕다 모년조극

若見官鬼出印見 母反長年 如逢脫氣排運
약견관귀출인견 모반장년 여봉탈기배운

【해 설】

  직위의 높낮이를 알려면 용신(用神)과 운로의 향배를 살펴야 한다.

  사주가 청기(淸奇)하면 일찍 공명을 이루고, 도중에 기신운(忌神運)을 만나 손상되고 이지러져도 만년에 득지(得地)하면 일궁십재(一宮十載)의 부귀영화를 누린다. 세운에 용신운(用神運)을 만나면 녹(祿)이 현달하여 진로가 형통하며 권세가 높고, 중도에 기신운(忌神運)을 만나 쓰러지면 복록이 박하고 관직이 비천하다.

  자녀를 보려면 먼저 처궁(妻宮)을 살펴야 한다. 만일 자궁(子宮)이 사절(死絶)되면 적자든 서자든 키우기 어렵고, 매우 왕성하면 야합이니 별문에서 자식을 얻는다. 만일 본처성(本妻星)이 투출(透出)하면 반드시 자식이 많으나 자궁(子宮)이 형해(刑害)되면 아들이든 딸이

든 얻기 힘들다.

형제의 수를 보려면 사주의 간지(干支)를 세밀하게 살펴야 하는데, 월령(月令)과 운로와 용신(用神)의 향배를 보아야 한다. 만일 비겁(比劫)이 사절(死絶)되면 형제가 적고, 비겁(比劫)이 상생(相生)하고 길경사이면 형제가 많고 우애도 길하다.

만일 형제인 비겁(比劫)과 신주(身主)가 지나치게 왕성하면 아버지의 수명이 불길하고, 재물인 재성(財星)이 많으면 어머니를 일찍 극(剋)하고, 관귀(官鬼)가 있는데 인수(印綬)를 만나면 어머니가 장수하고, 신왕(身旺)한데 식신(食神)이 설기(泄氣)하면 아버지가 장수한다.

【원 문】

壬臨午位 癸坐巳宮 稟中和兮 祿馬同鄕 遇休囚也 胎元絶地
임임오위 계좌사궁 품중화혜 녹마동향 우휴수야 태원절지

丙臨申位 庚坐燕寅 己入坐乾 乙臨雙女 金乘火位 甲坐坤宮
병임신위 경좌연인 기입좌건 을임쌍녀 금승화위 갑좌곤궁

名曰休囚 最嫌剋制 七殺忌逢言喪魄 壽星欣遇日還魂
명왈휴수 최혐극제 칠살기봉언상백 수성흔우왈 환혼

夫星命能施智力 難出網羅 造化幽微 乃除功妙 貧寒將盡
부명능시지력 난출망나 조화유미 내제공묘 빈한장진

能令白屋出公卿 奢侈太過 反使朱門生餓殍 家貲將廢
능령백옥출공경 사치태과 반사주문생아표 가자장폐

定生不肖之男兒 婚媾多刑 必娶無壽之妻妾 四宮背祿 不可妄求
정생불초지남아 혼구다형 필취무수지처첩 사궁배록 불가망구

官將不成 財當見廢 八字無財 須求本分 越外若貪 必招凶事
관장불성 재당견폐 팔자무재 수구본분 월외약탐 필초흥사

噫甘貧養拙 非原憲之不才 鼓腹吹簫 使伍員之挫志 順則行
희감빈양졸 비원헌지불재 고복취소 사오원지좌지 순즉행

逆則棄 知命樂天 困窮合義 洪範數終 淵源骨髓
역즉기 지명낙천 곤궁합의 홍범수종 연원골수

【해 설】

임수일간(壬水日干)이 오화(午火)에 임하고, 계수일간(癸水日干)이
사화에 앉으면 천품(天禀)이 중화되어 녹마(祿馬)를 얻어 동향(同鄉)
인 것이나 만나면 휴수(休囚)된 것이나 태원(胎元)이 절지(絕地)이므
로 유기(有氣)하다.

병화일간(丙火日干)이 신금(申金)에 임하고, 경금일간(庚金日干)이
인목에 앉고, 기토일간(己土日干)이 해수(亥水)에 앉고, 을목일간(乙
木日干)이 유금(酉金)에 임하고, 경신금(庚辛金)이 사오화(巳午火)
임하고, 갑목(甲木)이 신금(申金)에 임하면 휴수(休囚)이니 극제(剋
制)되면 대흉하다.

칠살(七殺)은 상백(喪魄)을 꺼리고, 수성(壽星)인 인성(印星)은 환
혼(還魂)을 만나면 기뻐한다.

무릇 명리(命理)는 지력(智力)을 능히 포시(布施)하여 망나(網羅)
하기는 난출(難出)이니 조화가 유미(幽微)하다. 공묘(功妙)함을 제거
하면 빈한하고, 월령(月令)을 얻으면 빈한한 백옥(白屋)으로부터 공경
(公卿)에 출두(出頭)하여 오른다.

그러나 사주가 지나치게 사치하면 부귀영화 중에 굶주리고, 가산은 폐파(廢破)하니 불초한 남아다. 처첩궁(妻妾宮)이 형(刑)을 많이 당하면 혼인하여 성가해도 반드시 처첩이 장수하지 못하고, 사궁(四宮)인 전택(田宅)이 배록(背祿)되면 부귀영화가 불가하다.

관장(官將)인 관성(官星)이 불성하고 재성(財星)이 폐기(廢棄)되면 팔자에 재물이 없으니 분수를 지켜야 한다. 만일 분수 외의 것을 탐하면 반드시 흉한 일이 생긴다.

오 슬프다. 빈고를 감수하고 양졸(養拙)함이여! 춘추전국 시대의 현인인 원헌거사(原憲居士)가 지혜와 재능이 없어 출세하지 못한 것이 아니고, 오원거사(伍員居士)가 지혜와 이상이 부족해 피리를 불며 걸식한 것이 아니다. 팔자에 없는 것은 노력해도 구할 수 없기 때문이다. 천지의 이치에 순응하면 순탄하고, 거역하면 무용지물이 되니 버리어서 명리(命理)를 알면 천도(天道)를 즐거워하고, 곤궁에 합의하지 않을 수 없음이 홍범수(洪範數)의 원리이며 연해자평의 골이다.

9. 인감론(人鑑論)

【원 문】

洪濛肇判 甲子攸生 幽顯而變通莫測 沉潛於二理尤深
홍몽조판 갑자유생 유현이변통막측 침잠어이리우심

二十四字之精神妙用 億千萬人凶吉灼知 日生爲主 年長爲君
이십사자지정신묘용 억천만인흉길작지 일생위주 년장위군

先論根本 察貴賤之由易見 假使粗識深藏之體 孰得而蓋貴者雖吉
선론근본 찰귀천지유역견 가사조식심장지체 숙득이개귀자수길

賤由不易 森列三才 勢有權衡輕重 包羅八卦 自存規矩方圓
천유불역 삼열삼재 세유권형경중 포나팔괘 자존규구방원

天道尙有盈虧 人事豈無反覆 或先貧而終富 或先敗而後興
천도상유영휴 인사개무반복 혹선빈이종부 혹선패이후흥

當捨短而從長 毋取彼而拾此
당습단이종장 무취피이습차

【해 설】

광대무량한 천지가 열리고 육십갑자(六十甲子)가 탄생했으니 유현
(幽顯)한 바가 있어 통변(通變)을 예측하기 어렵다. 음양의 이리(二
理)가 침잠(沉潛)하여 더욱 심오하고, 24자를 취함에 정밀하고 신묘
함이 있어 억만 인의 길흉을 알 수 있다.

일간(日干)은 주인이며 나이고, 년(年)은 수장이며 군왕이니 먼저
귀천을 살펴야 한다. 거칠고 천박한 눈으로는 그 원리를 식별하기 어
렵다. 대개 영귀(榮貴)하고 길하기는 어렵고, 하천하고 흉하면 운을
바꾸기가 쉽지 않다. 삼라만상의 삼재(三才)를 나열함에 형세에는 권
세 균형의 경중이 있고 이에 팔괘(八卦)를 나열하니 자존(自存)하는
규구방원(規矩方圓)이 있다.

천도(天道)에는 충만함과 감휴(減虧)가 있는데 사람의 일에 어찌
반복과 무상함이 없겠는가. 선빈종부(先貧終富)하기도 하고 선패후
흥(先敗後興)하기도 하고, 흉화단명(凶禍短命)하거나 길복장수(吉福
長壽)하기도 하니 이것을 취하고 저것을 버리기도 하고 저것을 취하

고 이것을 버리기도 하는 것이 사람의 명이며 세상사다.

【원 문】

四柱俱嫌其一字 大醇亦求其小疵 詳細觀察其言 毌輕以斷
사주구혐기일자 대순역구기소자 상세관찰기언 무경이단

官在祿鄕 伊尹負阿衡之任 時居貴地 傅巖興作相之臣 先逢貴格
관재녹향 이윤부아형지임 시거귀지 부암흥작상지신 선봉귀격

入仕爲臺閣之尊 重疊鬼生 喜樂道有山林之興 是知居官居貴
입사위대각지존 중첩귀생 희락도유산림지흥 시지거관거귀

五行醇而不疵 多滯多憂 八字雜而又戰 根甘裔苦 賈誼屈於長沙
오행순이불자 다체다우 팔자잡이우전 근감예고 가의굴어장사

源濁流淸 太公興於渭水 祿馬同鄕 而會登臺閣 殺印重旺
원탁류청 태공흥어위수 녹마동향 이회등대각 살인중왕

而早入科名
이조입과명

【해 설】

주중(柱中)에는 그 한 글자를 꺼리며 대순(大醇)한 순수하면 역시 요구하고, 그 병(病)의 액난은 적어야 하니 상세하게 관찰하고 가볍게 단정하지 말라.

만일 녹향(祿鄕)에 관성(官星)이 들면 제(齊)나라의 명상(名相)인 이윤(伊尹)과 같은 중신이 되고, 시상(時上)가 귀지(貴地)에 해당하면 은(殷)나라의 현신(賢臣)인 부암(傅巖)과 같은 귀인(貴人)이 된다.

먼저 원명에서 귀격을 이루어야 벼슬길에 올라 존귀해지고, 원명에

귀살(鬼殺)이 중첩되면 실시(失時)하니 산에 들어가 수도할 사람이다. 오행(五行)이 순수하고 병(病)의 액난이 없으면 관직으로 나가 부귀영화를 누리고, 사주가 혼잡하고 서로 싸우면 침체와 우환이 많고, 원명은 길하나 운이 불길하면 가의(賈誼)가 곤고하게 살다가 장사왕(長沙王)의 책사가 되는 것과 같고, 원명은 혼탁하나 운이 청정하면 강태공(姜太公)이 위수(渭水)에서 문왕(文王)을 만나 포부를 펼친 것과 같다.

만일 녹마(祿馬)가 동향(同鄕)이면 재관(財官)이 유기(有氣)하니 등용되어 고관이 되고, 살인(殺印)이 중왕(重旺)하면 일찍 벼슬길에 올라 명예를 얻는다.

【원 문】

兄多逢弟 宜嗟范子之貧 父疊生身 可比老彭之壽 夾官夾貴
형다봉제 의차범자지빈 부첩생신 가비노팽지수 협관협귀

日時值而峻字雕梁 劫財奪馬 歲時逢而逢門甕牖 嗣位剋絶
일시치이준자조량 겁재탈마 세시봉이봉문옹유 사위극절

鵲之巢而鳩占之 妻位犯傷 鸞之孤而鳳無匹偶 行運背祿
작지소이구점지 처위범상 난지고이봉무필우 행운배록

昔日富而今日貧 命遇旺身 昨日悲而今日笑
석일부이금일빈 명우왕신 작일비이금일소

【해 설】

형이 많은데 아우가 또 있으면 범자(范子)와 같이 빈한하고, 부모가 중첩되어 아신(我身)을 생조(生助)하면 노팽(老彭)과 같이 장수하고, 일시(日時)에 협관협귀(夾官夾貴)가 있으면 국가의 동량이 되고, 겁재(劫財)가 탈마(奪馬)하는데 년시운(年時)에서 또 만나면 깨진 항아리의 주둥이로 창문을 할 정도로 빈한하고, 후사의 자리가 극절(剋絶)되면 자식들이 짐승처럼 어렵게 살고, 처궁(妻宮)이 상해되면 자식이 고독하고, 운이 배록(背祿)이면 옛날에는 부귀했으나 오늘은 빈천하고, 왕신(旺身)을 만나면 어제는 비루했으나 오늘은 웃는다.

【원 문】

四柱坐學堂之上 回也不愚 三元助墓庫之中 丘之好學 年逢官貴
사주좌학당지상 회야불우 삼원조묘고지중 구지호학 년봉관귀

才高立解成名 時值偏財 家富又添好業 庚行丙地 禱爾於祇
재고입해성명 시치편재 가부우첨호업 경행병지 도이어지

壬入戌鄕 胡不遄死 伯牛有疾 緣戰剋以交差 司馬何憂
임입술향 호불천사 백우유질 연전극이교차 사마하우

蓋比和而無位 身中衰弱 逢吉運以爲凶 命坐牽牛 遇禍年而反福
개비화이무위 신중쇠약 봉길운이위흉 명좌견우 우화년이반복

七殺須重而多合 何傷日月之明 祿雖多而有破 難際風雲之會
칠살수중이다합 하상일월지명 녹수다이유파 난제풍운지회

遇而不遇
우이불우

【해 설】

주중(柱中)에 학당(學堂)이 들면 우매하지 않고, 삼원(三元)이 묘고(墓庫)를 생조(生助)하면 공자처럼 학문을 좋아하고, 년상(年上)에서

관귀(官貴)를 만나면 재능이 높아 입신양명하고, 시(時)에 편재(偏財)가 들면 집안이 풍부하고 사업 능력이 있다.

경금일간(庚金日干)이 병지(丙地)를 만나면 신앙이 있고, 임수일간(壬水日干)이 술향(戌鄕)에 들면 단명하거나 요절한다. 백우(伯牛)처럼 병고가 많은 것은 전극(戰剋)이 교차(交差)하기 때문이고, 사마(司馬)와 같이 우수가 많은 것은 대개 비겁(比劫)이 기신(忌神) 작용을 하기 대문이다.

신약(身弱)하면 재관인(財官印)의 길운(吉運)을 만나도 흉화가 있고, 명조가 견우(牽牛)와 같으면 화액을 만나도 길복으로 변한다. 칠살(七殺)이 중첩하고 합(合)이 많으면 일월(日月)의 명광(明光)을 상해하고, 건록(建祿)이 많아도 파극(破剋)되면 모임이 어려우니 만나도 만나지 못한 것과 같다.

【원 문】

庚辛在壬癸之鄕 憂而不憂 甲乙行丙丁之地 或若生逢絕敗
경신재임계지향 우이불우 갑을행병정지지 혹약생봉절패

鄭谷歸耕 祿馬病衰 馮唐皓首 九宮旺相 難逃邀我桑中 四柱合和
정곡귀경 녹마병쇠 풍당호수 구궁왕상 난도요아상중 사주합화

未免題詩葉上 西施美貌 自身多帶長生 綠珠墜樓 兇惡又逢七殺
미면제시엽상 서시미모 자신다대장생 녹주추루 흉악우봉칠살

孤鸞人命 妻哭夫而夫哭婦 煙花絆身 女求男而男求女
고란인명 처곡부이부곡부 연화반신 여구남이남구녀

頭目陷而肢體相虧 財有耗而田宅有害
두목함이지체상휴 재유모이전택유해

【해 설】

경신일간(庚辛日干)이 임계운(壬癸運)을 만나거나 갑을일간(甲乙
日干)이 병정운(丙丁)을 만나면 근심이 있어도 없는 것과 같다. 만일
패절운(敗絕運)을 만나면 정곡(鄭谷)처럼 농촌으로 돌아가 농사를
짓고, 녹마(祿馬)가 쇠병사지(衰病死地)에 임하면 풍당(馮唐)처럼 장
수한다.

구궁(九宮)이 왕상(旺相)하면 남녀 사이의 불륜과 음행을 피하기
어렵고, 사주가 화합하면 풍류객으로 살고, 신주(身主)가 장생(長生)
을 많이 대동하면 서시(西施)와 같은 미모를 갖추고, 사주가 흉악한
데 칠살(七殺)을 만나면 녹주(綠珠)처럼 부귀영화가 추락하고, 고란
살(孤鸞殺)이 들면 남녀 모두 배우자가 죽어 슬피 울고, 연화(煙花)
는 음녀(淫女)인데 반신(絆身)이 되어 색정을 항상 찾으니 여자는 남
자를 찾아다니고 남자는 여자를 찾아다닌다. 머리와 눈에 해당하는
정신이 함몰하여 부패(腐敗)하면 사지백체(四肢百體)도 범하여 재산
을 탕진하고 패가망신을 당한다.

【원 문】

生時若遇刑沖 一生屢乏 歲月若臨劫奪 百歲孤寒財入財窠
생시약우형충 일생누핍 세월약임겁탈 백세고한재입재과

不貴則當大富 殺居太歲 居安不可慮危 乃若官星透露 未可便作貴推
불귀즉당대부 살거태세 거안불가려위 내약관성투로 미가편작귀추

殺星下攻 曷不便爲凶兆 大抵歸祿喜逢於印綬 刑殺宜値於濟和
살성하공 갈불편위흉조 대저귀록희봉어인수 형살의치어제화

是以當憂不憂 聞喜不喜
시이당우불우 문희불희

【해 설】

　시(時)가 형충(刑沖)되면 빈한하고, 겁재(劫財)가 년월을 겁탈하면
평생 고한(孤寒)하나 재성(財星)이 재성운(財星運)에 임하면 영귀(榮
貴)하거나 큰 부자가 된다. 칠살(七殺)이 년주(年柱)에 임하면 평안한
곳에 살아도 근심이 있다.

　관성(官星)이 투출(透出)해도 반드시 영귀(榮貴)하지 않고, 지지(地
支)에 살성(殺星)이 들어도 흉한 것만은 아니다. 귀록격(歸祿格)은
인수(印綬)를 만나야 길하고, 형살(刑殺)이 제화(濟和)되면 우환이
있어도 우환이 아니고, 또 희(喜)하면 들어도 길하지 않는다.

【원 문】

考其根而明其實 論其始而究其終 故知失其本而忘其末
고기근이명기실 논기시이구기종 고지실기본이망기말

不救其實而義有餘 是以妻宮有尅 少年無早娶之人 鬼位逢傷
불구기실이의유여 시이처궁유극 소년무조취지인 귀위봉상

末歲損成家之子 生平不已 而壽算松椿 財祿帶多 而福姿蒲柳
말세손성가지자 생평불이 이수산송춘 재록대다 이복자포류

源淸者其流必遠 本壯者其葉必榮 三命冠羣 不貴則當大富
원청자기류필원 본장자기엽필영 삼명관군 불귀즉당대부

九宮弱陷 怕凶運大忌凶年 千條萬緖
구궁약함 파흉운대기흉년 천조만서

【해 설】

　근본을 고찰하고 결실을 명관(明觀)하여 그 시원을 논하고 그 종결을 연구해야 하니 고로 그 근본을 잃고 그 종말을 망각(忘却)하면 그 원리를 깨달을 수 없다는 정의가 있다.

　처궁(妻宮)이 파극(破剋)되면 소년에 혼인할 수 없고, 귀살(鬼殺)이 상해하면 노년에 집안을 탕진하는 자식을 두고, 또 장수만 할뿐 무의미한 노인이 된다.

　재록(財祿)을 많이 대동하면 복록이 풍성하고, 원명이 청귀하면 그 흐름이 반드시 장원(長遠)하고, 장왕(壯旺)하면 환경도 반드시 영화롭다. 삼명(三命)에 관군(冠羣)이 있으면 귀격을 이루거나 큰 부자가 되고, 구궁(九宮)이 약함(弱陷)한데 흉운이나 흉년을 만나면 만가지 재앙이 따른다.

【원 문】

當求不見之形 百派一源 貴得彌身之地 詳陳本末 備察盈虧
당구불견지형 백파일원 귀득미신지지 상진본말 비찰영휴

澄神定慮 深略沉機 可考而知 不言而喻 後之君子 鑒以前賢
징신정려 심략침기 가고이지 불언이유 후지군자 감이전현

言術者十常八九 造首者百無一二 辭簡而意微 言近而指遠
언술자십상팔구 조수자백무일이 사간이의미 언근이지원

爲之賢乎已 鑒命無忽諸
위지현호이 감명무홀제

【해 설】

당연히 구할 것은 불견(不見)의 형상이니 백 가지의 파당(派黨)이 있으나 그 근원은 하나이다. 영귀(榮貴)한 것을 널리 얻는 것이 신주(身主)의 길지(吉地)이니 상세하게 본말(本末)을 살피고 영휴(盈虧)를 대비(對備)하여 관찰하고, 용신(用神)을 찾아서 정확하게 판단해야 하고, 심략(深略)하게 기틀을 가히 고찰해야 불언(不言)의 비유를 득지(得知)한다. 후학의 제(弟)子들은 선현의 감명한 것을 본받아야 하고, 역술을 논하는 자는 십인(十人) 중에 팔인(八人)이나 구인(九人)은 되지만 실지에는 백 사람 중에 1~2명에 불과하니 말은 간단하지만 의미는 오묘하며 말은 가깝고 쉬우나 원리는 멀고 어려운 것이니 제현들은 모름지기 감명에 소홀함이 없기를 바란다.

10. 연원집설(淵源集說)

【원 문】

最貴者官星爲命 時得偏正財爲福 最凶者七殺臨身 逢天月二德爲祥
최귀자관성위명 시득편정재위복 최흉자칠살임신 봉천월이덕위상

官星若遇劫財 雖官無貴 七殺如逢資助 其殺愈重 三合六合
관성약우겁재 수관무귀 칠살여봉자조 기살유중 삼합육합

運至逢而必榮 七官八官 月逢官而爲喜 四合四刑 合刑當爲偏正
운지봉이필영 칠관팔관 월봉관이위희 사합사형 합형당위편정

七沖七擊 沖擊喜得會藏 來貴來丘爲暗會 財庫官庫要正沖
칠충칠격 충격희득회장 내귀내구위암회 재고관고요정충

【해 설】

가장 길한 명은 관성(官星)을 취하는 것이고, 시(時)에서 편재(偏財)나 정재(正財)를 만나면 복이 많다. 가장 흉한 명은 칠살(七殺)이 일간에 임한 것이나 천월이덕(天月二德)을 만나면 길상한 명이 된다.

만일 겁재(劫財)를 만나면 관성(官星)이 들어도 영귀(榮貴)함이 없고, 칠살(七殺)이 자조(資助)하면 흉살이 더욱 중해진다. 운에서 삼합(三合)이나 육합(六合)을 만나면 반드시 부귀영화가 있고, 칠관(七官)이나 팔관(八官)은 월(月)에서 관성(官星)을 만나면 길하고, 4합(合)이나 4형(刑)되면 마땅히 편정(偏正)이 합형(合刑)되어야 길하고, 충격(沖擊)이 회장(會藏)하면 수득(受得)해야 길하다. 내귀내구(來貴來丘)는 암회(暗會)되어야 하고, 재고(財庫)나 관고(官庫)는 정충(正沖)되어야 한다.

【원 문】

官星在生旺之方 逢則何須發見 印綬臨孟仲之下 見而不見
관성재생왕지방 봉즉하수발견 인수임맹중지하 견이불견

露形印綬 得劫財爲貴 財源喜傷貴爲奇 傷官要見印綬 貴不可言
노형인수 득겁재위귀 재원희상귀위기 상관요견인수 귀불가언

歸祿若見子孫 祿無限妙 年月立有陰陽羊刃 刑罰重犯
귀록약견자손 녹무한묘 년월입유음양양인 형벌중범

官殺混逢天月德 壽位高遷 飛刃伏刃 會刃多凶 傷官見官 剝官見禍
관살혼봉천월덕 수위고천 비인복인 회인다흉 상관견관 박관견화

羊刃若逢印綬 縱貴有病疾在身 七殺并制 逢官爲禍 而壽元不長
양인약봉인수 종귀유병질재신 칠살병제 봉관위화 이수원불장

【해 설】

관성(官星)이 생왕지(生旺地)를 만나면 발현(發顯)하고, 인수(印綬)가 맹중(孟仲)에 임하면 노형(露形)을 불견(不見)함이고, 인수(印綬)가 겁재(劫財)를 만나면 귀길(貴吉)하고, 재원(財源)은 상관(傷官)이 길한다. 기이함이 있다. 상관(傷官)이 요하면 인수(印綬)를 만나는 것이다. 그 부귀하면 말로 다. 할 수 없을 정도로 많다.

만일 귀록격(歸祿格)이 자손을 만나면 복록이 기묘하게 무한하고, 년월(年月)에서 음양의 양인(羊刃)을 만나면 형벌이 많이 침범한다. 관살(官殺)이 혼잡해도 천월이덕(天月二德)이 있으면 장수하며 지위가 높아지고, 비인(飛刃)과 복인(伏刃)이 회인(會刃)하면 흉이 많다. 상관(傷官)이 관성(官星)을 만나도 관직을 박탈당하고, 양인(羊刃)이 인수(印綬)를 만나면 영귀(榮貴)함이 있지만 질병이 따르고, 칠살(七殺)이 일간(日干)을 제압하는데 관성운(官星運)을 만나면 화근이 있고 장수하지 못한다.

【원 문】

三偏三正 貴居一品之尊 四柱四合 福坐衆人之上 七殺化爲印
삼편삼정 귀거일품지존 사주사합 복좌중인지상 칠살화위인

早擢登科 財旺生官 少年承業 官殺同來 要知扶官扶殺
조탁등과 재왕생관 소년승업 관살동래 요지부관부살

偏正會合 須知合正合偏 福祿若逢羊刃 世上事不明 金神運入水鄕
편정회합 수지합정합편 복록약봉양인 세상사불명 금신운입수향

身衰夭折 暗中藏殺 須憑月下刑神 見處無財 必受空中禍患
신쇠요절 암중장살 수빙월하형신 견처무재 필수공중화환

羊刃兼會七殺 千里徒流 用財若遇劫奪 一生貧困 人生前定
양인겸회칠살 천리도류 용재약우겁탈 일생빈곤 인생전정

窮富已命 如要識其消長 亦多究其始終
궁부이명 여요식기소장 역다구기시종

【해 설】

　삼편(三偏)인 편관(偏官)·편재(偏財)·편인(偏印)과 삼정(三正)인
정관(正官)·정재(正財)·정인(正印)이 들면 일품인 수상(首相)에 오
르고, 4합(合)이 들면 복록이 대중들의 상위에 임하고, 칠살(七殺)이
인성(印星)으로 변하면 일찍 등과하고, 재성(財星)이 왕강(旺强)하여
관성(官星)을 생조(生助)하면 소년에 유업을 계승한다. 관살(官殺)이
함께 오면 관성(官星)과 살성을 도와야 하고, 편정(偏正)이 회합(會
合)하면 합정(合正)이나 합편(合偏)이다.

　만일 복록이 양인(羊刃)을 만나면 세상사에 어둡고, 금신격(金神
格)이 수운(水運)으로 가면 허약하며 요절한다. 칠살(七殺)이 암장(暗
藏)되면 형충(刑沖)되어야 취할 수 있고, 재성(財星)이 공망(空亡)이
되면 재물복이 없다. 양인(羊刃)이 칠살(七殺)과 회합(會合)하면 천리
(千里)에 유형(流刑)을 당하는 도류(徒流)이고, 재성(財星)이 비겁(比
劫)을 만나 겁탈당하면 평생 가난하다.

　사람은 태어나면서부터 명조가 정해져 빈천과 부귀영화가 분명하
니 그 소장(消長)을 깊이 관찰하고 그 시종을 연구해야 한다.

【원 문】

或有前貧後富 或有驟發卒傾 或有白屋之公卿 或有朱門之餓殍
혹유전빈후부 혹유취발졸경 혹유백옥지공경 혹유주문지아표

或一生長樂 或一生失所 當視流運之源 要察行年之位 身弱徒然入格
혹일생장락 혹일생실소 당시유운지원 요찰행년지위 신약도연입격

縱發早亡 福轉若遇休囚 卒發傾夭 是以用神不可妄求 形蹤自然發見
종발조망 복전약우휴수 졸발경요 시이용신불가망구 형종자연발견

有福必當用彼 無時必是用身 禍患在於五行 福崇在於運氣
유복필당용피 무시필시용신 화환재어오행 복숭재어운기

福源人所同具 如或傷終困此中 消息陰陽 在我通明理智 榮辱兩端
복원인소동구 여혹상종곤차중 소식음양 재아통명이지 영욕양단

媸妍一斷 自古相傳 非賢勿授
치연일단 자고상전 비현물수

【해 설】

　인생이 전반은 빈약하나 후반은 부유하고, 일로(一路) 발전하다가
졸지에 경도(傾倒)하여 패망하기도 하고, 백옥(白屋)의 서민 출신이
공경(公卿)의 고관이 되기도 하고, 주문(朱門)의 부귀영화를 누릴 자
가 파산하여 아사(餓死)하는 자도 있고, 평생 희(喜)을 장락(長樂)하
는 명조가 있고, 평생 무슨 일을 하든 실패하여 좌절하는 사람도 있
다. 그러므로 마땅히 살펴야 할 것은 유운(流運)의 근원인 사주 원국
이고, 다음으로 요찰(要察)할 것은 년운(年運)의 길흉을 살펴야 한다.
　신약자(身弱者)도 입격(入格)하면 비록 발복하나 일찍 패망하기도
하며 또는 복이 전복(顚覆)되어 만일 휴수(休囚)를 만나면 졸지에 발

복하나 경도(傾倒)하여 요절하기도 한다.

특히 용신(用神)을 망령되게 잘못 구하는 것은 절대 불가하며 형상을 따라 자연스럽게 발견해야 하는 것이다. 복이 있으면 반드시 취될 것이나 시절이 없으면 반드시 신주(身主)를 취한다. 재앙이 오직 오행(五行)에 있고 복숭(福崇)이 오직 운기에 있으니 복의 근원은 같지만 만일 상해를 받으면 마침내 곤난을 당하게 되고, 이 가운데 음양의 소식(消息)이 있는데 내가 스스로 이지(理智)에 통명(通明)하여 부귀영화와 치욕을 양단(兩端)하고 추하고 아름다운 것을 판단하여 감정해야 한다. 자고로 상전(相傳)하여 오는 비결이 현인이 아니면 함부로 전수하지 않아야 한다.

11. 요상부(妖祥賦)

【원 문】

命理深微 子平可推 先要其日干 次則詳其月令 年時共表吉凶
명리심미 자평가추 선요기일간 차즉상기월령 년시공표길흉

妖祥不忒於歲月 通參於成敗 禍福無遺 或有不見之刑 須當審究
요상불특어세월 통참어성패 화복무유 혹유불견지형 수당심구

更有分抽之緒 後學難知 天淸地濁 自然禀一氣之生 五行正貴
갱유분추지서 후학난지 천청지탁 자연품일기지생 오행정귀

忌刑沖剋破之鄕 四柱支干 喜三合六合之地 寅申巳亥
기형충극파지향 사주지간 희삼합육합지지 인신사해

乃財官印綬長生 辰戌丑未 係祿馬印星奇庫 日貴時貴 大忌刑沖剋破
내재관인수장생 진술축미 계녹마인성기고 일귀시귀 대기형충극파

拱祿拱貴 最怕塡實刑沖 觀無合有合 逢凶不凶 傷官之於年
공록공귀 최파전실형충 관무합유합 봉흉불흉 상관지어년

運到官鄕不喜 羊刃沖合歲君 運臨而禍至辰戌魁罡
운도관향불희 양인충합세군 운임이화지진술괴강

忌官星怕逢七殺 金神日刃 喜七殺而忌刑沖 時上偏官要制伏
기관성파봉칠살 금신일인희칠살이기형충 시상편관요제복

【해 설】

명리(命理)의 심오하며 미묘한 원리를 자평(子平) 선생이 관찰하고
추리했다. 먼저 일간(日干)을 중심으로 보고, 다음은 월령(月令)의 조
후(調候)를 보고, 다음은 년주와 시상(時上)의 길흉으로 운명을 간
명하는 것이다.

그리고 요귀(妖鬼)한 흉화와 상서한 길복과 세월에 따라 상이(相
異)한 원리와 성공과 실패의 통변(通變)과 화복의 왕래와 유산의 유
무(有無)와 혹은 있으나 보이지 않는 형살(刑殺) 등을 종합하여 심구
(審究)해야 하고, 다시 그 단서를 뽑아 분석해야 하는데 후학들은 난
지(難知)한 원리다.

천(天)은 청정하고 지(地)는 혼탁하니 자연은 그 법칙을 따라 일기
(一氣)로 만생물(萬生物)을 품고 있다. 고로 오행(五行)은 정귀(正貴)
해야 한다. 그리고 가장 꺼리는 것은 용신(用神)이 형충(刑沖)과 파극
(破剋)의 향지(鄕地)로 향하는 것이다. 또 사주의 간지(干支)에서 희
(喜)하면 삼합(三合)과 육합(六合)의 지지(地支)가 들어 있다.

그리고 인신사해(寅申巳亥)는 역마이고, 재관(財官)과 인수(印綬)
의 장생(長生)이고, 진술축미(辰戌丑未)는 녹마(祿馬)와 인성(印星)

이 의지하는 창고다. 일귀격(日貴格)과 시귀격(時貴格)이 매우 꺼리는 것은 형충(刑沖)과 파극(破剋)이고, 공록(拱祿)과 공귀(拱貴)가 가장 두려워하는 것은 전실(塡實)과 형충(刑沖)인데 무합(無合)이나 유합(有合)을 만나면 흉을 만나도 흉이 아니다.

상관격(傷官格)은 관성운(官星運)에 이르면 길하지 않다. 그리고 양인(羊刃)이 세운과 상충(相沖)이나 합(合)을 하면 흉한데 충합(沖合)하는 운이 임하면 흉화가 따른다. 그리고 진술(辰戌)은 괴강(魁罡)이며 기혐(忌嫌)하면 관성(官星)이며 파기(怕忌)하면 칠살(七殺)을 만나면 다. 그리고 금신(金神)과 일인격(日刃格)은 칠살(七殺)이 길하고, 기혐(忌嫌)하면 형충(刑沖)이며 시상편관격은 편관(偏官)을 다스려야 한다.

【원문】

弱身强官 專殺莫逢鬼旺 亦要制伏爲强 但看本有本無 遇而不遇
약신강관 전살막봉귀왕 역요제복위강 단간본유본무 우이불우

要稟中和 辛癸多逢丑地 怕塡實不喜官星 甲子日再逢子時
요품중화 신계다봉축지 파전실불희관성 갑자일재봉자시

嫌丑午亦畏庚辛 壬癸多亥子 祿馬飛天 離巽丙丁聚巳午 倒沖天祿
혐축오역외경신 임계다해자 녹마비천 이손병정취사오 도충천록

壬騎龍背 辰多沖戌官星 乙用丙子 聚貴聲名嗟夫 財命有氣
임기용배 진다충술관성 을용병자 취귀성명차부 재명유기

背祿而不貧 絶財命衰 縱健祿而不富 癸到艮山 怕庚辛忌逢戊土
배록이불빈 절재명쇠 종건녹이불부 계도간산 파경신기봉무토

壬逢丑地 忌戌己怕見庚金 庚遇申子辰 乃井欄叉 又謂之入局
임봉축지 기무기파견경금 경우신자진 내정란차 우위지입국

忌丙丁 愁巳午 戊見申時 怕甲丙亦忌寅卯
기병정 수사오 무견신시 파갑병역기인묘

【해 설】

신약(身弱)하고 관성(官星)이 왕강(旺强)한데 칠살(七殺)이 없고 귀(鬼)가 왕강(旺强)하면 왕강(旺强)한 것을 제복(制伏)시켜야 한다. 다만 본래 주중(柱中)에 있는 것과 본래 없는 것을 보아 판단할 것인데 주중(柱中)에 없으면 만나도 만나면 아니다.

주중(柱中)에서 가장 필요한 것은 오행(五行)의 중화다. 신계일간(辛癸日干)이 축토를 많이 만나는데 관성(官星)이 전실(塡實)되면 흉하고, 갑자일생(甲子日生)이 자시생(子時)인데 축토(丑土)와 오화(午火)를 꺼리고 경신금(庚辛金) 관성(官星)을 꺼린다.

임계일간(壬癸日干)이 해자(亥子)를 많이 만나면 비천녹마(飛天祿馬)가 되니 관성(官星)을 싫어하고, 이손(離巽)인 병정일간(丙丁日干)이 사오(巳午)를 많이 만나면 천록(天祿)이 도충(倒沖)을 한다.

임기용배격(壬騎龍背格)은 진토(辰土)가 많으니 술토(戌土)와 상충(相沖)하면 관성(官星)을 얻고, 을목일간(乙木日干)이 병자시생(丙子時)이면 관귀(官貴)가 되니 이름을 크게 날린다. 재명(財命)이 기(氣)가 있으면 관록(官祿)을 배반해도 가난하지 않고, 재명(財命)이 절쇠(絕衰)하면 비록 건록(健祿)이 되더라도 부귀할 수 없다.

계수일간(癸水日干)이 간산(艮山)인 축인궁(丑寅宮)에 이르렀는데 경신금(庚辛金)을 만나면 꺼리고, 무토(戊土)도 꺼린다. 임수일간(壬水日干)이 축지(丑地)를 만나면 무기토(戊己土)와 경금(庚金)을 꺼린다.

경금일간(庚金日干)이 신자진(申子辰)을 만나 정란차격(井欄叉格)이 되면 병정화(丙丁火)를 꺼리고, 사오(巳午)를 근심한다.

무토일간(戊土日干)이 신시생(申時)이면 갑목(甲木)과 병화(丙火)를 두려워하고, 인묘(寅卯)를 꺼린다.

【원 문】

辛金己土若遇 謂之從格 名爲秀氣 四柱火傷 又無救是災迍邅
신금기토약우 위지종격 명위수기 사주화상 우무구시재둔전

辛日戊子時 忌子多怕日相沖 陽水逢辰見戊己 災臨難避 甲見戊己時
신일무자시 기자다파일상충 양수봉진견무기 재임난피 갑견무기시

偏財運喜財鄕 丁日辛年號歲財 運逢戊貴 乙逢申位 忌見刑沖
편재운희재향 정일신년호세재 운봉무귀 을봉신위 기견형충

日時歸祿 官逢有禍 另有天衝地擊 陰錯陽差 貪合忘官 劫先財後
일시귀록 관봉유화 령유천충지격 음착양차 탐합망관 겁선재후

名難成貴 貪合忘殺 身旺時福 福祿增加 官藏煞見 有制伏亦自輝煌
명난성귀 탐합망살 신왕시복 복록증가 관장살견 유제복역자휘황

官見殺藏 身弱後終見波渣 身弱喜逢旺運 身强最愛殺鄕 將來者進
관견살장 신약후종견파사 신약희봉왕운 신강최애살향 장래자진

功成者退 富貴喜重犯者奇 宜通變而推 決無差惧矣
공성자퇴 부귀희중범자기 의통변이추 결무차오의

【해 설】

신금일간(辛金日干)이 기토(己土)를 만나면 종격(從格)이 되는데

화(火)가 손상되면 명예가 수기(秀氣)하고, 구제하는 육신(六神)이 없으면 재앙이 쉬지 않고 다가온다.

신금일간(辛金日干)이 무자시생(戊子時)이면 육음조양격(六陰朝陽格)이 되는데 자수(子水)가 왕성하거나 일주(日柱)와 상충(相沖)하면 흉하다.

양수(陽水)인 임수일간(壬水日干)이 진토(辰土)와 무기토(戊己土)를 만나면 재앙이 임해도 피하기 어렵다.

갑목일간(甲木日干)이 무진시생(戊辰時)이거나 기사시생(己巳時)이면 편재(偏財)의 재성운(財星運)을 기뻐한다.

정화일간(丁火日干)이 년간(年干)에 신금(辛金)이 임하면 세재(歲財)인데 운에서 무토(戊土)를 만나면 영귀(榮貴)하다.

을목일간(乙木日干)이 신금(申金)을 만나면 형충(刑沖)을 꺼린다.

일시귀록격(日時歸祿格)이 관성(官星)을 만나면 화가 따르고, 천충(天衝)되고 지격(地擊)되며 음착양차(陰錯陽差)되고 탐합(貪合)하여 망관(忘官)하면 겁재(劫財)는 선입(先入)이며 재성(財星)은 후입(後入)이므로 명예와 영귀(榮貴)를 이루기 어렵다.

탐합(貪合)이 망살(忘殺)하면 신왕(身旺)한 운에 복록이 증가한다. 관성(官星)이 지지(地支)에 암장(暗藏)되고 살성(煞星)은 천간(天干)에 투출(透出)했는데 제압하면 스스로 휘황(輝煌)한다. 관성(官星)이 천간(天干)에 투출(透出)하고 칠살(七殺)이 지지(地支)에 암장(暗藏)되어 있는데 신약(身弱)하면 후종(後終)에 파사(波渣)의 흉화를 보게 된다. 신약(身弱) 사주가 좋아하는 것은 왕운(旺運)이고, 신강(身强) 사주가 가장 좋아하는 것은 칠살운(七殺運)이다. 장래 길운(吉運)이

오는 자는 전진 발전하고 이미 공을 이루어 정상(頂上)에 오른 자는 서서히 하강하며 후퇴한다. 부귀영화가 중범(重犯)하면 기묘한 것이 있으니 통변(通變)을 따라서 추리하는 것은 옳은 것이며 결단코 차오는 없을 것이다.

12. 유미부(幽微賦)

【원 문】

天地陰陽二氣 降於春夏秋冬 各生其時 有用者則吉 無用者則凶
천지음양이기 강어춘하추동 각생기시 유용자즉길 무용자즉흉

是以泄天機之妙理 談大道之玄微 天旣生人 人各有命 所以早年富貴
시이설천기지묘리 담대도지현미 천기생인 인각유명 소이조년부귀

八字運限咸和 中主孤單 五行逢死絕敗 過房入舍 年月中分
팔자운한함화 중주고단 오행봉사절패 과방입사 년월중분

隨母從夫 偏財空而印旺 早歲父亡 偏財臨死絕殺宮 幼歲母離
수모종부 편재공이인왕 조세부망 편재임사절살궁 유세모이

只爲財多印死
지위재다인사

【해 설】

천지에는 음양의 이기(二氣)가 있어 하강하니 춘하추동이며 각각 그 생출(生出)의 시기를 따라 유용(有用)한 자는 길하고 무용한 자는 흉한 것이니 이러므로 천기(天機)의 묘리를 설하는 것이며 대도(大

道)의 현미(玄微)하면 담론(談論)하는 것이다. 천(天)이 이미 사람을 태어났으니 사람에게게는 각자 운명이 있다.

만일 일찍 부귀를 누리면 팔자가 중화되었기 때문이고, 중년에 곤고하면 오행(五行)이 사절지(死絶)를 만났기 때문이고, 과방(過房)에 들어 불륜호색하면 년상(年上)에 패지(敗地)가 임하고 월(月)이 충형(沖刑)되었기 때문이고, 어머니를 따라 부(夫)를 취득하면 편재(偏財)가 공망(空亡)되고 인수(印綬)가 매우 왕성하기 때문이고, 어릴 때 아버지와 이별하면 편재(偏財)가 사절(死絶)되고 살궁(殺宮)에 임하기 때문이고, 어릴 때 어머니와 이별하면 재성(財星)이 많고 인성(印星)이 사멸하기 때문이다.

【원 문】

比肩多而兄弟無情 羊刃多而妻宮有損 官逢死氣之方 子招難得
비견다이형제무정 양인다이처궁유손 관봉사기지방 자초난득

若見傷官太盛 子亦難留 如遇沖破提綱 定主離而祖業 再見空亡
약견상관태성 자역난유 여우충파제강 정주이이조업 재견공망

三番四廢 印綬逢生 母當顯貴 偏官絶地 父必崢嶸 官星臨祿旺之鄕
삼번사폐 인수봉생 모당현귀 편관절지 부필쟁영 관성임녹왕지향

子當榮顯 七殺遇長生之位 女招貴夫 妻星失令 半路抛離
자당영현 칠살우장생지위 여초귀부 처성실령 반노포이

若乃借宮所生 亦是他人依養女
약내차궁소생 역시타인의양녀

【해 설】

비견(比肩)이 많으면 형제 사이가 무정하고, 양인(羊刃)이 많으면 처궁(妻宮)이 손상되고, 관성(官星)이 사지(死地)에 임하면 자식을 두기 어렵고, 상관(傷官)이 매우 성하면 자식을 보존하기 어렵다.

월령(月令)인 제강(提綱)이 충파(沖破)되면 고향을 떠나고, 다시 공망(空亡)되면 3~4번 계속 실패한다. 인수(印綬)가 생(生)을 얻으면 어머니가 현귀(顯貴)하고, 편관(偏官)이 절지(絕地)에 들면 반드시 아버지가 위태롭다. 관성(官星)이 녹왕(祿旺)에 임하면 자식이 영현하고, 칠살(七殺)이 장생지(長生地)에 임하면 귀한 남편을 만나고, 본처성(本妻星)이 실령(失令)하면 중년에 이별하고, 차궁(借宮)에서 소생(所生)이면 역시 타인에게 양육되었으니 양녀다.

【원 문】

酒色猖狂 只是桃花帶殺 慈祥敏慧 天月二德聚來 印綬旺而子少息稀
주색창광 지시도화대살 자상민혜 천월이덕취래 인수왕이자소식희

正官旺而女多男少 梟神興早年折夭 食神旺老壽而高 偏財逢敗
정관왕이여다남소 효신흥조년절요 식신왕노수이고 편재봉패

父主風流 子息若臨殺地 破家蕩産 自身逢敗 早歲興衰
부주풍류 자식약임살지 파가탕산 자신봉패 조세흥쇠

妻入墓不得妻財 父臨庫父當先死 比肩逢祿 兄弟名高
처입묘불득처재 부임고부당선사 비견봉록 형제명고

食神多而好飲食 正官旺而受沾滋 身臨沐浴之年 恐愁水厄
식신다이호음식 정관왕이수첨자 신임목욕지년 공수수액

生入闘剋之年 必逢禍災
생입투극지년 필봉화재

【해 설】

도화(桃花)가 칠살(七殺)을 대동하면 주색에 미쳐 날뛰고, 천월이덕(天月二德)이 들면 자상하고 민첩하며 슬기롭고, 인수(印綬)가 왕강(旺强)하면 자식이 적고, 정관(正官)이 왕강(旺强)하면 달은 많으나 아들은 적고, 효신(梟神)이 일어나면 자식이 일찍 죽고, 식신(食神)이 왕강(旺强)하면 장수한다.

편재(偏財)가 패지(敗地)에 임하면 아버지가 풍류객이고, 자식이 살지(殺地)에 임하면 가정이 깨지고 재산을 탕진한다. 일간(日干)이 패지(敗地)에 임하면 일찍 흥쇠가 있고, 처궁(妻宮)이 입묘(入墓)되면 본처와 재산을 얻지 못하고, 아버지가 고지(庫地)에 임하면 아버지가 어머니보다 먼저 돌아가시고, 비견(比肩)이 녹(祿)을 만나면 형제의 명예가 높다.

식신(食神)이 많으면 음식을 잘 먹고, 정관(正官)이 왕강(旺强)하면 자식이 많고, 일간(日干)이 목욕(沐浴)에 임하면 수액이 따르고, 기신운(忌神運)을 만나면 반드시 재화가 따른다.

【원 문】

女帶桃花坐殺 定主淫奔 傷多而印綬被剋 母當淫蕩 年月沖者
여대도화좌살 정주음분 상다이인수피극 모당음탕 년월충자

難爲祖業 日時沖者 妻子招遲 若見天元刑戰 父母難靠
난위조업 일시충자 처자초지 약견천원형전 부모난고

如遇地支所生 凶中成吉 日主弱水火相戰 而招是非 甲木衰逢金旺
여우지지소생 흉중성길 일주약수화상전 이초시비 갑목쇠봉금왕

而無仁無義 此乃男命之玄機 略說女人之奧妙 純粹在於八字
이무인무의 차내남명지현기 약설여인지오묘 순수재어팔자

純有富貴者 一官生旺 四柱休囚 必爲貴者 濁淫者五行沖旺
순유부귀자 일관생왕 사주휴수 필위귀자 탁음자오행충왕

娼淫者官殺交叉 命主多合 此爲不良 滿柱殺多 不爲剋制
창음자관살교차 명주다합 차위불량 만주살다 불위극제

印綬多而老無子 傷官旺而幼傷夫
인수다이노무자 상관왕이유상부

【해 설】

여명이 도화(桃花)가 있는데 일지(日支)에 칠살(七殺)이 들면 음탕하며 광분하고, 상관(傷官)이 많은데 인수(印綬)가 파극(破剋)되면 어머니가 음탕한 사람이다.

년(年)과 월(月)이 상충(相沖)하면 조상의 업을 지키기 어렵고, 일(日)과 시(時)가 상충(相沖)하면 늙어서 처자를 만난다. 사주의 천간(天干)이 충형(沖刑)하면 부모가 의지할 곳이 없이 어렵고, 지지(地支)가 충형(沖刑)하면 흉한 가운데 길함이 있다.

신약(身弱)한데 수화(水火)가 서로 싸우면 시비가 생기고, 갑목일간(甲木日干)이 쇠약한데 왕강(旺强)한 금(金)을 만나면 인자함과 정의감이 없다. 이처럼 남명은 현기(玄機)하고 약설(略說)하여 여자는 오묘함이 있다.

사주팔자가 순수하면 부귀를 이루는데 하나 있는 관성(官星)이 생

왕(生旺)되는데 주중(柱中)에 휴수(休囚)하면 반드시 영귀(榮貴)하
다. 탁음(濁淫)한 자는 오행(五行)의 상충(相沖)이 심왕(甚旺)했기 때
문이고, 창음(娼淫)한 자는 관살(官殺)이 교차(交叉)했기 때문이다.

주중(柱中)에 합(合)이 많으면 음난하며 불량하고, 칠살(七殺)이 가
득한데 다스리지 못하면 인수(印綬)가 많아도 자식이 없고, 상관(傷
官)이 왕강(旺强)하면 젊을 때 남편이 손상되어 독수공방한다.

【원 문】

荒淫之慾 食神太過 四柱不見夫星 未爲貞潔 官星絶遇休囚
황음지욕 식신태과 사주불견부성 미위정결 관성절우휴수

孤孀獨宿 淸潔源流 金猪相遇 木虎相見 四柱三夫 羊刃重疊
고상독숙 청결원류 금저상우 목호상견 사주삼부 양인중첩

偏財逢死 夫宮早喪 食神一位逢生旺 招子須當拜聖明 父母之宮
편재봉사 부궁조상 식신일위봉생왕 초자수당배성명 부모지궁

男命同斷 若見此書 藏之如寶 若遇高士 對鏡分明
남명동단 약견차서 장지여보 약우고사 대경분명

依其此法萬無一失
의기차법만무일실

【해 설】

식신(食神)이 지나치게 많으면 음탕하고, 부성(夫星)이 없으면 정결
하지 못하고, 관성(官星)이 절지(絶地)에 들고 휴수(休囚)되면 과부
가 되어 고독하나 청결(淸潔)한 원류는 있다.

금저(金猪)인 신해(辛亥)가 서로 만나고 목호(木虎)인 갑인(甲寅)이

서로 만나면 남편이 셋이다. 양인(羊刃)이 중첩한데 편재(偏財)가 사절(死絶)에 임하면 아버지가 일찍 돌아가신다. 하나 잇는 식신(食神)이 생왕(生旺)되면 자식이 요직을 얻어 성군(聖君)을 보필한다.

　부모의 궁(宮)은 남명과 동일하게 간명한다. 이 글을 본 사람은 보화처럼 여겨라. 만일 고상한 선비를 만나 그 깊은 뜻을 이해하면 마치 거울을 보듯이 분명하고, 이 법에 의지하여 공부하면 만에 하나도 잘못됨이 없을 것이다.

14. 오행소식부(五行消息賦)

【원 문】

詳其往聖 鑒以前賢 論生死全憑鬼谷 推消息端的徐公 陽生陰死
상기왕성 감이전현 논생사전빙귀곡 추소식단적서공 양생음사

陽死陰生 循環逆順 變化見矣 夫星陽木生亥死午 雖存亡易見
양사음생 순환역순 변화견의 부양목생해사오 수존망역견

陰木跨馬逢猪 則吉凶可知 艮生丙而遇雞死 兌生丁而逢虎傷
음목과마봉저 즉길흉가지 간생병이우계사 태생정이봉호상

戊藏寅而西方沒 己生酉而艮中亡 庚逢蛇而崢嶸 運見鼠亦難當
무장인이서방몰 기생유이간중망 경봉사이쟁영 운견서역난당

辛生子死在巽地 壬生申藏於震方 兔生癸水衣祿足 運行猴地見災殃
신생자사재손지 임생신장어진방 면생계수의록족 운행후지견재앙

十干生死同斷 造化依此詳推
십간생사동단 조화의차상추

【해 설】

　왕성(往聖)의 도(道)를 상고(詳考)하고 선현의 비법을 살펴 생사의 원리를 밝힌 것은 귀곡자(鬼谷子)이고, 이것을 그후에 더 자세히 설명하고 밝힌 것은 서자평이다.

　양기(陽氣)가 생(生)하면 음기(陰氣)가 사(死)하고, 양기(陽氣)가 사(死)하면 음기(陰氣)가 생(生)하는 순환역순(循環逆順)하는 변화의 원리를 보여준 것이다.

　양목(陽木)은 해수(亥水)에서 생(生)하고, 오화(午火)에서 사(死)하니 그 존망을 엿볼 수 있다.

　음목(陰木)은 오화(午火)에서 생(生)하고 해수(亥水)에서 사(死)하니 즉 길흉을 가히 알 것이다.

　간궁(艮宮)에서 인목(寅木)은 병화(丙火)를 생(生)하고 유금(酉金)에서는 병화(丙火)가.

　태궁(兌宮)에서는 정화일간(丁火日干)이 생(生)하여 인목(寅木)을 만나면 상해를 당하니 인유(寅酉)는 상증(相憎)한다.

　무토(戊土)는 인중(寅中)에 암장(暗藏)되어 장생(長生)하여 발복하다가 서방 신유금(申酉金)운에 몰락한다.

　기토(己土)는 유금(酉金)에 장생(長生)하여 간중(艮中)인 인운(寅運)에 사망한다.

　경금(庚金)은 사화(巳火)에 장생(長生)하여 험준한 곳을 정복하고 운에서 자수(子水)를 만나면 역시 어려움을 당하다가 사망한다.

　신금(辛金)은 자수(子水)에서 장생(長生)하여 손지(巽地)인 사화(巳火)에 사망한다.

임수(壬水)는 신금(申金)에 암장(暗藏)되어 장생(長生)하며 진방(震方)에 사망한다.

계수(癸水)는 묘목(卯木)에 장생(長生)하여 의록(衣祿)이 만족하며 신금(申金)에 재앙을 만나고 사망한다.

십간(十干)의 생사는 이와 같이 간명하고, 명리(命理)의 조화는 이 법에 의지하여 추리하기 바란다.

【원 문】

又詳權刃雙顯停均 位至侯王 中途或喪或危 運扶官旺
우상권인쌍현정균 위지후왕 중도혹상혹위 운부관왕

平生爲富爲貴 身殺兩停 大貴者用財而不用官 當權者用殺而不用印
평생위부위귀 신살양정 대귀자용재이불용관 당권자용살이불용인

印賴殺生 官因財旺 食居先 殺居後 功名兩全 酉破卯 卯破午
인뢰살생 관인재왕 식거선 살거후 공명양전 유파묘 묘파오

財名雙美 享福五行歸祿 壽彌八字相停 晦火無光於稼穡
재명쌍미 향복오행귀록 수미팔자상정 회화무광어가색

陰木絕氣於丙丁 火虛有焰 金實無聲 水泛木浮者活木
음목절기어병정 화허유염 금실무성 수범목부자활목

陽木亥生助無垢 陰木亥死水泛
양목해생조무구 음목해사수범

【해 설】

또 논할 것은 권력(勸力)인 관살(官殺)과 양인(羊刃)이 모두 고르게 나타나면 지위가 후왕(侯王)에 이르고, 중도에 상해되면 위태로움이

있으나 운이 일간(日干)을 부조(扶助)해주면 관성(官星)이 왕성해지니 평생 부귀영화를 누리는데 이것은 신주(身主)와 칠살(七殺)이 모두 있기 때문이다.

대귀(大貴)한 자는 재성(財星)을 취하고 관성(官星)을 쓰지 않는데 이것은 관성(官星)은 아신(我身)을 파극(破剋)하는 것이고 재성(財星)은 아신(我身)이 파극(破剋)하는 것이기 때문이다.

당권(當權)하면 칠살(七殺)을 취하고 인수(印綬)는 쓰지 않는데 이것은 인성(印星)은 관인상생(官印相生)하여 칠살(七殺)에 의지하고, 관성(官星)은 재생관(財生官)하여 왕성한 재성(財星)에 의지하기 때문이다.

식신(食神)이 년월(年月)에 임하고, 칠살(七殺)이 일시(日時)에 임하면 공명을 모두 이룬다. 그리고 유금(酉金)이 묘목(卯木)을 파극(破剋)하고, 묘목(卯木)이 오화(午火)를 파극(破剋)하면 재명(財名)이 모두 아름답다.

복을 누리는 것은 오행(五行)이 귀록(歸祿)되었기 때문이고, 장수하는 것은 오행(五行)이 골고루 들었기 때문이다. 화(火)가 빛을 잃는 것은 토기(土氣)가 넘쳐 설기(泄氣)가 심하기 때문이고, 음목(陰木)이 절기(絕氣)되어 불길한 것은 병정화(丙丁火)가 매우 왕성해 설기(泄氣)가 심하기 때문이다.

화기(火氣)가 허약할 때 도와주면 길하고, 금기(金氣)가 실(實)하면 기물을 이룰 수 없으니 흉하고, 수기(水氣)가 넘치면 목(木)은 떠다니니 토기(土氣)를 만나야 하고, 양목(陽木)인 갑목(甲木)이 해월생(亥月生)이면 생조(生助)되어 무구(無垢)하나 음목(陰木)인 을목(乙木)

은 해수(亥水)가 사지(死)다.

【원 문】

土重金埋者陽金 水盛則危 火明則滅 陽金得煉太過 變格奔波
토중금매자양금 수성즉위 화명즉멸 양금득연태과 변격분파

陰木歸垣失令 終爲身弱 土重而掩火無光 逢木反爲有用
음목귀원실령 종위신약 토중이엄화무광 봉목반위유용

水盛則木無定 若行土運方榮 五行不可太甚 八字須得中和
수성즉목무정 약행토운방영 오행불가태심 팔자수득중화

土止水流全福壽 土虛木盛必傷殘 運會元辰 須當夭折 木盛多仁
토지수류전복수 토허목성필상잔 운회원진 수당요절 목성다인

土薄寡信 水旺居垣須有智 金堅主義却能爲 金水聰明而好色
토박과신 수왕거원수유지 금견주의각능위 금수총명이호색

水土混雜必多愚 遐齡得於中和 夭折喪於偏枯 辰戌剋制并冲
수토혼잡필다우 하령득어중화 요절상어편고 진술극제병충

必犯刑名 子卯相刑門戶 全無禮德 棄印就財明偏正 棄財就殺論剛柔
필범형명 자묘상형문호 전무예덕 기인취재명편정 기재취살론강유

傷官無財可恃 雖巧必貧 食神制殺逢梟 不貧則夭
상관무재가시 수교필빈 식신제살봉효 불빈즉요

【해 설】

토(土)가 많으면 금(金)은 묻히니 양금(陽金)도 쓸모가 없고, 수(水)가 지나치게 왕성하면 만물을 상해하니 위태롭고, 화(火)가 지나치게 뜨거우면 만물을 죽이고, 양금(陽金)을 지나치게 단련하면 변격(變格)이 되어 분파(奔波)하니 중화를 얻어야 영귀(榮貴)하고, 음

목(陰木)인 을목(乙木)이 귀원(歸垣)하면 실령(失令)하니 결국은 신약(身弱) 사주가 된다.

토(土)가 많아 화(火)를 가려 빛이 없는데 목(木)을 만나면 유용해져 길하다. 수(水)가 지나치게 많으면 목(木)은 안정할 수가 없는데 토운(土運)을 만나면 토극수(土剋水)하여 영화로워진다.

오행(五行)이 어느 한가지로 편중되면 불가하니 모름지기 중화되어야 최귀격(最貴)으로 본다.

토(土)는 넘치는 물을 막으니 전적(全的)으로 복수이 따르고, 토(土)가 허약한데 목(木)이 많으면 토(土)는 반드시 비참해진다.

자월(子月) 자일생(子日)이 자운(子運)과 해수(亥水) 세운을 만나 수국(水局)을 이루면 요절한다. 목(木)이 왕성하면 인자하고, 토(土)가 약하면 신의가 부족하고, 수(水)가 왕강(旺强)하면 지혜가 있고, 금(金)이 견고하면 정의감이 없다.

금수(金水)가 왕성하면 총명하나 색을 좋아하고, 수토(水土)가 혼잡하면 어리석으니 중화되어야 나이가 들어서라도 철이 든다.

오행(五行)이 편고(偏枯)하면 요절하고, 진술(辰戌)이 극제(剋制)하는데 상충(相沖)하면 반드시 범죄를 저질러 형액을 받고, 자묘(子卯)가 상형(相刑)하면 문호에 예덕(禮德)이 전혀 없으니 인성(印星)을 버리고 재성(財星)을 취득하고, 편재(偏財)와 정재(正財)를 분명하게 구분해야 한다.

재성(財星)을 버리고 칠살(七殺)을 취할 때는 일주(日主)의 강유(剛柔)를 논해야 한다. 그리고 상관(傷官)은 있는데 재성(財星)이 없으면 교묘하며 사악하나 반드시 빈한하고, 식신(食神)이 제살(制殺)하는데 인성(印星)인 효신(梟神)이 식신을 극하면 빈한하거나 요절한다.

【원 문】

男多羊刃必重婚 女犯傷官須再嫁 貧賤者皆因旺處遭刑
남다양인필중혼 여범상관수재가 빈천자개인왕처조형

孤寡者只爲財神被劫 去殺有官方論福 去官有殺有威權
고과자지위재신피겁 거살유관방론복 거관유살유위권

逢傷官反得夫星 乃財命有氣 遇梟神而喪子息 薄福無後而孤
봉상관반득부성 내재명유기 우효신이상자식 박복무후이고

三戌沖辰禍不淺 兩干不雜利名齊 丙子辛卯相逢 荒淫滾浪
삼술충진화불천 양간불잡이명제 병자신묘상봉 황음곤낭

子午卯酉全備 酒色昏迷 天干殺顯 無制者賤 地支財伏 暗生者奇
자오묘유전비 주색혼미 천간살현 무제자천 지지재복 암생자기

因財致富 羊刃與運併臨
인재치부 양인여운병임

【해 설】

남명은 양인(羊刃)이 많으면 반드시 중혼하고, 여명은 상관(傷官)이 관살(官殺)을 파극(破剋)하면 재가한다. 빈천한 것은 왕처(旺處)에서 형충(刑沖)을 만났기 때문이고, 과부가 되는 것은 재신(財神)이 겁재(劫財)에게 파극(破剋)되었기 때문이다.

칠살(七殺)을 제거하고 정관(正官)을 유용(留用)하면 발복하고, 정관(正官)을 제거하고 칠살(七殺)을 유용(留用)하면 권위가 따른다.

재성(財星)이 기(氣)가 있는데 상관(傷官)을 만나면 남편에게 유리

하고, 효신(梟神)이 있으면 박복하며 후사가 없어 고독하다.

술토(戌土) 셋이 진토(辰土)를 상충(相沖)하면 화근이 가볍지 않고, 양간(兩干)이 혼잡하지 않으면 명예에 이롭고 집안이 안정된다.

병자일생(丙子日生)이 신묘(辛卯)를 만나면 도화(桃花)에 해당하니 음탕하고, 자오묘유(子午卯酉)가 모두 들면 주색에 빠지고, 천간(天干)에 칠살(七殺)이 투출(透出)했는데 다스리지 못하면 천한 명이 된다.

지지(地支)에 재성(財星)이 암장(暗藏)되면 기이한 면이 있고, 재물을 모아 부자가 되는 것은 양인(羊刃)이 세운과 대운에 모두 임하기 때문이다.

【원 문】

貪食乖疑 命用梟神因有病 姪男爲嗣 義女爲妻 日時相逢卯酉
탐식괴의 명용효신인유병 질남위사 의녀위처 일시상봉묘유

始生必主迂移 平生敬信神祇 造化因逢戌亥 陰剋陰 陽剋陽
시생필주우이 평생경신신지 조화인봉술해 음극음 양극양

財神有用 官多無官 大旺傾危 殺多無殺 反爲不害 財多無財
재신유용 관다무관 대왕경위 살다무살 반위불해 재다무재

運逢化殺生災 八字得局失垣 平生不遇 四柱歸垣得令 早歲軒昂
운봉화살생재 팔자득국실원 평생불우 사주귀원득령 조세헌앙

木逢類象 榮貴高遷 命用梟神 富家營辨 財官俱敗者死
목봉유상 영귀고천 명용효신 부가영변 재관구패자사

食神逢梟者亡 龍藏亥卯 經商利絡絲綿 丁巳孤鸞 合作聰明
식신봉효자망 용장해묘 경상이락사면 정사고난 합작총명

詩女日犯裸形沐浴 濁濫淫娼 日祿歸時見財 則淸高富貴
시녀일범나형목욕 탁남음창 일록귀시견재 즉청고부귀

歸祿有財而獲福 無財歸祿必須貧 財印混雜 終爲困窮 偏正濁亂
귀록유재이획복 무재귀록필수빈 재인혼잡 종위곤궁 편정탁난

必致傷殘
필치상잔

【해 설】

식신(食神)이 욕심이 많으면 매사가 어그러진다. 명조에 효신(梟神)이 작용하면 질병이 따르고, 생질을 양자로 삼아 후사를 잇고, 본처의 자매를 본처로 삼는다.

일시(日時)에 묘유(卯酉)가 들면 본처와 자식을 충(沖)하니 반드시 자식을 낳으면서부터 이사를 많이 한다.

평생 신앙심이 깊은 것은 술해(戌亥) 천문성(天門星)이 있기 때문이다. 이런 사주는 도사나 승려나 역술인이나 무속인이 많다.

음기(陰氣)가 파극(破剋)하면 음기(陰氣)이고 양기(陽氣)가 파극(破剋)하면 양기(陽氣)이니 재신(財神)을 취하는데 관성(官星)이 많으면 오히려 관운(官運)이 없어지고, 관살(官殺)이 매우 왕성하면 기울어 패망할 위험이 있고, 칠살(七殺)이 많으면 칠살운(七殺運)이 없어지니 해가 없다.

재성(財星)이 많으면 오히려 재물운이 없어지는데 운에서 재성운(財運)을 만나면 재앙이 따른다.

사주가 국(局)을 이루었으나 실령(失令)하면 평생 길운을 만나지

못하나 사주가 격국(格局)을 이루고 득령(得令)하면 일찍 출세하여 높이 오른다.

목(木)이 유상(類象)을 만나면 영귀(榮貴)하며 고천(高遷)하여 승진하고, 명조에 효신(梟神)이 작용하면 부가(富家)에서 영변(營辨)하고, 재관(財官)이 패지(敗地)에 임하면 죽고, 식신(食神)이 효신(梟神)을 만나면 멸망하고, 진토(辰土)에 해묘(亥卯)가 암장(暗藏)되면 상업으로 이익이 연속하여 들어오고, 정사일생(丁巳日生)이 고란살(孤鸞殺)과 합(合)하면 총명하다.

시(詩)에 논하기를 여명이 일(日)에 나형(裸形)의 목욕(沐浴)이 임하면 음탕한 창녀이고, 일록격(日祿格)이 귀시(歸時)에서 재성(財星)을 만나면 부귀영화가 청고하고, 귀록격(歸祿格)이 재성(財星)이 있으면 복을 얻으나 재성(財星)이 없으면 반드시 빈한하고, 재성(財星)과 인성(印星)이 혼잡하면 결국은 곤궁하고, 편정(偏正)이 혼탁하거나 난잡하면 반드시 비참해진다.

【원 문】

太歲忌逢戰鬪 羊刃不喜刑沖 癸從戊合 少長無情 多有不仁
태세기봉전투 양인불희형충 계종무합 소장무정 다유불인

庚逢丙擾 豈知遇正官 却無俸祿 蓋祿逢七殺 乃有聲名 不從不化
경봉병요 개지우정관 각무봉록 개록봉칠살 내유성명 불종불화

淹留仕路之人 從化得從 顯達功名之士 化成祿旺者生 化成祿絶者死
엄유사로지인 종화득종 현달공명지사 화성록왕자생 화성녹절자사

處僧道之首 用殺反輕 受憲臺之職 偏官得地 生地相逢 壯年不祿
처승도지수 용살반경 수헌대지직 편관득지 생지상봉 장년불록

老壽無終 丁逢卯木 遇己土梟食之人 亥乃神漿 遇酉金嗜盃之客
노수무종 정봉묘목 우기토효식지인 해내신장 우유금기배지객

財逢旺地人多富 官遇長生命必榮 丁生酉金 丙辛遇之絕嗣 財臨殺地
재봉왕지인다부 관우장생명필영 정생유금 병신우지절사 재임살지

父死而不歸家 八專日支同類 殺年殺運生災 若能觀覽熟讀
부사이불귀가 팔전일지동류 살년살운생재 약능관람숙독

詳玩貴賤 萬無一失
상완귀천 만무일실

【해 설】

태세가 꺼리는 것은 형충(刑沖)이고, 양인(羊刃)이 꺼리는 것도 형충(刑沖)이다. 계수(癸水)가 무토(戊土)를 따라가 무계합화(戊癸合火)하면 무정하고, 경금(庚金)이 병화(丙火)를 만나 어지럽히면 어질지 못하고, 정관(正官)을 만나면 봉록(俸祿)을 물리쳐 없어지고, 녹격(祿格)이 칠살(七殺)을 만나면 명성이 있다.

종격(從格)도 아니고 화격(化格)도 아니면 거리에서 방황하고, 종격(從格)이 되거나 화격(化格)이 분명하면 현달하여 공명을 얻고, 화격(化格)을 이루고 녹(祿)이 왕강(旺强)하면 창성하고, 화격(化格)을 이루었으나 건록(建祿)이 절지(絕地)에 이르면 사멸한다.

칠살(七殺)이 경박하면 승도의 세계에서 수장이 되고, 편관(偏官)이 득지(得地)하면 감찰원에서 고위직에 오르고, 생지(生地)를 만나도 장년에 녹(祿)이 없으면 장수해도 복록은 없고, 정화(丁火)가 묘목(卯木)과 기토(己土)를 만나면 효식(梟食)이 되고, 해수(亥水)가 신장(神漿)인 유금(酉金)을 만나면 음주를 즐기고, 재성(財星)이 왕지(旺

地)를 만나면 부자가 되고, 관성(官星)이 장생(長生)을 만나면 반드시 부귀영화를 누린다.

정화일간(丁火日干)이 유금(酉金)을 만나거나 병화일간(丙火日干)이 신금(辛金)을 만나면 후사가 끊어지고, 재성(財星)이 살지(殺地)에 임하면 아버지가 객지에서 사망해도 시신이 돌아오지 못하고, 팔자가 간여지동(干與支同)에 칠살(七殺)과 년살(年殺)운이 되면 재앙이 따른다. 만일 이 글을 숙독하면 틀림없이 귀천을 상세하게 논할 수 있을 것이다.

15. 지지부(地支賦)

【원문】

元一氣兮衝寒 稟淸濁兮有位 眞仙以支爲地 以干爲天 干爲天兮
원일기혜충한 품청탁혜유위 진선이지위지 이간위천 간위천혜

與地相並 支爲地兮 與天相連 宮分十二 位列三分 稟五行九天之外
여지상병 지위지혜 여천상연 궁분십이 위열삼분 품오행구천지외

論八卦萬古之前 三生之命 一氣如常 然於年中而論月 從日下而論時
논팔괘만고지전 삼생지명 일기여상 연어년중이론월 종일하이논시

時旺則當富貴 時衰則主貧寒 落何地而成象 居何位而升遷 土居專位
시왕즉당부귀 시쇠즉주빈한 낙하지이성상 거하위이승천 토거전위

爲人豊厚尊崇 水臨亥子 足智方圓大量 觀歲運而明禍福
위인풍후존숭 수임해자 족지방원대량 관세운이명화복

度逆順而定災祥 窮五行之細數 察十干之幽玄 甲遊從革 風災困苦
도역순이정재상 궁오행지세수 찰십간지유현 갑유종혁 풍재곤고

戊逢潤下 萍梗逋遭 從失地而變 因失地而化 五行失地
무봉윤하 평경둔전 종실지이변 인실지이화 오행실지

休言祿馬同鄉 時臨旺處 不問空亡死敗 物自有成 物自有敗
휴언녹마동향 시임왕처 불문공망사패 물자유성 물자유패

是以須憑造化之用 窮出沒之根 詳德秀之奇 言吉凶之悔吝
시이수빙조화지용 궁출몰지근 상덕수지기 언길흉지회인

【해 설】

원래 일기(一氣)에서 한열(寒熱)이 탄생하고, 청탁과 고저가 나위
었다. 지(支)는 지(地)이고, 간(干)은 천(天)이니, 십간(十干)과 십이지
(十二支)가 상병(相並)하고 상연(相連)했다. 또 십이지지(十二地支)에
는 지장간(支藏干)이 있어 인원(人元)이 되었고, 이 삼원(三元)은 다
시 오행(五行)을 이루어 삼라만상이 되었다. 오행(五行)은 구천지외
(九天之外)의 이론이고, 팔괘(八卦)는 만고지전(萬古之前)부터 있어
삼생(三生)의 명이 여상(如常)한 일기(一氣) 그대로다.

그리고 생년(生年)으로 생월(生月)을 논하고, 생일(生日)에 따라 생
시(生時)를 논하는데, 시왕(時旺)하면 부귀하고 시쇠(時衰)하면 빈한
하다. 하지(何地)에 임(臨)해야 성상(成象)이며 하지(何地)에 거(居)해
야 승천(升遷)인가.

토일간(土日干)이 전위(專位)에 거하면 위인이 넉넉하며 존경받고,
수일간(水日干)이 해자(亥子)에 임하면 지혜가 족하고 원만하며 도량
이 크다. 세운을 보아 화복을 명백하게 하고, 대운의 순역에 따라 재
앙과 복을 정하고, 오행(五行)의 세수(細數)하고 십간(十干)의 유현
(幽玄)한 원리를 살펴야 한다.

갑목일간(甲木日干)이 종혁격(從革格)을 이루면 풍재(風災)의 곤고가 있다. 무토일간(戊土日干)이 윤하격(潤下格)을 이루면 부평초처럼 유랑객이 되는데 실지(失地)하면 종격(從格)으로 변하고, 오행(五行)이 실지(失地)하면 화격(化格)이 되고, 녹마(祿馬)가 동향(同鄉)이면 재관쌍미격(財官雙美格)이 되어 복록이 많다.

시(時)에 왕지가 임하면 공망(空亡)이나 사패살(死敗殺)을 들어도 만물이 스스로 자라거나 지는 원리가 있다. 따라서 조화의 묘용(妙用)을 통달하고, 출몰의 근원을 깊이 연구하고, 덕과 빼어남을 상세하게 관찰한 후 길흉을 말한다.

【원 문】

金旺火盛 堅剛得制無虧 木盛金衰 一世爲人下賤 金中之水
금왕화성 견강득제무휴 목성금쇠 일세위인하천 금중지수

祿位顯赫而遷陞 水中之木 有德淸高於蓮社 若夫金多好殺
녹위현혁이천승 수중지목 유덕청고어연사 약부금다호살

水多好淫 戊己壯而富足 庚辛虧而寡貧 丁到巳而飄泊 辛到子而性忤
수다호음 무기장이부족 경신휴이과빈 정도사이표박 신도자이성오

己逢戌未多差 庚到亥辰儒雅 甲乙畏臨從革 戊己喜逢潤下
기봉술미다차 경도해진유아 갑을외임종혁 무기희봉윤하

論六親兮身不變 取富貴兮時不化 以年爲祖氣之根 月爲門戶之元
논육친혜신불변 취부귀혜시불화 이년위조기지근 월위문호지원

日主 本身之氣 時爲引變之實 干配於支 各歸於何地 象配於化
일주 본신지기 시위인변지실 간배어지 각귀어하지 상배어화

各高於何氣 順得失之高下 窮旺相之何類 木中之火 逢癸巳而當進
각고어하기 순득실지고하 궁왕상지하류 목중지화 봉계사이당진

土內之金 逢火運而當退 時敗則貧寒 時豐則富足 逢衰敗而多賤
토내지금 봉화운이당퇴 시패즉빈한 시풍즉부족 봉쇠패이다천

遇生旺而多貴 癸臨子位 坐居兩府之權 丁霸離宮 定立三公之位
우생왕이다귀 계임자위 좌거양부지권 정패이궁 정입삼공지위

丙丁盛而好禮 壬癸旺而足智 各分三等
병정성이호례 임계왕이족지 각분삼등

【해 설】

금(金)이 왕성하고 화(火)가 성하면 견강한 것을 다스리니 이지러짐이 없고, 목(木)이 성하고 금(金)이 쇠하면 평생 하천하고, 금(金) 중의 수(水)는 녹(祿)이 높고, 수(水) 중의 목(木)은 덕이 있고 청고한 귀인(貴人)이고, 금(金)이 많으면 살성을 좋아하고, 수(水)가 많으면 음란하다.

무기일간(戊己日干)이 강하면 부(富)가 족하고, 경신일간(庚辛日干)이 약하면 가난하고, 정화일간(丁火日干)이 사화(巳火)에 이르면 유랑하고, 신금일간(辛金日干)이 자수(子水)에 이르면 거역하고, 기토일간(己土日干)이 술미(戌未)에 이르면 어긋남이 많고, 경금일간(庚金日干)이 해진(亥辰)에 이르면 바르고, 갑목일간(甲木日干)은 종혁(從革)을 꺼리고, 무기일간(戊己日干)는 윤하(潤下)를 기뻐한다.

육친(六親)을 논하는데 신주(身主)는 불변하며 부귀를 취함에는 시(時)에 따라 변하는 것은 없다. 년(年)은 조기지근(祖氣之根)이고, 월(月)은 문호지원(門戶之元)이고, 일간(日干)은 본신지기(本身之氣)

이고, 시(時)는 인변지실(引變之實)이다.

간(干)을 지(支)에 배대(配對)하여 하지(何地)를 얻고 상(象)을 화(化)에 배대(配對)하여 하기(何氣)가 고왕(高旺)한지를 보아 득실(得失)의 고하(高下)와 왕상(旺相)의 하류(何類)를 분별해야 한다.

목(木) 중의 화(火)가 계사(癸巳)를 만나면 발전하고, 토(土) 중의 금(金)은 화운(火運)을 만나면 물러나고, 시(時)가 패하면 빈한하고, 시(時)가 성하면 부(富)가 족하다. 쇠패(衰敗)를 만나면 천함이 많고, 생왕(生旺)을 만나면 귀(貴)가 많다.

계수일간(癸水日干)이 자수에 임하면 양부(兩府)에서 권력을 잡고, 정화일간(丁火日干)이 이궁(離宮)에 임하면 삼공(三公)에 오르고, 병정일간(丙丁日干)이 왕성하면 예를 좋아하고, 임계일간(壬癸日干)이 왕성하면 지혜가 족한데 다시 각각 삼등분하여 살펴보아야 한다.

【원 문】

甲己寅未爲上 丑酉爲中 亥子爲下 乙庚申卯爲上 丑酉爲中
갑기인미위상 축유위중 해자위하 을경신묘위상 축유위중

午亥爲下 丙辛巳寅爲上 辰酉爲中 亥子爲下 戊癸子卯爲上
오해위하 병신사인위상 진유위중 해자위하 무계자묘위상

巳寅爲中 戌亥爲下 甲己化土 辰戌丑未 乙庚化金 巳酉丑申
사인위중 술해위하 갑기화토 진술축미 을경화금 사유축신

丙辛化水 申子辰亥 丁壬化木 亥卯未寅 戊癸化火 寅午戌巳
병신화수 신자진해 정임화목 해묘미인 무계화화 인오술사

丙遇絶而富化 時逢癸旺而多金 金居旺火 難保肢體 土臨水位
병우절이부화 시봉계왕이다금 금거왕화 난보지체 토임수위

定患沉疴 癸見庚申爲右職 辛逢戊子中高科 年分何類 時隱幽玄
정환침아 계견경신위우직 신봉무자중고과 년분하류 시은유현

擧其大者 當有五焉 破祿之刑 化身則喪 歸元則死
거기대자 당유오언 파록지형 화신즉상 귀원칙사

時臨歸位更逢剋者傷命 居死地復見臨官則喪 故旺處生而死處衰
시임귀위갱봉극자상명 거사지복견임관즉상 고왕처생이사처쇠

死處生而旺處脫 今者參詳奧旨 起自軒轅 得術之人 當共秘焉
사처생이왕처탈 금자참상오지 기자헌원 득술지인 당공비언

【해 설】

갑기인미(甲己寅未)는 상(上), 축유(丑酉)는 중(中), 해자(亥子)는
하(下)다.

을경신묘(乙庚申卯)는 상(上), 축유(丑酉)는 중(中), 오해(午亥)는
하(下)다.

병신사인(丙辛巳寅)은 상(上), 진유(辰酉)는 중(中), 해자(亥子)는
하(下)다.

무계자묘(戊癸子卯)는 상(上), 사인(巳寅)은 중(中), 술해(戌亥)는
하(下)다.

갑기화토(甲己化土)하여 진술축미(辰戌丑未)를 만나거나, 을경화
금(乙庚化金)하여 사유축신(巳酉丑申)을 만나거나, 병신화수(丙辛化
水)하여 신자진해(申子辰亥)를 만나거나, 정임화목(丁壬化木)하여 해
묘미인(亥卯未寅)을 만나거나, 무계화화(戊癸化火)하여 인오술사(寅
午戌巳)를 만나면 절지(絶地)에 임하는 것이니 부(富)를 이루는 화격
(化格)이다.

시상의 계수(癸水)가 왕성한데 금(金)이 많고 금(金)에 왕성한 화(火)가 거하면 팔다리를 보존하기 어렵고, 토(土)가 수(水)에 임하면 질환이 따르고, 계수(癸水)가 경신(庚申)을 만나면 우직(右職)의 고관이 되고, 신금(辛金)이 무자(戊子)를 만나면 고관대작이 된다.

년(年)은 조상의 위치이니 판단하기가 쉬우나 시(時)는 은밀며 깊어 판단하기가 어려운데 시(時)에 따라 크게 발달하는 것이 있다. 당연히 오행(五行)의 조화 여부를 살펴야 한다. 형충파해(刑沖破害)는 해롭고, 화신(化身)하면 상해(喪害)하니 귀원(歸元)하면 사망한다. 시(時)에 귀살(鬼殺)이 있는데 극상(剋傷)되면 상명(傷命)이고, 사지(死地)에 관성(官星)이 임해도 상(喪)한다. 그러므로 왕처(旺處)에서 생(生)하며 사처(死處)에서 쇠(衰)하고, 사처(死處)에 생(生)하며 왕처(旺處)에 탈(脫)하는 원리가 있다.

금일(今日)의 역술인들은 깊이 오지(奧旨)를 참상(參詳)해야 하니 일어난 현묘한 비법을 득술지인(得術之人)이라야 그 비전을 얻었다고 한다.

16. 병원부(病源賦)

【원 문】

凡講生命 須逢主神 倘値五行之剋 斯成百病之因 眇聾長嘆之徒
범강생명 수봉주신 당치오행지극 사성백병지인 묘농장탄지도

災殃中首 跛傴吞嗟之輩 病釁纏身 原夫造化先明 陰陽可啓
재앙중수 파구자차지배 병흔전신 원부조화선명 음양가계

究三元致敗之道 通五臟違和之理 甲庚乙辛 氣損於肢 戊甲己乙
구삼원치패지도 통오장위화지리 갑경을신 기손어지 무갑기을

風中乎體 形遠傷而頭自偏 鬼土剋而眼婚昧 木爲金制
풍중호체 형원상이두자편 귀토극이안혼매 목위금제

不無攣手之兒童 火被水刑 未免失明之子弟 當其修長 因逢生旺
불무련수지아동 화피수형 미면실명지자제 당기수장 인봉생왕

矮小蓋因衰淺 丁旺於亥卯未之鄕 感離火之太熱 丙絶於申子辰之地
왜소개인쇠천 정왕어해묘미지향 감이화지태열 병절어신자진지지

傷坎水之尤寒 土敗而胃有積 木刑而面瘡瘢 乙見於辛 豈是目神之弱
상감수지우한 토패이위유적 목형이면창반 을견어신 기시목신지약

戊逢於甲 安能手足之完 但見癸逢己而內疝當針 壬遇戊而外癃可畏
무봉어갑 안능수족지완 단견계봉기이내산당침 임우무이외륭가외

庚緣丙而血下 辛値丁而氣鬱 金刑死木 破傷而亡 火害衰金
경연병이혈하 신치정이기울 금형사목 파상이망 화해쇠금

癩疾而殛 戊甲災隆 辛丁禍重 庚丙主贅瘤之疾 我曰必無
나질이극 무갑재융 신정화중 경병주췌류지질 아왈필무

戊甲多折臂之憂 難云則個 大抵木犯而疥癬 火因鬼而遇狂
무갑다절비지우 난운즉개 대저목범이개선 화인귀이우광

癡呆則水遭而死墓 喑啞則値於刑傷 土臨甲乙 則嘔吐而損胃
치태즉수조이사묘 암아즉치어형상 토임갑을 즉구토이손위

金見丙丁則衄血 水敗則駝腰 莫用軒岐之法 金刑龜脊 安施扁盧之方
금견병정즉뉵혈 수패즉타요 막용헌기지법 금형귀척 안시편노지방

觀夫時敗而憂果偏多 日衰而福能幾許 主衰鬼制則殘疾
관부시패이우과편다 일쇠이복능기허 주쇠귀제즉잔질

身破金傷則苦楚 火因遇北 陽失利而奈何 木巧逢南 陰弱産而失所
신파금상즉고초 화인우북 양실이이나하 목교봉남 음약산이실소

經不云乎陰根於陽 陽根於陰 陰見陽而災少 陽無陰而害深 辛見乎丁
경불운호음근어양 양근어음 음견양이재소 양무음이해심 신견호정

常有失强之處 庚逢於丙 每懷疾病之心 別有懸針則刺面以支身
상유실강지처 경봉어병 매회질병지심 별유현침즉자면이지신

羊刃則砭肱而炙股 陰干三刑邪必中臟 陽神七殺 病敗於腑 鬼日災厄
양인즉폄굉이적고 음간삼형사필중장 양신칠살 병패어부 귀왈재액

敗身疾苦 日時居衰 乃大患之不療 支干皆刑 雖小疾之莫愈
패신질고 일시거쇠 내대환지불료 지간개형 수소질지막유

氣相得則安和 是疾也 雖坐於攝養之乘方 必生於八字之所生
기상득즉안화 시질야 수좌어섭양지승방 필생어팔자지소생

【해 설】

모든 생명의 병은 오행(五行)의 지나침이나 부족함에서 일어난다.
즉 어느 오행(五行)이 지나치게 많으면 반드시 부족한 오행(五行)이
있어 병이 생기는 것이다. 그러나 오행(五行)이 중화되면 질병에 걸리
지 않고 건강하게 살 수 있다.

갑목(甲木)이 경금(庚金)을 만나거나, 을목(乙木)이 신금(辛金)을
만나거나, 무토(戊土)가 갑목(甲木)을 만나거나, 기토(己土)가 을목
(乙木)을 만나 극(剋)하면 중풍이 따르고, 멀리 떨어져 있으면 머리가
기울어지고 위장과 신경에 질병이 따른다.

목(木)이 금(金)에게 제극(制剋)되면 안질이 생기고, 화(火)가 수
(水)에게 손상되면 실명을 면하기 어려우니 생왕(生旺)되는 것을 만
나야 한다.

또 일간(日干)이 쇠천(衰淺)하면 신체가 왜소하고, 정화일간(丁火日

干)이 해묘미(亥卯未) 목왕운을 만나면 농아가 되고, 병화일간(丙火日干)이 신자진(申子辰)에 임하면 역시 농아가 되며 소장계통에 질병이 많고, 토(土)가 손상되면 위장에 질병이 있고, 목(木)이 형(刑)되면 얼굴에 흉터가 생긴다.

을목(乙木)이 신금(辛金)에게 손상되면 눈과 담이 약하고, 무토(戊土)가 갑목(甲木)을 만나면 손발을 쓰지 못하고, 계수(癸水)가 기토(己土)를 만나면 산요병으로 고생하고, 임수(壬水)가 무토(戊土)를 만나면 곱추가 되기 쉽고, 경금(庚金)이 병화(丙火)를 만나면 하혈병이 많고, 신금(辛金)이 정화(丁火)를 만나면 우울증이 있다.

사목(死木)을 금(金)이 형(刑)하면 사고로 죽고, 쇠약한 금(金)을 화(火)가 상해하면 문둥병이나 약물중독로 죽고, 무토(戊土)와 갑목(甲木)이 만나면 질병이 많고, 신금(辛金)과 정화(丁火)가 만나면 화액이 무겁고, 경금(庚金)과 병화(丙火日干)이 만나면 혹이 생기고, 무토(戊土)와 갑목(甲木)이 만나면 팔이 부러진다.

목(木)이 형상(刑傷)되면 옴이나 문둥병에 걸리고, 화(火)가 귀살(鬼殺)을 만나면 정신병으로 발광하거나 천치가 되고, 수(水)가 사묘(死墓)를 만나면 벙어리가 된다.

토(土)가 갑을(甲乙)을 만나면 위장병이 생기고, 금(金)이 병정(丙丁)을 만나면 코피를 쏟고, 수(水)가 패(敗)하면 고질병에 걸리고, 금(金)이 형상(刑傷)되면 난치병에 걸린다.

시절이 패(敗)하면 우환이 많고, 일간(日干)이 쇠약하면 질병이 많고, 신파금상(身破金傷)하면 고초가 많다. 만일 화일간(火日干)이 북방운을 만나면 명리가 없고, 목일간(日干)이 남방운을 만나면 조금

얻어도 잃어버린다.

경운(經云), 음근(陰根)은 양(陽)에 있고, 양근(陽根)은 음(陰)에 있으니, 음(陰)이 양(陽)이 있으면 재앙이 적고, 양(陽)이 음(陰)이 없으면 해가 심하다.

따라서 신금일간(辛金日干)이 정화(丁火)를 만나면 항상 건강하지 못하고, 경금일간(庚金日干)이 병화(丙火)를 만나면 질병이 떠나지 않는데 현침(懸針)이 있으면 자상(刺傷)이 따른다.

지지(地支)에 양인(羊刃)이 임하면 침이나 뜸을 많이 하고, 음간(陰干)에 삼형(三刑)이 있으면 오장에 질병이 있고, 양신(陽神)에 칠살(七殺)이 있으면 육부에 질병이 있다.

귀살(鬼殺)은 재액패신질고(災厄敗身疾苦)이니 일시(日時)가 쇠약하면 불치병이 따르고, 간지(干支)가 모두 형(刑)되면 작은 병이라도 빨리 낫지 않는대. 그러나 오행(五行)이 조화를 이루면 편안하며 질병이 생기지 않는다. 모름지기 섭양지(攝養地)를 얻을 것이니 반드시 팔자가 도와야 건강하다.

삼한출판사의
신비한 동양철학 시리즈

적천수 정설
유백온 선생의 적천수 원본을 정석으로 해설

원래 유백온 선생이 저술한 적천수의 원문은 그렇게 많지가 않으나 후학들이 각각 자신의 주장으로 해설하여 많아졌다. 이 책은 적천수 원문을 보고 30년 역학의 경험을 총동원하여 해설했다. 물론 백퍼센트 정확하다고 주장할 수는 없다. 다만 한국과 일본을 오가면서 실제의 경험담을 함께 실었다. 공부하는 사람들에게는 많은 도움이 될 것이라 믿는다.

신비한 동양철학 82 │ 역산 김찬동 편역 │ 692면 │ 34,000원 │ 신국판

궁통보감 정설
궁통보감 원문을 쉽고 자세하게 해설

『궁통보감(窮通寶鑑)』은 5대원서 중에서 가장 이론적이며 사리에 맞는 책이며, 조후(調候)를 중심으로 설명하며 간명한 것이 특징이다. 역학을 공부하는 학도들에게 도움을 주려고 먼저 원문에 음독을 단 다음 해설하였다. 그리고 예문은 서낙오(徐樂폼) 선생이 해설한 것을 그대로 번역하였고, 저자가 상담한 사람들의 사주와 점서에 있는 사주들을 실었다.

신비한 동양철학 83 │ 역산 김찬동 편역 │ 768면 │ 39,000원 │ 신국판

연해자평 정설(1·2권)
연해자평의 완결판

연해자평의 저자 서자평은 중국 송대의 대음양 학자로 명리학의 비조일 뿐만 아니라 천문점성에도 밝았다. 이전에는 년(年)을 기준으로 추명했는데 적중률이 낮아 서자평이 일간(日干)을 기준으로 하고, 일지(日支)를 배우자로 보는 이론을 발표하면서 명리학은 크게 발전해 오늘에 이르렀다. 때문에 연해자평은 5대 원서 중에서도 필독하지 않으면 안 되는 책이다.

신비한 동양철학 101 │ 김찬동 편역 │1권 559면, 2권 309면 │ 1권 33,000원, 2권 20,000원 │ 신국판

명리입문
명리학의 정통교본

이 책은 옛부터 있었던 글들이나 너무 여기 저기 산만하게 흩어져 있어 공부하는 사람들에게는 많은 시간과 인내를 필요로 하였다. 그래서 한 군데 묶어 좀더 보기 쉽고 알기 쉽도록 엮은 것이다.

신비한 동양철학 41 │ 동하 정지호 저 │ 678면 │ 29,000원 │ 신국판 양장

조화원약 평주
명리학의 정통교본

자평진전, 난강망, 명리정종, 적천수 등과 함께 명리학의 교본에 해당하는 것으로 중국 청나라 때 나온 난강망이라는 책을 서낙오 선생께서 자세하게 설명을 붙인 것이다. 기존의 많은 책들이 오직 격국과 용신을 중심으로 감정하는 것과는 달리 십간 십이지와 음양오행을 각각 자연의 이치와 춘하추동의 사계절의 흐름에 대입하여 인간의 길흉화복을 알 수 있게 했다.

신비한 동양철학 35 │ 동하 정지호 편역 │ 888면 │ 46,000원 │ 신국판

사주대성
초보에서 완성까지

이 책은 과거 현재 미래를 모두 알 수 있는 비결을 실었다. 그러나 모두 터득한다는 것은 어려울 것이다.역학은 수천 년간 동방의 석학들에 의해 갈고 닦은 철학이요 학문이며, 정신문화로서 영과학적인 상수문화로서 자랑할만한 위대한 학문이다.

신비한 동양철학 33 │ 도관 박흥식 저 │ 986면 │ 49,000원 │ 신국판 양장

쉽게 푼 역학(개정판)
쉽게 배워 적용할 수 있는 생활역학서!
이 책에서는 좀더 많은 사람들이 역학의 근본인 우주의 오묘한 진리와 법칙을 깨달아 보다 나은 삶을 영위하는데 도움이 될 수 있도록 가장 쉬운 언어와 가장 쉬운 방법으로 풀이했다. 역학계의 대가 김봉준 선생의 역작이다.
신비한 동양철학 71 │ 백우 김봉준 저 │ 568면 │ 30,000원 │ 신국판

사주명리학 핵심
맥을 잡아야 모든 것이 보인다
이 책은 잡다한 설명을 배제하고 명리학자에게 도움이 될 비법들만을 모아 엮었기 때문에 초심자가 이해하기에는 다소 어려운 부분도 있겠지만 기초를 튼튼히 한 다음 정독한다면 충분히 이해할 것이다. 신살만 늘어놓으며 감정하는 사이비가 되지말기를 바란다.
신비한 동양철학 19 │ 도관 박흥식 저 │ 502면 │ 20,000원 │ 신국판

물상활용비법
물상을 활용하여 오행의 흐름을 파악한다
이 책은 물상을 통하여 오행의 흐름을 파악하고 운명을 감정하는 방법을 연구한 책이다. 추명학의 해법을 연구하고 운명을 추리하여 오행에서 분류되는 물질의 운명 줄거리를 물상의 기물로 나들이 하는 활용법을 주제로 했다. 팔자풀이 및 운명해설에 관한 명리감정법의 체계를 세우는데 목적을 두고 초점을 맞추었다.
신비한 동양철학 31 │ 해주 이학성 저 │ 446면 │ 34,000원 │ 신국판

신수대전
흉함을 피하고 길함을 부르는 방법
신수는 대부분 주역과 사주추명학에 근거한다. 수많은 학설 중 몇 가지를 보면 사주명리, 자미두수, 관상, 점성학, 구성학, 육효, 토정비결, 매화역수, 대정수, 초씨역림, 황극책수, 하락리수, 범위수, 월영도, 현무발서, 철판신수, 육임신과, 기문둔갑, 태을신수 등이다. 역학에 정통한 고사가 아니면 추단하기 어려우므로 누구나 신수를 볼 수 있도록 몇 가지를 정리했다.
신비한 동양철학 62 │ 도관 박흥식 편저 │ 528면 │ 36,000원 │ 신국판 양장

정법사주
운명판단의 첩경을 이루는 책
이 책은 사주추명학을 연구하고자 하는 분들에게 심오한 주역의 이해를 돕고자 하는 의도에서 시작되었다. 음양오행의 상생상극에서부터 육친법과 신살법을 기초로 하여 격국과 용신 그리고 유년판단법을 활용하여 운명판단에 첩경이 될 수 있도록 했고 추리응용과 운명감정의 실례를 하나하나 들어가면서 독학과 강의용 겸용으로 엮었다.
신비한 동양철학 49 │ 원각 김구현 저 │ 424면 │ 26,000원 │ 신국판 양장

내가 보고 내가 바꾸는 DIY사주
내가 보고 내가 바꾸는 사주비결
기존의 책들과는 달리 한 사람의 사주를 체계적으로 도표화시켜 한 눈에 파악할 수 있고, DIY라는 책 제목에서 말하듯이 개운하는 방법을 제시한다. 초심자는 물론 전문가도 자신의 이론을 새롭게 재조명해 볼 수 있는 케이스 스터디 북이다.
신비한 동양철학 39 │ 석오 전광 저 │ 338면 │ 16,000원 │ 신국판

인터뷰 사주학
쉽고 재미있는 인터뷰 사주학
얼마전만 해도 사주학을 취급하면 미신을 다루는 부류로 취급되었다. 그러나 지금은 하루가 다르게 이 학문을 공부하는 사람들이 폭증하고 있는 것으로 보인다. 젊은 층에서 사주카페니 사주방이니 사주동아리니 하는 것들이 만들어지고 그 모임이 활발하게 움직이고 있다는 점이 그것을 증명해준다. 그뿐 아니라 대학원에는 역학교수들이 점차로 증가하고 있다.
신비한 동양철학 70 │ 글갈 정대엽 편저 │ 426면 │ 16,000원 │ 신국판

사주특강
자평진전과 적천수의 재해석
이 책은 『자평진전』과 『적천수』를 근간으로 명리학의 폭넓은 가치를 인식하고, 실전에서 유용한 기반을 다지는데 중점을 두고 썼다. 일찍이 『자평진전』을 교과서로 삼고, 『적천수』로 보완하라는 서낙오의 말에 깊이 공감한다.
신비한 동양철학 68 │ 청월 박상의 편저 │ 440면 │ 25,000원 │ 신국판

참역학은 이렇게 쉬운 것이다
음양오행의 이론으로 이루어진 참역학서
수학공식이 아무리 어렵다고 해도 1, 2, 3, 4, 5, 6, 7, 8, 9, 0의 10개의 숫자로 이루어졌듯이 사주도 음양과 오행으로 이루어졌을 뿐이다. 그러니 용신과 격국이라는 무거운 짐을 벗어버리고 음양오행의 법칙과 진리만 정확하게 파악하면 된다. 사주는 음양오행의 변화일 뿐이고 용신과 격국은 사주를 감정하는 한 가지 방법에 지나지 않는다.
신비한 동양철학 24 │ 청암 박재현 저 │ 328면 │ 16,000원 │ 신국판

사주에 모든 길이 있다
사주를 알면 운명이 보인다!
사주를 간명하는데 조금이라도 도움이 됐으면 하는 바람에서 이 책을 썼다. 간명의 근간인 오행의 왕쇠강약을 세분하고, 대운과 세운, 세운과 월운의 연관성과, 십신과 여러 살이 미치는 암시와, 십이운성으로 세운을 판단하는 법을 설명했다.
신비한 동양철학 65 │ 정담 선사 편저 │ 294면 │ 26,000원 │ 신국판 양장

왕초보 내 사주
초보 입문용 역학서
이 책은 역학을 너무 어렵게 생각하는 초보자들에게 조금이나마 도움을 주고자 쉽게 엮으려고 노력했다. 이 책을 숙지한 후 역학(易學)의 5대 원서인 『적천수(滴天髓)』, 『궁통보감(窮通寶鑑)』, 『명리정종(命理正宗)』, 『연해자평(淵海子平)』, 『삼명통회(三命通會)』에 접근한다면 훨씬 쉽게 터득할 수 있을 것이다. 이 책들은 저자가 이미 편역하여 삼한출판사에서 출간한 것도 있고, 앞으로 모두 갖출 것이니 많이 활용하기 바란다.
신비한 동양철학 84 │ 역산 김찬동 편저 │ 278면 │ 19,000원 │ 신국판

명리학연구
체계적인 명확한 이론
이 책은 명리학 연구에 핵심적인 내용만을 모아 하나의 독립된 장을 만들었다. 명리학은 분야가 넓어 공부를 하다보면 주변에 머무르는 경우가 많아, 주요 내용을 잃고 헤매는 경우가 많다. 그러므로 뼈대를 잡는 것이 중요한데, 여기서는 「17장. 명리대요」에 핵심 내용만을 모아 학문의 체계를 잡는데 용이하게 하였다.
신비한 동양철학 59 │ 권중주 저 │ 562면 │ 29,000원 │ 신국판 양장

말하는 역학
신수를 묻는 사람 앞에서 술술 말문이 열린다
그토록 어렵다는 사주통변술을 쉽고 흥미롭게 고담과 덕담을 곁들여 사실적으로 생동감 있게 통변했다. 길흉을 어떻게 표현하느냐에 따라 상담자의 정곡을 찔러 핵심을 끌어내 정답을 내리는 것이 통변술이다.역학계의 대가 김봉준 선생의 역작.
신비한 동양철학 11 │ 백우 김봉준 저 │ 576면 │ 26,000원 │ 신국판 양장

통변술해법
가닥가닥 풀어내는 역학의 비법
이 책은 역학과 상대에 대해 머리로는 다 알면서도 밖으로 표출되지 않아 어려움을 겪는 사람들을 위한 실습서다. 특히 실명감정과 이론강의로 나누어 역학의 진리를 설명하여 초보자도 쉽게 이해할 수 있다. 역학계의 대가 김봉준 선생의 역서인 『알기쉬운 해설·말하는 역학』이 나온 후 후편을 써달라는 열화같은 요구에 못이겨 내놓은 바로 그 책이다.
신비한 동양철학 21 │ 백우 김봉준 저 │ 392면 │ 26,000원 │ 신국판

술술 읽다보면 통달하는 사주학
술술 읽다보면 나도 어느새 도사

당신은 당신 마음대로 모든 일이 이루어지던가. 지금까지 누구의 명령을 받지 않고 내 맘대로 살아왔다고, 운명 따위는 믿지 않는다고, 운명에 매달리지 않는다고 말하는 사람들이 많다. 그러나 우주법칙을 모르기 때문에 하는 소리다.

신비한 동양철학 28 | 조철현 저 | 368면 | 16,000원 | 신국판

사주학
5대 원서의 핵심과 실용

이 책은 사주학을 체계적으로 공부하려는 학도들을 위해서 꼭 알아두어야 할 내용들과 용어들을 수록하는데 중점을 두었다. 이 학문을 공부하려고 많은 사람들이 필자를 찾아왔을 깨 여러 가지 질문을 던져보면 거의 기초지식이 시원치 않음을 보았다. 따라서 용어를 포함한 제반지식을 골고루 습득해야 빠른 시일 내에 소기의 목적을 달성할 수 있을 것이다.

신비한 동양철학 66 | 글갈 정대엽 저 | 778면 | 46,000원 | 신국판 양장

명인재
신기한 사주판단 비법

이 책은 오행보다는 주로 살을 이용하는 비법을 담았다. 시중에 나온 책들을 보면 살에 대해 설명은 많이 하면서도 실제 응용에서는 무시하고 있다. 이것은 살을 알면서도 응용할 줄 모르기 때문이다. 그러나 이 책에서는 살의 활용방법을 완전히 터득해, 어떤 살과 어떤 살이 합하면 어떻게 작용하는지를 자세하게 설명하였다.

신비한 동양철학 43 | 원공선사 저 | 332면 | 19,000원 | 신국판 양장

명리학 | 재미있는 우리사주
사주 세우는 방법부터 용어해설 까지!!

몇 년 전 『사주에 모든 길이 있다』가 나온 후 선배 제현들께서 알찬 내용의 책다운 책을 접했다는 찬사를 받았다. 그러나 사주의 작성법을 설명하지 않아 독자들에게 많은 질타를 받고 뒤늦게 이 책을 출판하기로 결심했다. 이 책은 한글만 알면 누구나 역학과 가까워질 수 있도록 사주 세우는 방법부터 실제간명, 용어해설에 이르기까지 분야별로 엮었다.

신비한 동양철학 74 | 정담 선사 편저 | 368면 | 19,000원 | 신국판

사주비기
역학으로 보는 역대 대통령들이 나오는 이치!!

이 책에서는 고서의 이론을 근간으로 하여 근대의 사주들을 임상하여, 적중도에 의구심이 가는 이론들은 과감하게 탈피하고 통용될 수 있는 이론만을 수용했다. 따라서 기존 역학서의 아쉬운 부분들을 충족시키며 일반인도 열정만 있으면 누구나 자신의 운명을 감정하고 피흉취길할 수 있는 생활지침서로 활용할 수 있을 것이다.

신비한 동양철학 79 | 청월 박상의 편저 | 456면 | 19,000원 | 신국판

사주학의 활용법
가장 실질적인 역학서

우리가 생소한 지방을 여행할 때 제대로 된 지도가 있다면 편리하고 큰 도움이 되듯이 역학이란 이와같은 인생의 길잡이다. 예측불허의 인생을 살아가는데 올바른 안내자나 그 무엇이 있다면 그 이상 마음 든든하고 큰 재산은 없을 것이다.

신비한 동양철학 17 | 학선 류래웅 저 | 358면 | 15,000원 | 신국판

명리실무
명리학의 총 정리서

명리학(命理學)은 오랜 세월 많은 철인(哲人)들에 의하여 전승 발전되어 왔고, 지금도 수많은 사람이 임상과 연구에 임하고 있으며, 몇몇 대학에 학과도 개설되어 체계적인 교육을 하고 있다. 그러나 아직도 실무에서 활용할 수 있는 책이 부족한 상황이기 때문에 나름대로 현장에서 필요한 이론들을 정리해 보았다. 초학자는 물론 역학계에 종사하는 사람들에게 큰 도움이 될 것이라고 믿는다.

신비한 동양철학 94 | 박흥식 편저 | 920면 | 39,000원 | 신국판

사주 속으로
역학서의 고전들로 입증하며 쉽고 자세하게 푼 책
십 년 동안 역학계에 종사하면서 나름대로는 실전과 이론에서 최선을 다했다고 자부한다. 역학원의 비좁은 공간에서도 항상 후학을 생각하는 마음으로 역학에 대한 배움의 장을 마련하고자 노력한 것도 사실이다. 이 책을 역학으로 이름을 알리고 역학으로 생활하면서 조금이나마 역학계에 이바지할 것이 없을까라는 고민의 산물이라 생각해주기 바란다.
신비한 동양철학 95 | 김상회 편저 | 429면 | 15,000원 | 신국판

사주학의 방정식
알기 쉽게 풀어놓은 가장 실질적인 역서
이 책은 종전의 어려웠던 사주풀이의 응용과 한문을 쉬운 방법으로 터득하는데 목적을 두었고, 역학이 무엇인가를 알리고자 하는데 있다. 세인들은 역학자를 남의 운명이나 풀이하는 점쟁이로 알지만 잘못된 생각이다. 역학은 우주의 근본이며 기의 학문이기 때문에 역학을 이해하지 못하고서는 우리 인생살이 또한 정확하게 해석할 수 없는 고차원의 학문이다.
신비한 동양철학 18 | 김용오 저 | 192면 | 16,000원 | 신국판

오행상극설과 진화론
인간과 인생을 떠난 천리란 있을 수 없다
과학이 현대를 설정하여 설명하고 있으나 원리는 동양철학에도 있기에 그 양면을 밝히고자 노력했다. 우주에서 일어나는 모든 일을 과학으로 설명될 수는 없다. 비과학적이라고 하기보다는 과학이 따라오지 못한다고 설명하는 것이 더 솔직하고 옳은 표현일 것이다. 특히 과학분야에 종사하는 신의사가 저술했다는데 더 큰 화제가 되고 있다.
신비한 동양철학 5 | 김태진 저 | 222면 | 15,000원 | 신국판

스스로 공부하게 하는 방법과 천부적 적성
내 아이를 성공시키고 싶은 부모들에게
자녀를 성공시키고 싶은 마음은 누구나 같겠지만 가난한 집 아이가 좋은 성적을 내기는 매우 어렵고, 원하는 학교에 들어가기도 어렵다. 그러나 실망하기에는 아직 이르다. 내 아이가 훌륭하게 성장해 아름답고 멋진 삶을 살아가는 방법을 소개한다.
신비한 동양철학 85 | 청암 박재현 지음 | 176면 | 14,000원 | 신국판

진짜부적 가짜부적
부적의 실체와 정확한 제작방법
인쇄부적에서 가짜부적에 이르기까지 많게는 몇백만원에 팔리고 있다는 보도를 종종 듣는다. 그러나 부적은 정확한 제작방법에 따라 자신의 용도에 맞게 스스로 만들어 사용하면 훨씬 더 좋은 효과를 얻을 수 있다. 이 책은 중국에서 정통부적을 연구한 국내유일의 동양오술학자가 밝힌 부적의 실체와 정확한 제작방법을 소개하고 있다.
신비한 동양철학 7 | 오상익 저 | 322면 | 20,000원 | 신국판

수명비결
주민등록번호 13자로 숙명의 정체를 밝힌다
우리는 지금 무수히 많은 숫자의 거미줄에 매달려 허우적거리며 살아가고 있다. 1분 ·1초가 생사를 가름하고, 1등·2등이 인생을 좌우하며, 1급·2급이 신분을 구분하는 세상이다. 이 책은 수명리학으로 13자의 주민등록번호로 명예, 재산, 건강, 수명, 애정, 자녀운 등을 미리 읽어본다.
신비한 동양철학 14 | 장충한 저 | 308면 | 15,000원 | 신국판

진짜궁합 가짜궁합
남녀궁합의 새로운 충격
중국에서 연구한 국내유일의 동양오술학자가 우리나라 역술가들의 궁합법이 잘못되었다는 것을 학술적으로 분석·비평하고, 전적과 사례연구를 통하여 궁합의 실체와 타당성을 분석했다. 합리적인 「자미두수궁합법」과 「남녀궁합」 및 출생시간을 몰라 궁합을 못보는 사람들을 위하여 「지문으로 보는 궁합법」 등을 공개하고 있다.
신비한 동양철학 8 | 오상익 저 | 414면 | 15,000원 | 신국판

주역육효 해설방법(상·하)
한 번만 읽으면 주역을 활용할 수 있는 책
이 책은 주역을 해설한 것으로, 될 수 있는 한 여러 가지 사설을 덧붙이지 않고, 주역을 공부하고 활용하는데 필요한 요건만을 기록했다. 따라서 주역의 근원이나 하도낙서, 음양오행에 대해서도 많은 설명을 자제했다. 다만 누구나 이 책을 한 번 읽어서 주역을 이해하고 활용할 수 있도록 하는데 중점을 두었다.
신비한 동양철학 38 │ 원공선사 저 │ 상 810면·하 798면 │ 각 29,000원 │ 신국판

쉽게 푼 주역
귀신도 탄복한다는 주역을 쉽고 재미있게 풀어놓은 책
주역이라는 말 한마디면 귀신도 기겁을 하고 놀라 자빠진다는데, 운수와 일진이 문제가 될까. 8×8=64괘라는 주역을 한 괘에 23개씩의 회답으로 해설하여 1472괘의 신비한 해답을 수록했다. 당신이 당면한 문제라면 무엇이든 해결할 수 있는 열쇠가 이 한 권의 책 속에 있다.
신비한 동양철학 10 │ 정도명 저 │ 284면 │ 16,000원 │ 신국판

나침반 │ 어디로 갈까요
주역의 기본원리를 통달할 수 있는 책
이 책에서는 기본괘와 변화와 기본괘가 어떤 괘로 변했을 경우 일어날 수 있는 내용들을 설명하여 주역의 변화에 대한 이해를 돕는데 주력하였다. 그러나 그런 내용을 구분할 수 있는 방법을 전부 다 설명할 수는 없기에 뒷장에 간단하게설명하였고, 다른 책들과 설명의 차이점도 기록하였으니 참작하여 본다면 조금이나마 도움이 될 것이다.
신비한 동양철학 67 │ 원공선사 편저 │ 800면 │ 39,000원 │ 신국판

완성 주역비결 │ 주역 토정비결
반쪽으로 전해오는 토정비결을 완전하게 해설
지금 시중에 나와 있는 토정비결에 대한 책들은 옛날부터 내려오는 완전한 비결이 아니라 반쪽의 책이다. 그러나 반쪽이라고 말하는 사람은 없다. 그것은 주역의 원리를 모르기 때문이다. 그래서 늦은 감이 없지 않으나 앞으로 수많은 세월을 생각해서 완전한 해설판을 내놓기로 했다.
신비한 동양철학 92 │ 원공선사 편저 │ 396면 │ 16,000원 │ 신국판

육효대전
정확한 해설과 다양한 활용법
동양고전 중에서도 가장 대표적인 것이 주역이다. 주역은 옛사람들이 자연을 거울삼아 생활을 영위해 나가는 처세에 관한 지혜를 무한히 내포하고, 피흉추길하는 얼과 슬기가 함축된 점서인 동시에 수양·과학서요 철학·종교서라고 할 수 있다.
신비한 동양철학 37 │ 도관 박흥식 편저 │ 608면 │ 26,000원 │ 신국판

육효점 정론
육효학의 정수
이 책은 주역의 원전소개와 상수역법의 꽃으로 발전한 경방학을 같이 실어 독자들의 호기심을 충족시키는데 중점을 두었습니다. 주역의 원전으로 인화의 처세술을 터득하고, 어떤 사안의 답은 육효법을 탐독하여 찾으시기 바랍니다.
신비한 동양철학 80 │ 효명 최인영 편역 │ 396면 │ 29,000원 │ 신국판

육효학 총론
육효학의 핵심만을 정확하고 알기 쉽게 정리
육효는 갑자기 문제가 생겨 난감한 경우에 명쾌한 답을 찾을 수 있는 학문이다. 그러나 시중에 나와 있는 책들이 대부분 원서를 그대로 번역해 놓은 것이라 전문가인 필자가 보기에도 지루하며 어려운 느낌이 들었다. 그래서 보다 쉽게 공부할 수 있도록 이 책을 출간하게 되었다.
신비한 동양철학 89 │ 김도희 편저 │ 174쪽 │ 26,000원 │ 신국판

기문둔갑 비급대성
기문의 정수
기문둔갑은 천문지리·인사명리·법술병법 등에 영험한 술수로 예로부터 은밀하게 특권층에만 전승되었다. 그러나 아쉽게도 기문을 공부하려는 이들에게 도움이 될만한 책이 거의 없다. 필자는 이 점이 안타까워 천견박식함을 돌아보지 않고 감히 책을 내게 되었다. 한 권에 기문학을 다 표현할 수는 없지만 이 책을 사다리 삼아 저 높은 경지에 올라간다면 제갈공명과 같은 지혜를 발휘할 수 있을 것이다.
신비한 동양철학 86 │ 도관 박흥식 편저 │ 725면 │ 39,000원 │ 신국판

기문둔갑옥경
가장 권위있고 우수한 학문
우리나라의 기문역사는 장구하나 상세한 문헌은 전무한 상태라 이 책을 발간하였다. 기문둔갑은 천문지리는 물론 인사명리 등 제반사에 관한 길흉을 판단함에 있어서 가장 우수한 학문이며 병법과 법술방면으로도 특징과 장점이 있다. 초학자는 포국편을 열심히 익혀 설국을 자유자재로 할 수 있도록 하고, 개인의 이익보다는 보국안민에 일조하기 바란다.
신비한 동양철학 32 │ 도관 박흥식 저 │ 674면 │ 46,000원 │ 사륙배판

오늘의 토정비결
일년 신수와 죽느냐 사느냐를 알려주는 예언서
역산비결은 일년신수를 보는 역학서이다. 당년의 신수만 본다는 것은 토정비결과 비슷하나 토정비결은 토정 선생께서 사람들에게 용기와 희망을 주기 위함이 목적이어서 다소 허황되고 과장된 부분이 많다. 그러나 역산비결은 재미로 보는 신수가 아니라, 죽느냐 사느냐를 알려주는 예언서이이니 재미로 보는 토정비결과는 차원이 다르다.
신비한 동양철학 72 │ 역산 김찬동 편저 │ 304면 │ 16,000원 │ 신국판

國運 │ 나라의 운세
역으로 풀어본 우리나라의 운명과 방향
아무리 서구사상의 파고가 높다하기로 오천 년을 한결같이 가꾸며 살아온 백두의 혼이 와르르 무너지는 지경에 왔어도 누구하나 입을 열어 말하는 사람이 없으니 답답하다. 불확실한 내일에 대한 해답을 이 책은 명쾌하게 제시하고 있다.
신비한 동양철학 22 │ 백우 김봉준 저 │ 290면 │ 16,000원 │ 신국판

남사고의 마지막 예언
이 책으로 격암유록에 대한 논란이 끝나기 바란다
감히 이 책을 21세기의 성경이라고 말한다. 〈격암유록〉은 섭리가 우리민족에게 준 위대한 복음서이며, 선물이며, 꿈이며, 인류의 희망이다. 이 책에서는 〈격암유록〉이 전하고자 하는 바를 주제별로 정리하여 문답식으로 풀어갔다. 이 책으로 〈격암유록〉에 대한 논란은 끝나기 바란다.
신비한 동양철학 29 │ 석정 박순용 저 │ 276면 │ 19,000원 │ 신국판

원토정비결
반쪽으로만 전해오는 토정비결의 완전한 해설판
지금 시중에 나와 있는 토정비결에 대한 책들을 보면 옛날부터 내려오는 완전한 비결이 아니라 반면의 책이다. 그러나 반면이라고 말하는 사람이 없다. 그것은 주역의 원리를 모르기 때문이다. 따라서 늦은 감이 없지 않으나 앞으로의 수많은 세월을 생각하면서 완전한 해설본을 내놓았다.
신비한 동양철학 53 │ 원공선사 저 │ 396면 │ 24,000원 │ 신국판 양장

나의 천운 │ 운세찾기
몽골정통 토정비결
이 책은 역학계의 대가 김봉준 선생이 몽공토정비결을 우리의 인습과 체질에 맞게 엮은 것이다. 운의 흐름을 알리고자 호운과 쇠운을 강조하고, 현재의 나를 조명하고 판단할 수 있도록 했다. 모쪼록 생활서나 안내서로 활용하기 바란다.
신비한 동양철학 12 │ 백우 김봉준 저 │ 308면 │ 11,000원 │ 신국판

역점 | 우리나라 전통 행운찾기
쉽게 쓴 64괘 역점 보는 법

주역이 점치는 책에만 불과했다면 벌써 그 존재가 없어졌을 것이다. 그러나 오랫동안 많은 학자가 연구를 계속해왔고, 그 속에서 자연과학과 형이상학적인 우주론과 인생론을 밝혀, 정치·경제·사회 등 여러 방면에서 인간의 생활에 응용해왔고, 삶의 지침서로써 그 역할을 했다. 이 책은 한 번만 읽으면 누구나 역점가가 될 수 있으니 생활에 도움이 되길 바란다.
신비한 동양철학 57 | 문명상 편저 | 382면 | 26,000원 | 신국판 양장

이렇게 하면 좋은 운이 온다
한 가정에 한 권씩 놓아두고 볼만한 책

좋은 운을 부르는 방법은 방위·색상·수리·년운·월운·날짜·시간·궁합·이름·직업·물건·보석·맛·과일·기운·마을·가축·성격 등을 정확하게 파악하여 자신에게 길한 것은 취하고 흉한 것은 피하면 된다. 이 책의 저자는 신학대학을 졸업하고 역학계에 입문했다는 특별한 이력을 갖고 있기 때문에 더 많은 화제가 되고 있다.
신비한 동양철학 27 | 역산 김찬동 저 | 434면 | 16,000원 | 신국판

운을 잡으세요 | 改運秘法
염력강화로 삶의 문제를 해결한다!

행복과 불행은 누가 주는 것이 아니라 자기 자신이 만든다고 할 수 있다. 한 마디로 말해 의지의 힘, 즉 염력이 운명을 바꾸는 것이다. 이 책에서는 이러한 염력을 강화시켜 삶에서 일어나는 문제를 해결하는 방법을 알려준다. 누구나 가벼운 마음으로 읽고 실천한다면 반드시 목적을 이룰 수 있을 것이다.
신비한 동양철학 76 | 역산 김찬동 편저 | 272면 | 10,000원 | 신국판

복을 부르는방법
나쁜 운을 좋은 운으로 바꾸는 비결

개운하는 방법은 여러 가지가 있으나, 이 책의 비법은 축원문을 독송하는 것이다. 독송이란 소리내 읽는다는 뜻이다. 사람의 말에는 기운이 있는데, 이 기운은 자신에게 돌아온다. 좋은 말을 하면 좋은 기운이 돌아오고, 나쁜 말을 하면 나쁜 기운이 돌아온다. 이 책은 누구나 어디서나 쉽게 비용을 들이지 않고 좋은 운을 부를 수 있는 방법을 실었다.
신비한 동양철학 69 | 역산 김찬동 편저 | 194면 | 11,000원 | 신국판

천직 | 사주팔자로 찾은 나의 직업
천직을 찾으면 역경없이 탄탄하게 성공할 수 있다

잘 되겠지 하는 막연한 생각으로 의욕만 갖고 도전하는 것과 나에게 맞는 직종은 무엇이고 때는 언제인가를 알고 도전하는 것은 근본적으로 다르고, 결과도 다르다. 만일 의욕만으로 팔자에도 없는 사업을 시작했다고 하자, 결과는 불을 보듯 뻔하다. 그러므로 이런 때일수록 침착과 냉정을 찾아 내 그릇부터 알고, 생활에 대처하는 지혜로움을 발휘해야 한다.
신비한 동양철학 34 | 백우 김봉준 저 | 376면 | 19,000원 | 신국판

운세십진법 | 本大路
운명을 알고 대처하는 것은 현대인의 지혜다

타고난 운명은 분명히 있다. 그러니 자신의 운명을 알고 대처한다면 비록 운명을 바꿀 수는 없지만 향상시킬 수 있다. 이것이 사주학을 알아야 하는 이유다. 이 책에서는 자신이 타고난 숙명과 앞으로 펼쳐질 운명행로를 찾을 수 있도록 운명의 기초를 초연하게 설명하고 있다.
신비한 동양철학 1 | 백우 김봉준 저 | 364면 | 16,000원 | 신국판

성명학 | 바로 이 이름
사주의 운기와 조화를 고려한 이름짓기

사람은 누구나 타고난 운명이 있다. 숙명인 사주팔자는 선천운이고, 성명은 후천운이 되는 것으로 이름을 지을 때는 타고난 운기와의 조화를 고려해야 한다. 따라서 역학에 대한 깊은 이해가 선행함은 지극히 당연하다. 부연하면 작명의 근본은 타고난 사주에 운기를 종합적으로 분석하여 부족한 점을 보강하고 결점을 개선한다는 큰 뜻이 있다고 할 수 있다.
신비한 동양철학 75 | 정담 선사 편저 | 488면 | 24,000원 | 신국판

작명 백과사전
36가지 이름짓는 방법과 선후천 역상법 수록
이름은 나를 대표하는 생명체이므로 몸은 세상을 떠날지라도 영원히 남는다. 성명운의 유도력은 후천적으로 가공 인수되는 후천적 수기로써 조성 운화되는 작용력이 있다. 선천수기의 운기력이 50%이면 후천수기도의 운기력도50%이다. 이와 같이 성명운의 작용은 운로에 불가결한조건일 뿐 아니라, 선천명운의 범위에서 기능을 충분히 할 수 있다.
신비한 동양철학 81 ┃ 임삼업 편저 ┃ 송충석 감수 ┃ 730면 ┃ 36,000원 ┃ 사륙배판

작명해명
누구나 쉽게 활용할 수 있는 체계적인 작명법
일반적인 성명학으로는 알 수 없는 한자이름, 한글이름, 영문이름, 예명, 회사명, 상호, 상품명 등의 작명방법을 여러 사례를 들어 체계적으로 분석하여 누구나 쉽게 배워서 활용할 수 있도록 서술했다.
신비한 동양철학 26 ┃ 도관 박흥식 저 ┃ 518면 ┃ 19,000원 ┃ 신국판

역산성명학
이름은 제2의 자신이다
이름에는 각각 고유의 뜻과 기운이 있어 그 기운이 성격을 만들고 그 성격이 운명을 만든다. 나쁜 이름은 부르면 부를수록 불행을 부르고 좋은 이름은 부르면 부를수록 행복을 부른다. 만일 이름이 거지같다면 아무리 운세를 잘 만나도 밥을 좀더 많이 얻어 먹을 수 있을 뿐이다. 저자는 신학대학을 졸업하고 역학계에 입문한 특별한 이력으로 많은 화제가 된다.
신비한 동양철학 25 ┃ 역산 김찬동 저 ┃ 456면 ┃ 26,000원 ┃ 신국판

작명정론
이름으로 보는 역대 대통령이 나오는 이치
사주팔자가 네 기둥으로 세워진 집이라면 이름은 그 집을 대표하는 문패라고 할 수 있다. 따라서 이름을 지을 때는 사주의 격에 맞추어야 한다. 사주 그릇이 작은 사람이 원대한 뜻의 이름을 쓰면 감당하지 못할 시련을 자초하게 되고 오히려 이름값을 못할 수 있다. 즉 분수에 맞는 이름으로 작명해야 하기 때문에 사주의 올바른 분석이 필요하다.
신비한 동양철학 77 ┃ 청월 박상의 편저 ┃ 430면 ┃ 19,000원 ┃ 신국판

음파메세지 (氣)성명학
새로운 시대에 맞는 새로운 성명학
지금까지의 모든 성명학은 모순의 극치를 이룬다. 그러나 이제 새 시대에 맞는 음파메세지(氣) 성명학이 나왔으니 복을 계속 부르는 이름을 지어 사랑하는 자녀가 행복하고 아름다운 삶을 살아갈 수 있도록 하는데 도움이 되었으면 한다.
신비한 동양철학 51 ┃ 청암 박재현 저 ┃ 626면 ┃ 39,000원 ┃ 신국판 양장

아호연구
여러 가지 작호법과 실제 예 모음
필자는 오래 전부터 작명을 연구했다. 그러나 시중에 나와 있는 책에는 대부분 아호에 관해서는 전혀 언급하지 않았다. 그래서 아호에 관심이 있어도 자료를 구하지 못하는 분들을 위해 이 책을 내게 되었다. 아호를 짓는 것은 그리 대단하거나 복잡하지 않으니 이 책을 처음부터 끝까지 착실히 공부한다면 누구나 좋은 아호를 지어 쓸 수 있을 것이라고 생각한다.
신비한 동양철학 87 ┃ 임삼업 편저 ┃ 308면 ┃ 26,000원 ┃ 신국판

한글이미지 성명학
이름감정서
이 책은 본인의 이름은 물론 사랑하는 가족 그리고 가까운 친척이나 친구들의 이름까지도 좋은지 나쁜지 알아볼 수 있도록 지금까지 나와 있는 모든 성명학을 토대로 하여 썼다. 감언이설이나 협박성 감명에 흔들리지 않고 확실한 이름풀이를 볼 수 있을 것이다. 그리고 아름답고 멋진 삶을 살아갈 수 있는 이름을 짓는 방법도 상세하게 제시하였다.
신비한 동양철학 93 ┃ 청암 박재현 지음 ┃ 287면 ┃ 10,000원 ┃ 신국판

비법 작명기술
복과 성공을 함께 하려면
이 책은 성명의 발음오행이나 이름의 획수를 근간으로 하는 실제 이용이 가장 많은 기본 작명법을 서술하고, 주역의 괘상으로 풀어 길흉을 판단하는 역상법 5가지와 그외 중요한 작명법 5가지를 합하여 「보배로운 10가지 이름 짓는 방법」을 실었다. 특히 작명비법인 선후천역상법은 성명의 원획에 의존하는 작명법과 달리 정획과 곡획을 사용해 주역 상수학을 대표하는 하락이수를 쓰고, 육효가 들어가 응험률을 높였다.
신비한 동양철학 96 | 임삼업 편저 | 370면 | 30,000원 | 사륙배판

올바른 작명법
소중한 이름, 알고 짓자!
세상 부모들에게 가장 소중한 것이 뭐냐고 물으면 자녀라고 할 것이다. 그런데 왜 평생을 좌우할 이름을 함부로 짓는가. 이름이 얼마나 소중한지, 이름의 오행작용이 일생을 어떻게 좌우하는지 모르기 때문이다.
신비한 동양철학 61 | 이정재 저 | 352면 | 19,000원 | 신국판

호(雅號)책
아호 짓는 방법과 역대 유명인사의 아호, 인명용 한자 수록
필자는 오래 전부터 작명연구에 열중했으나 대부분의 작명책에는 아호에 관해서는 전혀 언급하지 않고, 간혹 거론했어도 몇 줄 정도의 뜻풀이에 불과하거나 일반작명법에 준한다는 암시만 풍기며 끝을 맺었다. 따라서 필자가 참고한 문헌도 적었음을 인정한다. 아호에 관심이 있어도 자료를 구하지 못하는 현실에 착안하여 필자 나름대로 각고 끝에 본서를 펴냈다.
신비한 동양철학 97 | 임삼업 편저 | 390면 | 20,000원 | 신국판

관상오행
한국인의 특성에 맞는 관상법
좋은 관상인 것 같으나 실제로는 나쁘거나 좋은 관상이 아닌데도 잘 사는 사람이 왕왕있어 관상법 연구에 흥미를 잃는 경우가 있다. 이것은 중국의 관상법만을 익히고 우리의 독특한 환경적인 특징을 소홀히 다루었기 때문이다. 이에 우리 한국인에게 알맞는 관상법을 연구하여 누구나 관상을 쉽게 알아보고 해석할 수 있도록 자세하게 풀어놓았다.
신비한 동양철학 20 | 송파 정상기 저 | 284면 | 12,000원 | 신국판

정본 관상과 손금
바로 알고 사람을 사귑시다
이 책은 관상과 손금은 인생을 행복하게 만든다는 관점에서 다루었다. 그야말로 관상과 손금의 혁명이라고 할 수 있다. 여러분도 관상과 손금을 통한 예지력으로 인생의 참주인이 되기 바란다. 용기를 불어넣어 주고 행복을 찾게 하는 것이 참다운 관상과 손금술이다. 이 책이 일상사에 고민하는 분들에게 해결방법을 제시해 줄 것이다.
신비한 동양철학 42 | 지창룡 감수 | 332면 | 16,000원 | 신국판

이런 사원이 좋습니다
사원선발 면접지침
사회가 다양해지면서 인력관리의 전문화와 인력수급이 기업주의 애로사항이 되었다. 필자는 그동안 많은 기업의 사원선발 면접시험에 참여했는데 기업주들이 모두 면접지침에 관한 책이 있으면 좋겠다는 것이다. 그래서 경험한 사례를 참작해 이 책을 내니 좋은 사원을 선발하는데 많은 도움이 될 것이라고 믿는다.
신비한 동양철학 90 | 정도명 지음 | 274면 | 19,000원 | 신국판

핵심 관상과 손금
사람을 볼 줄 아는 안목과 지혜를 알려주는 책
오늘과 내일을 예측할 수 없을만큼 복잡하게 펼쳐지는 현실에서 살아남기 위해서는 사람을 볼줄 아는 안목과 지혜가 필요하다. 시중에 관상학에 대한 책들이 많이 나와있지만 너무 형이상학적이라 전문가도 이해하기 어렵다. 이 책에서는 누구라도 쉽게 보고 이해할 수 있도록 핵심만을 파악해서 설명했다.
신비한 동양철학 54 | 백우 김봉준 저 | 188면 | 14,000원 | 사륙판 양장

완벽 사주와 관상
우리의 삶과 관계 있는 사실적 관계로만 설명한 책

이 책은 우리의 삶과 관계 있는 사실적 관계로만 역을 설명하고, 역에 대한 관심과 흥미를 갖게 하고자 관상학을 추록했다. 여기에 추록된 관상학은 시중에서 흔하게 볼 수 있는 상법이 아니라 생활상법, 즉 삶의 지식과 상식을 드리고자 했다.
신비한 동양철학 55 | 김봉준·유오준 공저 | 530면 | 36,000원 | 신국판 양장

사람을 보는 지혜
관상학의 초보에서 실용까지

현자는 하늘이 준 명을 알고 있기에 부귀에 연연하지 않는다. 사람은 마음을 다스리는 심명이 있다. 마음의 명은 자신만이 소통하는 유일한 우주의 무형의 에너지이기 때문에 잠시도 잊으면 안된다. 관상학은 사람의 상으로 이런 마음을 살피는 학문이니 잘 이해하여 보다 나은 삶을 삶을 영위할 수 있도록 노력해야 한다.
신비한 동양철학 73 | 이부길 편저 | 510면 | 20,000원 | 신국판

한눈에 보는 손금
논리정연하며 바로미터적인 지침서

이 책은 수상학의 연원을 초월해서 동서합일의 이론으로 집필했다. 그야말로 논리정연한 수상학을 정리하였다. 그래서 운명적, 철학적, 동양적, 심리학적인 면을 예증과 방편에 이르기까지 상세하게 기술했다. 이 책은 수상학이라기 보다 바로미터적인 지침서 역할을 해줄 것이다. 독자 여러분의 꾸준한 연구와 더불어 인생성공의 지침서가 될 수 있을 것이다.
신비한 동양철학 52 | 정도명 저 | 432면 | 24,000원 | 신국판 양장

이런 집에 살아야 잘 풀린다
운이 트이는 좋은 집 알아보는 비결

한마디로 운이 트이는 집을 갖고 싶은 것은 모두의 꿈일 것이다. 50평이니 60평이니 하며 평수에 구애받지 않고 가족이 평온하게 생활할 수 있고 나날이 발전할 수 있는 그런 집이 있다면 얼마나 좋을까? 그런 소망에 한 걸음이라도 가까워지려면 막연하게 운만 기대하고 있어서는 안 된다. 좋은 집을 가지려면 그만한 노력이 있어야 한다.
신비한 동양철학 64 | 강현술·박흥식 감수 | 270면 | 16,000원 | 신국판

점포, 이렇게 하면 부자됩니다
부자되는 점포, 보는 방법과 만드는 방법

사업의 성공과 실패는 어떤 사업장에 어떤 품목으로 어떤 사람들과 거래하느냐에 따라 판가름난다. 그리고 사업을 성공시키려면 반드시 몇 가지 문제를 살펴야 하는데 무작정 사업을 시작하여 실패하는 사람들이 많다. 그래서 이 책에서는 이러한 문제와 방법들을 조목조목 기술하여 누구나 성공하도록 도움을 주는데 주력하였다.
신비한 동양철학 88 | 김도희 편저 | 177면 | 26,000원 | 신국판

쉽게 푼 풍수
현장에서 활용하는 풍수지리법

산도는 매우 광범위하고, 현장에서 알아보기 힘들다. 더구나 지금은 수목이 울창해 소조산 정상에 올라가도 나무에 가려 국세를 파악하는데 애를 먹는다. 따라서 사진을 첨부하니 많은 활용하기 바란다. 물론 결록에 있고 산도가 눈에 익은 것은 혈 사진과 함께 소개하였다. 이 책을 열심히 정독하면서 답산하면 혈을 알아보고 용산도 할 수 있을 것이다.
신비한 동양철학 60 | 전항수·주장관 편저 | 378면 | 26,000원 | 신국판

음택양택
현세의 운·내세의 운

이 책에서는 음양택명당의 조건이나 기타 여러 가지를 설명하여 산 자와 죽은 자의 행복한 집을 만들 수 있도록 했다. 특히 죽은 자의 집인 음택명당은 자리를 옳게 잡으면 꾸준히 생기를 발하여 흥하나, 그렇지 않으면 큰 피해를 당하니 돈보다도 행·불행의 근원인 음양택명당에 관심을 기울여야 한다.
신비한 동양철학 63 | 전항수·주장관 지음 | 392면 | 29,000원 | 신국판

용의 혈 | 풍수지리 실기 100선
실전에서 실감나게 적용하는 풍수의 길잡이

이 책은 풍수지리 문헌인 만두산법서, 명사론, 금랑경 등을 이해하기 쉽도록 주제별로 간추려 설명했으며, 풍수지리학을 쉽게 접근하여 공부하고, 실전에 활용하여 실감나게 적용할 수 있도록 하는데 역점을 두었다.

신비한 동양철학 30 | 호산 윤재우 저 | 534면 | 29,000원 | 신국판

현장 지리풍수
현장감을 살린 지리풍수법

풍수를 업으로 삼는 사람들이 진가를 분별할 줄 모르면서 많은 법을 알았다고 자부하며 뽐낸다. 그리고는 재물에 눈이 어두워 불길한 산을 길하다 하고, 선하지 못한 물을 선하다 한다. 이는 분수 밖의 것을 바라기 때문이다. 마음가짐을 바로 하고 고대 원전에 공력을 바치면서 산간을 실사하며 적공을 쏟으면 정교롭고 세밀한 경지를 얻을 수 있을 것이다.

신비한 동양철학 48 | 전항수·주관장 편저 | 434면 | 36,000원 | 신국판 양장

찾기 쉬운 명당
실전에서 활용할 수 있는 책

가능하면 쉽게 풀어 실전에 도움이 되도록 했다. 특히 풍수지리에서 방향측정에 필수인 패철 사용과 나경 9층을 각 층별로 설명했다. 그리고 이 책에 수록된 도설, 즉 오성도, 명산도, 명당 형세도 내거수 명당도, 지각형세도, 용의 과협출맥도, 사대혈형 와겸유돌 형세도 등은 국립중앙도서관에 소장된 문헌자료인 만산도단, 만산영도, 이석당 은민산도의 원본을 참조했다.

신비한 동양철학 44 | 호산 윤재우 저 | 386면 | 19,000원 | 신국판 양장

해몽정본
꿈의 모든 것

시중에 꿈해몽에 관한 책은 많지만 막상 내가 꾼 꿈을 해몽을 하려고 하면 어디다 대입시켜야 할지 모르는 경우가 많았을 것이다. 그러나 최대한으로 많은 예를 들었고, 찾기 쉽고 명료하게 만들었기 때문에 해몽을 하는데 어려움이 없을 것이다. 한집에 한권씩 두고 보면서 나쁜 꿈은 예방하고 좋은 꿈을 좋은 일로 연결시킨다면 생활에 많은 도움이 될 것이다.

신비한 동양철학 36 | 청암 박재현 저 | 766면 | 19,000원 | 신국판

해몽 | 해몽법
해몽법을 알기 쉽게 설명한 책

인생은 꿈이 예지한 시간적 한계에서 점점 소멸되어 가는 현존물이기 때문에 반드시 꿈의 뜻을 따라야 한다. 이것은 꿈을 먹고 살아가는 인간 즉 태몽의 끝장면인 죽음을 향해 달려가고 있는 인간이기 때문이다. 꿈은 우리의 삶을 이끌어가는 이정표와도 같기에 똑바로 가도록 노력해야 한다.

신비한 동양철학 50 | 김종일 저 | 552면 | 26,000원 | 신국판 양장

명리용어와 시결음미
명리학의 어려운 용어와 숙어를 쉽게 풀이한 책

명리학을 연구하는 이들은 기초공부가 끝나면 자연스럽게 훌륭하다고 평가하는 고전의 이론을 접하게 된다. 그러나 시결과 용어와 숙어는 어려운 한자로만 되어 있어 대다수가 선뜻 탐독과 음미에 취미를 잃는다. 그래서 누구나 어려움 없이 쉽게 읽고 깊이 있게 음미할 수 있도록 원문에 한글로 발음을 달고 어려운 용어와 숙어에 해석을 달아 이 책을 내게 되었다.

신비한 동양철학 103 | 원각 김구현 편저 |300면 | 25,000원 | 신국판

완벽 만세력
착각하기 쉬운 서머타임 2도 인쇄

시중에 많은 종류의 만세력이 나와있지만 이 책은 단순한 만세력이 아니라 완벽한 만세경전으로 만세력 보는 법 등을 실었기 때문에 처음 대하는 사람이라도 쉽게 볼 수 있도록 편집되었다. 또한 부록편에는 사주명리학, 신살종합해설, 결혼과 이사택일 및 이사방향, 길흉보는 법, 우주천기와 한국의 역사 등을 수록했다.

신비한 동양철학 99 | 백우 김봉준 저 | 316면 | 24,000원 | 사륙배판

정본만세력

이 책은 완벽한 만세력으로 만세력 보는 방법을 자세하게 설명했다. 그리고 역학에 대한 기본적인 내용과 결혼하기 좋은 나이 · 좋은 날 · 좋은 시간, 아들 · 딸 태아감별법, 이사하기 좋은 날 · 좋은 방향 등을 부록으로 실었다.

신비한 동양철학 45 │ 백우 김봉준 저 │ 304면 │ 사륙배판 26,000원, 신국판 19,000원, 사륙판 10,000원, 포켓판 9,000원

정본 │ 완벽 만세력
착각하기 쉬운 서머타임 2도인쇄

시중에 많은 종류의 만세력이 있지만 이 책은 단순한 만세력이 아니라 완벽한 만세경전이다. 그리고 만세력 보는 법 등을 실었기 때문에 처음 대하는 사람이라도 쉽게 볼 수 있다. 또 부록편에는 사주명리학, 신살 종합해설, 결혼과 이사 택일, 이사 방향, 길흉보는 법, 우주의 천기와 우리나라 역사 등을 수록하였다.

신비한 동양철학 99 │ 김봉준 편저 │ 316면 │ 20,000원 │ 사륙배판

원심수기 통증예방 관리비법
쉽게 배워 적용할 수 있는 통증관리법

『원심수기 통증예방 관리비법』은 4차원의 건강관리법으로 질병이 악화되는 것을 예방하여 건강한 몸을 유지하는데 그 목적이 있다. 시중의 수기요법과 비슷하나 특장점은 힘이 들지 않아 어린아이부터 노인까지 누구나 시술할 수 있고, 배우고 적용하는 과정이 쉽고 간단하며, 시술 장소나 도구가 필요 없으니 언제 어디서나 시술할 수 있다.

신비한 동양철학 78 │ 원공 선사 저 │ 288면 │ 16,000원 │ 신국판

운명으로 본 나의 질병과 건강
타고난 건강상태와 질병에 대한 대비책

이 책은 국내 유일의 동양오술학자가 사주학과 정통명리학의 양대산맥을 이루는 자미두수 이론으로 임상실험을 거쳐 작성한 자료다. 따라서 명리학을 응용한 최초의 완벽한 의학서로 질병을 예방하고 치료하는데 활용하면 최고의 의사가 될 것이다. 또한 예방의학적인 차원에서 건강을 유지하는데 훌륭한 지침서로 현대의학의 새로운 장을 여는 계기가 될 것이다.

신비한 동양철학 9 │ 오상익 저 │ 474면 │ 26,000원 │ 신국판

서체자전
해서를 기본으로 전서, 예서, 행서, 초서를 연습할 수 있는 책

한자는 오랜 옛날부터 우리 생활과 뗄 수 없음에도 잘 몰라 불편을 겪는 사람들이 많아 이 책을 내게 되었다. 이 책에서는 해서를 기본으로 각 글자마다 전서, 예서, 행서, 초서 순으로 배열하여 독자가 필요한 것을 찾아 연습하기 쉽도록 하였다.

신비한 동양철학 98 │ 편집부 편 │ 273면 │ 16,000원 │ 사륙배판

택일민력(擇日民曆)
택일에 관한 모든 것

이 책은 택일에 대한 모든 것을 넣으려고 최선을 다하였다. 동양철학을 공부하여 상담하거나 종교인 · 무속인 · 일반인들이 원하는 부분을 쉽게 찾아 활용할 수 있도록 칠십이후, 절기에 따른 벼농사의 순서와 중요한 과정, 납음오행, 신살의 의미, 구성조견표, 결혼 · 이사 · 제사 · 장례 · 이장에 관한 사항 등을 폭넓게 수록하였다.

신비한 동양철학 100 │ 최인영 편저 │80면 │ 5,000원 │ 사륙배판

모든 질병에서 해방을 1·2
건강실용서

우리나라는 아주 오랜 옛날부터 건강과 관련한 약재들이 산천에 널려 있었고, 우리 민족은 그 약재들을 슬기롭게 이용하며 나름대로 건강하게 살아왔다. 그러나 오늘날 현대의학에 밀려 외면당하며 사라지게 되었다. 이에 옛날부터 내려오는 의학서적인 『기사회생』과 『단방심편』을 바탕으로 민가에서 활용했던 민간요법들을 정리하고, 현대에 개발된 약재들이나 시술방법들을 정리했다.

신비한 동양철학 102 │ 원공 선사 편저 │1권 448면·2권 416면 │ 각 29,000원 │ 신국판

참역학은 이렇게 쉬운 것이다② — 완결편
역학을 활용하는 방법을 정리한 책

『참역학은 이렇게 쉬운 것이다』에서 미처 쓰지 못한 사주를 활용하는 방법을 정리한다는 의미에서 다시 이 책을 내게 되었다. 전문가든 비전문가든 이 책이 사주라는 학문을 이해하는 데 도움이 되고, 사주에 있는 가장 좋은 길을 찾아 행복하게 살았으면 합니다. 특히 사주상담을 업으로 하는 분들도 참고해서 상담자들이 행복하게 살도록 도와주었으면 한다.

신비한 동양철학 104 | 청암 박재현 편저 | 330면 | 23,000원 | 신국판

인명용 한자사전
한권으로 작명까지 OK

이 책은 인명용 한자의 사전적 쓰임이 본분이지만 그것에 국한하지 않고 작명법들을 그것도 일반적으로 통용되는 기본적인 것 외에 주역을 통한 것 등 7가지를 간추려 놓아 여러 권의 작명책을 군살없이 대신했기에 이 한권의 사용만으로 작명에 관한 모든 것을 충족하고도 남을 것이다. 5,000자가 넘는 인명용 한자를 실었지만 음(音)으로 한 줄에 수십 자, 획수로도 여러 자를 넣어 가능한 부피를 줄이려고 노력하였다. 그리고 작명하는데 한자에 관해서는 다양하게 활용할 수 있도록 하였고, 일반적인 한자자전의 용도까지 충분히 겸비하도록 하였다.

신비한 동양철학 105 | 임삼업 편저 | 336면 | 24,000원 | 신국판

바로 내 사주
행복한 인생을 만들어 갈 수 있는 방법을 소개하는 책

역학이란 본래 어려운 학문이다. 수십 년을 공부해도 터득하기 어려운 학문이라 많은 사람이 중간에 포기하는 일이 많다. 기존의 당사주 책도 수백 년 동안 그 명맥을 유지해왔으나 적중률이 매우 낮아 일반인들에게 신뢰를 많이 받지 못했다. 그래서 지금까지 30여 년 동안 공부하며 터득한 비법을 토대로 이 책을 내게 되었다. 물론 어느 역학책도 백 퍼센트 정확하다고 장담할 수는 없다. 이 책도 백 퍼센트 적중률을 목표로 했으나 적어도 80% 이상은 적중할 것이라고 자부한다.

신비한 동양철학 106 | 김찬동 편저 | 242면 | 20,000원 | 신국판

주역타로64
인간사 주역괘 풀이

타로카드는 서양 상류사회의 생활상을 담은 그림으로 되어 있다. 그 속에는 자연과 인간이 겪을 수 있는 경험과 역사가 압축되어 있다. 이러한 타로카드를 점(占) 목적으로 사용하는 것인데, 주역타로64점은 주역의 64괘를 64매의 타로카드에 담아 점 도구로 사용한다. 64괘는 우주의 모든 형상과 형태의 끊임없는 변화의 원리로 나타난 것이다. 그리고 주역타로는 일반 타로의 공통적인 스토리와는 다른 점이 많으나 그 기본 이론은 같다. 주역타로의 추상적이며 미진한 정보에 더해 인간사에 대한 주역 괘풀이를 보탰으니 주역타로64를 점 도구로 활용하는 데 도움이 되었으면 한다.

신비한 동양철학 107 | 임삼업 편저 | 387면 | 39,000원 | 사륙배판

주역 평생운 비록
상수역의 하락이수를 활용한 비결

하락이수의 평생운, 대상운, 유년운, 월운은 주역의 표상인 괘효의 숫자로 기록했고, 그 해석 설명은 원문에 50,000여 한자 사언시구로 구성되어 간혹 어려운 글자, 흔히 쓰지 않는 낯선 글자, 주역의 괘효사를 인용한 것도 있어 한문 문장의 해석은 녹녹치 않은 것이어서 원문 한자 부분은 제외시키고 한글 해석만을 수록했다.

신비한 동양철학 109 | 경의제 임삼업 편저 | 872면 | 49,000원 | 사륙배판

사주 감정요결
세운을 판단하는 방법

사주를 간명하는 데 조금이라도 도움이 되었으면 하는 마음에서 『정법사주』에 이어 이 책을 내게 되었다. 여기서는 사주를 간명하는 데 근간이 되는 오행의 왕쇠강약을 세분해서 설명하고, 대운과 세운, 세운과 월운의 연관성과 십신과 여러 살이 운명에 미치는 암시와 십이운성으로 세운을 판단하는 방법을 설명했다.

신비한 동양철학 110 | 원각 김구현 편저 | 338면 | 36,000원 | 신국판